여러분의 합격을 응원하는
해커스공무원의 특별 혜택

FREE 행정기본법 **빈칸노트**

해커스공무원(gosi.Hackers.com 무료 학습 자료] 클릭 ▶

...클릭

FREE 공무원 행정기본법 **동영상강의**

해커스공무원(gosi.Hackers.com) 접속 후 로그인 ▶ 상단의 [무료강좌] 클릭 ▶
좌측의 [교재 무료특강] 클릭

 해커스공무원 온라인 단과강의 **20% 할인쿠폰**

2AF2A8B59ABD5542

해커스공무원(gosi.Hackers.com) 접속 후 로그인 ▶ 상단의 [나의 강의실] 클릭 ▶
좌측의 [쿠폰등록] 클릭 ▶ 위 쿠폰번호 입력 후 이용

* 쿠폰 이용 관련 문의: 1588-4055

해커스 회독증강 콘텐츠 **5만원 할인쿠폰**

D36769EC9C39D2CA

해커스공무원(gosi.Hackers.com) 접속 후 로그인 ▶ 상단의 [나의 강의실] 클릭 ▶
좌측의 [쿠폰등록] 클릭 ▶ 위 쿠폰번호 입력 후 이용

* 월간 학습지 회독증강 행정학/행정법총론 개별상품은 할인쿠폰 할인대상에서 제외

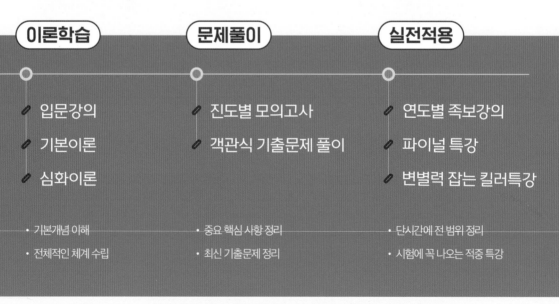

해커스공무원

황남기
행정기본법

조문해설집

🏛 해커스공무원

황남기

약력

현 | 해커스공무원 헌법, 행정법 강의
현 | 해커스경찰 헌법 강의
전 | 외교부 사무관
전 | 제27회 외무고등고시 수석합격
전 | 2012년 공무원 공채시험 출제위원
전 | 동국대 법대 겸임교수

저서

해커스공무원 황남기 행정기본법 조문해설집, 해커스패스
해커스경찰 황남기 경찰헌법 기본서, 해커스패스
황남기 행정법총론 기본서, 합격캠프
황남기 행정법각론 기본서, 멘토링
황남기 헌법 기본서, 찬글
황남기 행정법총론 기출문제집, 멘토링
황남기 행정법각론 기출문제집, 멘토링
황남기 헌법 객관식 기출총정리, 찬글
황남기 행정법각론 진도별모의고사, 합격캠프
황남기 헌법 진도별 모의고사 시즌1 / 시즌2, 멘토링
황남기 행정법총론 문제족보를 밝히다, 멘토링
황남기 행정법각론 문제족보를 밝히다, 멘토링

해커스공무원
황남기
행정기본법
조문해설집

초판 1쇄 발행 2021년 6월 29일

지은이	황남기
펴낸곳	해커스패스
펴낸이	해커스공무원 출판팀

주소	서울특별시 강남구 강남대로 428 해커스공무원
고객센터	02-598-5000
교재 관련 문의	gosi@hackerspass.com
	해커스공무원 사이트(gosi.Hackers.com) 교재 Q&A 게시판
	카카오톡 플러스 친구 [해커스공무원강남역], [해커스공무원노량진]
학원 강의 및 동영상강의	gosi.Hackers.com

ISBN	979-11-6662-521-3 (13360)
Serial Number	01-01-01

최단기 합격 1위,
해커스공무원(gosi.Hackers.com)

TᴛT 해커스공무원

• 해커스 스타강사의 **공무원 인강** (교재 내 할인쿠폰 수록)
• 합격을 위해 꼭 필요한 '회독'의 방법과 공부 습관을 제시하는 **해커스 회독증강 콘텐츠** (교재 내 할인쿠폰 수록)
• 해커스공무원 스타강사의 **무료 공무원 행정기본법 동영상강의**
• 쉽고 빠르게 정답을 확인하는 **행정기본법 빈칸노트 정답**(PDF)

[최단기 합격 1위 해커스공무원] 헤럴드미디어 2018 대학생 선호 브랜드 대상 '대학생이 선정한 최단기 합격 공무원학원' 부문 1위

서문

2021년 3월 제정된 행정기본법은 행정법 전반에 근본적인 변화를 초래할 것입니다.

2022년 시험 대비 기본서에 행정기본법을 반영하면서, 많은 내용을 보완할 뿐 아니라 목차를 수정해야 했습니다. 행정기본법을 기본서에 모두 반영하였으나 행정기본법 내용만을 정리해서 일괄적으로 공부하는 것이 행정법에 대한 이해도를 높이는 데에도 필요하다는 생각이 들었습니다. 또한 현재 행정기본법을 출제한 기출문제가 없기 때문에 행정기본법을 학습한 후에 풀어볼 객관식 문제가 없다는 생각에 객관식 문제가 수록된 행정기본법 교재를 단권으로 출간하고자 했습니다.

2021년 6월 현재 행정기본법 교재는 홍정선 교수님의 행정기본법 해설(박영사, 2021년 5월 25일 출간)만 출간된 상태입니다. 심도 깊은 공부를 할 수험생이라면 이 교재를 추천하고 싶습니다.

「해커스공무원 황남기 행정기본법 조문해설집」은 객관식 행정법 시험을 대비하는 수험서로서 다음 사항에 중점을 두었습니다.

1. 법조항 중 어느 용어를 키워드로 출제할 것인가?
당분간은 법조항을 위주로 출제할 것이므로, 법조항 중 어느 부분을 어떤 용어를 가지고 출제할 것인가에 대하여 관심을 가지고 집필하였습니다. 이에 따라 행정기본법 조문 중 출제 가능성이 높고 중요한 키워드에 빈칸을 넣은 '행정기본법 빈칸노트'를 수록하였으니 꼼꼼하게 확인하시기 바랍니다.

2. 기존 판례 및 이론과의 비교
행정기본법은 기존 이론 및 판례를 수용하여 제정되었습니다. 시행일이 2023년 3월 24일인 법조항도 있으나 대부분 이론이나 판례에서 수용된 것을 체계화한 것이므로 시행일과 무관하게 학습하여도 될 것 같습니다. 인허가 의제, 행정상 강제 등의 조항은 시행일이 2023년 3월 24일이지만 이미 많은 판례나 개별법에서 인정되어 온 것을 도입한 것입니다. 다만, 처분 재심사 조항 등은 학계에서 도입을 원하였으나 그동안 판례나 개별법에서 수용하지 않았던 것을 반영한 것이며, 그동안의 불합리한 판례를 배제하는 법조항도 도입되었습니다.
제재처분 시 법개정으로 더 이상 법위반행위가 성립되지 않는 경우 변경된 법을 적용하는 것, 이의신청을 거친 경우 이의신청에 대한 결과를 통지받은 날을 제소기간의 기산점으로 한 것(2023년 3월 24일 시행) 관련해서는 기존의 판례와 배치되는 조항을 두었으며, 이도 매우 합리적인 것으로 보입니다.

3. 행정절차법과의 비교
행정기본법과 행정절차법의 법조항 비교는 앞으로 출제 가능성이 높으므로 행정절차법과 행정기본법에 공통으로 규정된 것, 어느 한 법에만 규정된 것을 잘 비교해두어야 합니다.

4. 객관식 문제
앞으로 행정기본법에서 상당히 많은 문제가 출제될 것입니다. 그러나 아직까지 기출문제가 없으므로, 본 교재에 수록한 모의고사 3회분을 포함한 100문제 이상의 객관식 문제가 실전에서 많은 도움이 될 것입니다. 앞으로도 모의고사 등에서도 꾸준히 행정기본법 문제를 출제할 예정입니다.

더불어, 공무원 시험 전문 사이트 해커스공무원(gosi.Hackers.com)에서 교재 학습 중 궁금한 점을 나누고 다양한 무료 학습 자료를 함께 이용하여 학습 효과를 극대화할 수 있습니다.

행정기본법은 행정법의 전체적인 골격이므로 행정기본법에 대한 이해는 행정법 전반을 공부하는 데 큰 도움이 되리라 생각합니다. 「해커스공무원 황남기 행정기본법 조문해설집」과 함께 공무원 행정법 시험 고득점을 달성하고 합격을 향해 한걸음 더 나아가시기를 바라며, 공무원 합격을 꿈꾸는 모든 수험생 여러분에게 훌륭한 길잡이가 되기를 바랍니다.

황남기

목차

PART 1
행정기본법 조문해설+객관식문제

PART 2
행정기본법 빈칸노트

PART 3
행정기본법 모의고사

PART 1

행정기본법
조문해설 + 객관식문제

제1편 행정기본법 통론

제1장 행정기본법 개관

1. 의의

(1) 행정에 관한 기본법

행정기본법은 행정에 관한 기본법이다.

(2) 행정법상 일반원칙의 성문화

행정기본법은 헌법 원칙 및 그동안 학설과 판례에 따라 확립된 원칙인 법치행정·평등·비례·권한남용금지·신뢰보호·부당결부금지의 원칙 등을 행정의 법 원칙으로 규정하였다.

(3) 행정의 민주성과 적법성 확보

1) 법조항

> 제1조 【목적】이 법은 행정의 원칙과 기본사항을 규정하여 행정의 민주성과 적법성을 확보하고 적정성과 효율성을 향상시킴으로써 국민의 권익 보호에 이바지함을 목적으로 한다.

2) 해설
① 행정의 민주성 확보: 행정기관·공무원 관련 사항의 법정화, 국민참여, 행정에 대한 책임추궁을 그 내용으로 한다. 민주성에 반하는 행정작용은 위법 또는 부당한 행정작용이 될 수 있다.
② 행정의 적법성 확보: 적법성에 반하는 행정작용은 위법이다.
③ 행정의 적정성 향상: 국민의 합의가 이루어지는 행정으로 행정의 적정성을 향상시킬 수 있다. 적정성에 반하는 행정작용은 위법 또는 부당한 행정작용이 될 수 있다.
④ 행정의 효율성 향상: 효율성이 떨어지는 행정작용은 위법 또는 부당한 행정작용이 될 수 있다.

2. 정의

(1) 행정청

1) 법조항

> 제2조【정의】 2. "행정청"이란 다음 각 목의 자를 말한다.
>   가. 행정에 관한 의사를 결정하여 표시하는 국가 또는 지방자치단체의 기관
>   나. 그 밖에 법령등에 따라 행정에 관한 의사를 결정하여 표시하는 권한을 가지고 있거나 그 권한을 위임 또는 위탁받은 공공단체 또는 그 기관이나 사인(私人)

2) 해설

행정기본법의 행정청의 정의는 행정절차법의 그것과 동일하다. 국가 또는 지방자치단체의 기관은 조직상 행정청이고, 그 밖에 법령등에 따라 행정에 관한 의사를 결정하여 표시하는 권한을 가지고 있거나 그 권한을 위임 또는 위탁받은 공공단체 또는 그 기관이나 사인은 기능상 의미의 행정청이다.

(2) 당사자

1) 법조항

> 제2조【정의】 3. "당사자"란 처분의 상대방을 말한다.

2) 해설

행정절차법 제2조 제4호는 "당사자등"을 "행정청의 처분에 대하여 직접 그 상대가 되는 당사자와 행정청이 직권으로 또는 신청에 따라 행정절차에 참여하게 한 이해관계인"이라고 규정하고 있는데, 행정기본법은 "당사자"란 처분의 상대방을 말한다고 규정하고 있다.

(3) 처분

1) 법조항

> 제2조【정의】 4. "처분"이란 행정청이 구체적 사실에 관하여 행하는 법 집행으로서 공권력의 행사 또는 그 거부와 그 밖에 이에 준하는 행정작용을 말한다.

2) 해설

행정기본법의 처분 정의는 행정절차법·행정소송법의 그것과 동일하다.

(4) 제재처분

1) 법조항

> 제2조【정의】 5. "제재처분"이란 법령등에 따른 의무를 위반하거나 이행하지 아니하였음을 이유로 당사자에게 의무를 부과하거나 권익을 제한하는 처분을 말한다. 다만, 제30조제1항 각 호에 따른 행정상 강제는 제외한다.

2) 해설

제재처분은 법령 등에 따른 의무를 위반하거나 이행하지 아니하였음을 이유로 당사자에게 의무를 부과하는 과징금과 도로교통법 위반을 이유로 한 면허정지와 같은 권익을 제한하는 처분을 말한다. 행정의 실효성 확보수단에서 관허사업의 제한보다는 넓은 개념이다.

01 행정기본법에 대한 설명으로 옳은 것은?

① 행정기본법은 행정의 민주성과 적법성을 확보하고 적정성과 효율성을 향상시킴으로써 국민의 권익 보호에 이바지함을 목적으로 하는데 이는 프로그램적 성격을 가지는 규정으로 이에 위반한다고 하여 행정작용이 위법하다고 할 수 없다.

② 행정기본법은 "당사자등"을 행정청의 처분에 대하여 직접 그 상대가 되는 당사자와 행정청이 직권으로 또는 신청에 따라 행정절차에 참여하게 한 이해관계인를 규정하고 있다.

③ 행정기본법상 '처분'의 정의는 행정절차법, 행정소송법의 그것과 동일하다.

④ 행정기본법상 제재처분은 강학상 관허사업의 제한과 동일한 개념이다.

정답 및 해설

① [×] 행정의 민주성, 적법성 확보에 위반되는 행정작용은 위법하거나 부당한 행정작용이 될 수 있다.

② [×] 행정절차법 제2조 제4호는 "당사자등"을 행정청의 처분에 대하여 직접 그 상대가 되는 당사자와 행정청이 직권으로 또는 신청에 따라 행정절차에 참여하게 한 이해관계인를 규정하고 있는데 행정기본법은 "당사자"란 처분의 상대방을 말한다고 규정하고 있다.

③ [○] 행정기본법은 "처분"이란 행정청이 구체적 사실에 관하여 행하는 법 집행으로서 공권력의 행사 또는 그 거부와 그 밖에 이에 준하는 행정작용을 말한다고 규정하고 있는데 행정절차법, 행정소송법의 처분 개념과 동일하다.

④ [×] 법령등에 따른 의무를 위반하거나 이행하지 아니하였음을 이유로 당사자에게 의무를 부과하는 과징금과 도로교통법 위반을 이유로 한 면허정지와 같은 권익을 제한하는 처분을 말한다. 행정의 실효성 확보수단에서 관허사업의 제한보다는 넓은 개념이다.

답 ③

3. 국가와 지방자치단체의 책무

(1) 법조항

제3조 【국가와 지방자치단체의 책무】 ① 국가와 지방자치단체는 국민의 삶의 질을 향상시키기 위하여 적법절차에 따라 공정하고 합리적인 행정을 수행할 책무를 진다.

② 국가와 지방자치단체는 행정의 능률과 실효성을 높이기 위하여 지속적으로 법령등과 제도를 정비·개선할 책무를 진다.

(2) 해설

책무의 주체로 국가와 지방자치단체를 규정하고 있으며 공법인은 포함하지 않고 있다.

4. 행정의 적극적 추진 책무

(1) 법조항

> 제4조【행정의 적극적 추진】① 행정은 공공의 이익을 위하여 적극적으로 추진되어야 한다.
> ② 국가와 지방자치단체는 소속 공무원이 공공의 이익을 위하여 적극적으로 직무를 수행할 수 있도록 제반 여건을 조성하고, 이와 관련된 시책 및 조치를 추진하여야 한다.
> ③ 제1항 및 제2항에 따른 행정의 적극적 추진 및 적극행정 활성화를 위한 시책의 구체적인 사항 등은 대통령령으로 정한다.

(2) 해설

① 행정기본법 제4조 제1항의 공무원은 행정공무원, 입법공무원, 사법공무원 등을 포함한다. 법령등에 따라 행정에 관한 의사를 결정하여 표시하는 권한을 가지고 있거나 그 권한을 위임 또는 위탁받은 공공단체 또는 그 기관이나 사인(私人)은 공무를 수행하는 자이므로 행정기본법 제4조 제1항의 공무원에 해당하나, 사법상 계약에 의하여 한정된 공무를 수행하는 행정대행인은 공무원에 해당하지 않는다.

② 행정기본법 제4조 제2항은 국가나 지방자치단체에게 구체적인 법적 의무를 부과하는 규정으로 보기 어려우나 선언적 규정으로 보기도 어렵다.

02 행정기본법은 국가와 지방자치단체는 소속 공무원이 공공의 이익을 위하여 적극적으로 직무를 수행할 수 있도록 제반 여건을 조성하고, 이와 관련된 시책 및 조치를 추진하여야 한다고 규정하고 있다. 이에 대한 설명으로 옳지 않은 것은?

① 행정기본법 제4조 제1항의 공무원은 행정공무원, 입법공무원, 사법공무원 등을 포함한다.
② 법령등에 따라 행정에 관한 의사를 결정하여 표시하는 권한을 가지고 있거나 그 권한을 위임 또는 위탁받은 공공단체 또는 그 기관이나 사인(私人)은 행정기본법 제4조 제1항의 공무원에 해당한다.
③ 사법상 계약에 의해 한정된 공무를 수행하는 행정대행인은 공무원에 해당한다.
④ 국가나 지방자치단체에게 구체적인 법적 의무를 부과하는 규정은 아니다.

정답 및 해설

① [O] 행정기본법 제4조 제1항의 공무원은 행정공무원, 입법공무원, 사법공무원 등을 포함하며 법령등에 따라 행정에 관한 의사를 결정하여 표시하는 권한을 가지고 있거나 그 권한을 위임 또는 위탁받은 공공단체 또는 그 기관이나 사인(私人)은 공무를 수행하는 자이다.
② [O] 1번 해설 참조
③ [×] 사법상 계약에 의해 한정된 공무를 수행하는 행정대행인은 공무원에 해당하지 않는다.
④ [O] 국가나 지방자치단체에게 구체적인 법적 의무를 부과하는 규정으로 보기 어려우나 선언적 규정으로 보기도 어렵다.

답 ③

5. 일반법으로서의 행정기본법

(1) 법조항

> 제5조【다른 법률과의 관계】① 행정에 관하여 다른 법률에 특별한 규정이 있는 경우를 제외하고는 이 법에서 정하는 바에 따른다.
> ② 행정에 관한 다른 법률을 제정하거나 개정하는 경우에는 이 법의 목적과 원칙, 기준 및 취지에 부합되도록 노력하여야 한다.

(2) 해설

행정기본법은 일반법이므로, 개별법에 특별한 규정이 있으면 특별규정이 우선 적용되고 특별한 규정이 없다면 행정기본법이 적용된다.

6. 행정에 관한 기간의 계산(제6조)와 법령등 시행일의 기간 계산(제7조)

7. 규정사항

(1) 법령등 개정 시 신법과 구법의 적용 기준(제14조)

(2) 처분

① 처분의 효력(제15조)

② 결격사유(제16조)

③ 부관(제17조)

④ 위법 또는 부당한 처분의 취소 및 적법한 처분의 철회(제18조, 제19조)

⑤ 자동적 처분(제20조), 재량행사의 기준(제21조)

⑥ 제재처분의 기준제재(제22조)

⑦ 처분의 제척기간 제도 도입(제23조)

⑧ 인허가의제의 공통 기준(제24조~제26조)

⑨ 처분에 대한 이의신청 제도 확대(제36조)

⑩ 처분의 재심사 제도 도입(제37조)

(3) 공법상 계약(제27조)

(4) 행정의 실효성 확보수단

① 과징금(제28조, 제29조)

② 행정상 강제(제30조~제33조)

(5) 수리가 필요한 신고의 효력(제34조)

(6) 수수료 및 사용료의 일반조항(제35조)

> 제35조【수수료 및 사용료】① 행정청은 특정인을 위한 행정서비스를 제공받는 자에게 법령으로 정하는 바에 따라 수수료를 받을 수 있다.
> * 수수료 법정주의
> ② 행정청은 공공시설 및 재산 등의 이용 또는 사용에 대하여 사전에 공개된 금액이나 기준에 따라 사용료를 받을 수 있다.
> * 사용료 법정주의 규정은 없다.
> ③ 제1항 및 제2항에도 불구하고 지방자치단체의 경우에는 지방자치법에 따른다.

(7) 행정의 입법활동(제38조), 행정법제의 개선(제39조), 법령해석(제40조)

📋 규정이 없는 행정사항

영업자 지위승계, 하자있는 행정행위의 치유와 전환, 하자승계, 확약, 행정계획, 제재처분의 효과의 승계, 법위반사실의 공표, 대행, 입법영향평가제 등

구분	행정기본법에 규정된 것	행정기본법에 규정되지 않은 것
행정법통론	• 행정법의 법원(제2조 제1호) • 기간의 계산(제6조 제7조) • 행정법의 시간적 효력(제14조) • 법률우위원칙과 법률유보원칙(제8조) • 평등원칙(제9조)	• 행정법의 법원으로서 조약·헌법·관습법 • 법률의 법규창조력 • 자기구속의 법리
처분의 효력(제15조)	처분의 효력(제15조) - 공정력	불가변력, 불가쟁력
부관(제17조)	• 부관을 붙일 수 있는 경우 • 부관의 종류, 사후부관 • 부관의 요건으로서 목적에 위배되지 않을 것, 실질관련성이 있을 것, 비례원칙	• 요건충족적 부관가능성 • 부관의 쟁송가능성, 쟁송 유형
위법 또는 부당한 처분의 취소 (제18조)	• 취소사유 • 일부취소인정 • 소급효원칙과 예외적으로 장래효 • 이익형량, 이익형량의 배제사유	• 감독청의 취소권, 사인의 취소신청권 • 취소절차·기간, 피해보상
적법한 처분의 철회 (제19조)	• 철회사유 • 일부철회가능성 • 이익형량	• 감독청의 철회권, 사인의 철회신청권 • 철회절차·기간, 피해보상
인허가의제 (제24조~제26조)	• 법정주의 • 인허가 서류 동시제출주의와 예외 • 협의, 관련 행정청 의견제출, 관련 인허가 요건 심사 • 인허가의제 효과, 인허가의제되는 사항, 효과 발생시점, 인허가의제 사후관리	• 주된 인허가 통보 • 수수료등 비용부담 • 인허가 취소 시 의제된 인허가가 취소되는지 여부, 의제된 인허가만 취소할 수 있는지 여부

공법상 계약 (제27조)	• 계약의 주체(행정청) • 법률우위 • 문서주의 • 계약의 목적 규정	• 행정기본법에 반하는 공법상 계약의 효력 • 법률유보 • 구두계약 • 계약의 변경·해지·해제 • 계약의 강제집행
행정의 실효성 확보수단 (제28조~제33조)	• 과징금 • 행정상 강제로서 대집행, 이행강제금, 직접강제, 강제징수, 즉시강제	• 변형과징금 • 행정형벌과 행정질서벌(과태료), 명단 공표, 공급거부, 가산세
규정이 없는 것	행정절차, 정보공개, 개인정보보호, 손해배상, 손실보상	

8. 행정절차법과의 비교

행정절차법은 처분, 신고, 입법예고, 행정예고, 행정지도에 관한 절차를 다루는 법이라면 행정기본법은 실체적 내용을 다루는 일반법이다. 침익적 처분 시 사전통지나 의견청취는 절차이므로 행정절차법에 따르고, 처분을 취소 또는 철회하는 사유 및 이익형량은 행정기본법에서 다루고 있다. 영업허가를 취소 또는 철회하려는 경우 당사자에게 사전에 통지하고 의견진술의 기회를 부여하는 것은 행정절차법이고, 영업허가 취소 또는 철회의 사유, 이익형량, 효과는 행정기본법이 다루고 있다.

구분	행정절차법	행정기본법
적용영역	처분, 신고, 행정상 입법예고, 행정예고 및 행정지도의 절차(이하 "행정절차"라 한다)에 관한 절차법	실체법
원리	제4조(신의성실 및 신뢰보호)	• 제8조(법치행정의 원칙) • 제9조(평등의 원칙) • 제10조(비례의 원칙) • 제11조(성실의무 및 권한남용금지의 원칙) • 제12조(신뢰보호의 원칙) • 제13조(부당결부금지의 원칙)
처분	• 제17조(처분의 신청) • 제18조(다수의 행정청이 관여하는 처분) • 제19조(처리기간의 설정·공표) • 제20조(처분기준의 설정·공표) • 제21조(처분의 사전 통지) • 제22조(의견청취) • 제23조(처분의 이유 제시) • 제24조(처분의 방식) • 제25조(처분의 정정)	• 제14조(법 적용의 기준) • 제15조(처분의 효력) • 제16조(결격사유) • 제17조(부관) • 제18조(위법 또는 부당한 처분의 취소) • 제19조(적법한 처분의 철회) • 제20조(자동적 처분) • 제21조(재량행사의 기준) • 제22조(제재처분의 기준)

	• 제26조(고지) • 의견제출 및 청문(제27조~제37조) • 공청회(제38조~제39조의3)	• 제23조(제재처분의 제척기간) • 제24조(인허가의제의 기준) • 제25조(인허가의제의 효과) • 제26조(인허가의제의 사후관리 등) • 제36조(처분에 대한 이의신청) • 제37조(처분의 재심사)
신고	제40조 − 수리를 요하지 않는 신고	제34조 − 수리를 요하는 신고
행정입법	• 제41조(행정상 입법예고) • 제42조(예고방법) • 제43조(예고기간) • 제44조(의견제출 및 처리) • 제45조(공청회)	• 제38조(행정의 입법활동) • 제39조(행정법제의 개선) • 제40조(법령해석)
행정절차법에만 있는 것	• 제6조(행정청의 관할) • 제7조(협조) • 제8조(행정응원) • 제10조(당사자등 지위의 승계) • 제11조(대표자) • 제12조(대리인) • 제14조(송달) • 제15조(송달의 효력 발생) • 제46조~제47조(행정예고) • 제48조~제51조(행정지도) • 제52조~제53조(국민참여의 확대)	−
행정기본법에만 있는 것	−	• 제4조(행정의 적극적 추진) • 제6조(행정에 관한 기간의 계산) • 제7조(법령등 시행일의 기간 계산) • 제27조(공법상 계약) • 제28조~제29조(과징금) • 제30조~제33조(행정상 강제) • 제35조(수수료 및 사용료)

03 다음 중 행정절차법에는 규정이 없으나 행정기본법에 규정되어 있는 것은 몇 개인가?

> 가. 성실의무
> 나. 신뢰보호원칙
> 다. 권한남용금지의원칙과 실권의 법리
> 라. 부당결부금지의 원칙
> 마. 행정작용은 법률에 위반되어서는 아니 되며, 국민의 권리를 제한하거나 의무를 부과하는 경우와 그 밖에 국민생활에 중요한 영향을 미치는 경우에는 법률에 근거하여야 한다.

바. 행정청은 합리적 이유 없이 국민을 차별하여서는 아니 된다.

사. 행정처분의 공정력

아. 부관

자. 처분의 취소와 철회

차. 자동적 처분

카. 공법상 계약

타. 인허가의제

파. 행정상 강제

하. 처분에 대한 이의신청

ㄱ. 처분 재심사

ㄴ. 행정행위 효력 발생 요건으로 송달 방법과 그 효력

ㄷ. 처분의 방식과 고지

ㄹ. 행정지도

ㅁ. 행정지도의 비례원칙 준수

ㅂ. 당사자에게 의무를 부과하거나 권익을 제한하는 처분에서 사전통지와 의견진술권 보장

ㅅ. 적법한 처분의 철회 사유

① 11개 　　　② 12개 　　　③ 13개 　　　④ 14개

정답 및 해설

가. [×] 성실의무는 행정절차법과 행정기본법 모두에 규정되어 있다.

> **행정절차법 제4조【신의성실 및 신뢰보호】** ① 행정청은 직무를 수행할 때 신의(信義)에 따라 성실히 하여야 한다.
> **행정기본법 제11조【성실의무 및 권한남용금지의 원칙】** ① 행정청은 법령등에 따른 의무를 성실히 수행하여야 한다.

나. [×] 신뢰보호는 행정절차법과 행정기본법 모두에 규정되어 있다[행정절차법 제4조(신의성실 및 신뢰보호), 행정기본법 제12조(신뢰보호의 원칙)].

다. [○] 행정절차법에는 권한남용금지의 원칙과 실권의 법리에 대한 규정이 없으나 행정기본법에는 있다.

> **행정기본법 제11조【성실의무 및 권한남용금지의 원칙】** ② 행정청은 행정권한을 남용하거나 그 권한의 범위를 넘어서는 아니 된다.

라. [○] 행정절차법에는 부당결부금지의 원칙에 대한 규정이 없다.

> **행정기본법 제13조【부당결부금지의 원칙】** 행정청은 행정작용을 할 때 상대방에게 해당 행정작용과 실질적인 관련이 없는 의무를 부과해서는 아니 된다.

마. [○] 행정절차법에 법치행정원칙은 규정이 없다.

> **행정기본법 제8조【법치행정의 원칙】** 행정작용은 법률에 위반되어서는 아니 되며, 국민의 권리를 제한하거나 의무를 부과하는 경우와 그 밖에 국민생활에 중요한 영향을 미치는 경우에는 법률에 근거하여야 한다.

바. [○] 　행정기본법 제9조【평등의 원칙】행정청은 합리적 이유 없이 국민을 차별하여서는 아니 된다.

사. [○] 　행정기본법 제15조【처분의 효력】처분은 권한이 있는 기관이 취소 또는 철회하거나 기간의 경과 등으로 소멸되기 전까지는 유효한 것으로 통용된다. 다만, 무효인 처분은 처음부터 그 효력이 발생하지 아니한다.

아. [○] 행정기본법 제17조(부관)
자. [○] 행정기본법 제18조(취소), 제19조(철회)
차. [○] 행정기본법 제20조(자동적 처분)
카. [○] 행정절차법 제3조 제1항, 행정기본법 제27조(공법상 계약의 체결)

　행정절차법 제3조【적용 범위】① 처분, 신고, 행정상 입법예고, 행정예고 및 행정지도의 절차 (이하 "행정절차"라 한다)에 관하여 다른 법률에 특별한 규정이 있는 경우를 제외하고는 이 법에서 정하는 바에 따른다.

타. [○] 행정기본법 제24조(인허가의제의 기준)
파. [○] 행정기본법 제30조(행정상 강제)
하. [○] 행정기본법 제36조(처분에 대한 이의신청)
ㄱ. [○] 행정기본법 제37조(처분의 재심사)
ㄴ. [×] 행정절차법 제14조(송달), 제15조(송달의 효력 발생)
ㄷ. [×] 행정절차법 제24조(처분의 방식)과 제26조(고지)
ㄹ. [×] 행정절차법 제49조(행정지도의 방식)
ㅁ. [×]

　행정절차법 제48조【행정지도의 원칙】① 행정지도는 그 목적 달성에 필요한 최소한도에 그 쳐야 하며, 행정지도의 상대방의 의사에 반하여 부당하게 강요하여서는 아니 된다.
　행정기본법 제10조【비례의 원칙】행정작용은 다음 각 호의 원칙에 따라야 한다.
　　1. 행정목적을 달성하는 데 유효하고 적절할 것
　　2. 행정목적을 달성하는 데 필요한 최소한도에 그칠 것
　　3. 행정작용으로 인한 국민의 이익 침해가 그 행정작용이 의도하는 공익보다 크지 아니할 것

ㅂ. [×] 당사자에게 의무를 부과하거나 권익을 제한하는 처분시 사전통지와 의견진술권 보장은 행정절차 법에 규정되어 있으나 행정기본법에 규정은 없다.

　행정절차법 제21조【처분의 사전 통지】① 행정청은 당사자에게 의무를 부과하거나 권익을 제한하는 처분을 하는 경우에는 미리 다음 각 호의 사항을 당사자등에게 통지하여야 한다.

ㅅ. [○] 처분의 철회 사유와 효과

　행정기본법 제19조【적법한 처분의 철회】① 행정청은 적법한 처분이 다음 각 호의 어느 하나 에 해당하는 경우에는 그 처분의 전부 또는 일부를 장래를 향하여 철회할 수 있다.
　　1. 법률에서 정한 철회 사유에 해당하게 된 경우
　　2. 법령등의 변경이나 사정변경으로 처분을 더 이상 존속시킬 필요가 없게 된 경우
　　3. 중대한 공익을 위하여 필요한 경우
　　② 행정청은 제1항에 따라 처분을 철회하려는 경우에는 철회로 인하여 당사자가 입게 될 불이익을 철회로 달성되는 공익과 비교·형량하여야 한다.

답 ④

04 다음 중 행정기본법에 규정에 대한 설명으로 옳지 않은 것은 몇 개인가?

> 가. 법치행정원칙, 평등원칙, 비례원칙, 신뢰보호원칙, 실권의 법리, 부당결부금지원칙, 자기구속의 법리에 대한 일반규정을 두고 있다.
> 나. 적극적 행정의 근거로서 행정의 적극적 추진에 대한 규정을 두고 있다.
> 다. 행정에 관한 다른 법률을 제정하거나 개정하는 경우에는 이 법의 목적과 원칙, 기준 및 취지에 부합되도록 노력하여야 한다.
> 라. 행정행위의 공정력, 불가변력, 불가쟁력을 규정하고 있다.
> 마. 부관의 종류, 부관의 가능성, 사후부관, 부관의 한계, 부관의 쟁송가능성과 쟁송형태를 규정하고 있다.
> 바. 직권취소와 직권철회, 그 효력발생시점과 직권취소와 철회의 제한사유를 규정하고 있다.
> 사. 재량행사의 기준, 제재처분의 기준, 제재처분의 제척기간을 규정하고 있다.
> 아. 인허가의제의 기준, 관련 인허가 행정청과 협의절차, 그 효과, 인허가의제의 사후관리를 규정하고 있다.
> 자. 자동적 처분, 공법상 계약, 수리 여부에 따른 신고의 효력은 규정하고 있으나 사실행위, 행정지도, 행정계획, 확약은 규정이 없다.
> 차. 행정의 실효성 확보수단으로서 과징금, 행정상 강제(행정대집행, 이행강제금, 직접강제, 강제징수, 즉시강제)를 규정하고 있으나 명단 공표는 규정하고 있지 않다.
> 카. 행정형벌, 행정질서벌에 대한 규정이 없다.
> 타. 손실보상, 손해배상, 행정심판에 대한 규정이 없다.
> 파. 법령보충적 행정규칙에 대한 규정을 두고 있다.

① 3개   ② 4개   ③ 5개   ④ 6개

정답 및 해설

가. [×] 법치행정원칙, 평등원칙, 비례원칙, 신뢰보호원칙, 실권의 법리, 부당결부금지원칙에 대한 일반규정을 두고 있다. 자기구속의 법리에 대한 일반규정을 두고 있지 않다.

나. [○] 제4조에 행정의 적극적 추진규정이 있다.

다. [○]
> **행정기본법 제5조【다른 법률과의 관계】** ① 행정에 관하여 다른 법률에 특별한 규정이 있는 경우를 제외하고는 이 법에서 정하는 바에 따른다.
> ② 행정에 관한 다른 법률을 제정하거나 개정하는 경우에는 이 법의 목적과 원칙, 기준 및 취지에 부합되도록 노력하여야 한다.

라. [×] 행정행위의 공정력은 행정기본법 제15조에 규정이 있으나 불가변력, 불가쟁력에 대한 규정은 없다. 불가쟁력의 근거는 행정소송법 제20조이다.

마. [×] 제17조에 부관의 종류, 부관의 가능성, 사후부관, 부관의 한계를 규정하고 있으나 부관의 쟁송가능성과 쟁송형태를 규정하고 있지는 않다.

바. [○] 직권취소는 제18조, 제19조에 규정되어 있다.

사. [○] 제21조는 재량행사의 기준, 제재처분의 기준(2021년 9월 24일 시행), 재제처분의 제척기간(2023년 3월 24일 시행)을 규정하고 있다.

아. [○] 제24조, 제25조, 제26조에 규정하고 있다(2023년 3월 24일 시행).

자. [O] 자동적 처분(제20조), 공법상 계약(제27조), 수리 여부에 따른 신고의 효력(제34조)은 규정하고 있다. 사실행위, 행정계획, 행정지도, 확약은 규정이 없다.

차. [O] 과징금(제28조, 2021년 9월 24일 시행), 행정상 강제(제30조~제33조, 2023년 3월 24일 시행).

카. [O] 행정형벌, 행정질서벌에 대한 규정이 없다.

타. [O] 행정기본법은 손실보상, 국가배상, 행정심판, 행정소송을 규정하고 있지 않다.

파. [O]

> **행정기본법 제2조 【정의】** 이 법에서 사용하는 용어의 뜻은 다음과 같다.
> 1. "법령등"이란 다음 각 목의 것을 말한다.
>   가. 법령: 다음의 어느 하나에 해당하는 것
>   1) 법률 및 대통령령·총리령·부령
>   2) 국회규칙·대법원규칙·헌법재판소규칙·중앙선거관리위원회규칙 및 감사원규칙
>   3) 1) 또는 2)의 위임을 받아 중앙행정기관(정부조직법 및 그 밖의 법률에 따라 설치된 중앙행정기관을 말한다. 이하 같다)의 장이 정한 훈령·예규 및 고시 등 행정규칙
>   나. 자치법규: 지방자치단체의 조례 및 규칙

답 ①

---

05 행정기본법에 대한 설명으로 옳은 것은?

① 법령은 법률 및 대통령령·총리령·부령, 국회규칙·대법원규칙·헌법재판소규칙·중앙선거관리위원회규칙 및 감사원규칙뿐 아니라 이러한 법령이나 규칙의 위임을 받아 중앙행정기관의 장이 정한 훈령·예규 및 고시 등 행정규칙을 포함한다.

② "당사자"란 처분의 상대방과 행정청이 직권으로 또는 신청에 따라 행정절차에 참여하게 한 이해관계인을 말한다.

③ 법령등에 따른 의무를 위반하거나 이행하지 아니하였음을 이유로 한 "제재처분"에 행정대집행 등의 행정상 강제가 포함된다.

④ 규제에 관하여 다른 법률에 특별한 규정에도 불구하고 행정기본법에서 정하는 바에 따른다.

정답 및 해설

① [O]

> **행정기본법 제2조 【정의】** 이 법에서 사용하는 용어의 뜻은 다음과 같다.
>   가. 법령: 다음의 어느 하나에 해당하는 것
>   1) 법률 및 대통령령·총리령·부령
>   2) 국회규칙·대법원규칙·헌법재판소규칙·중앙선거관리위원회규칙 및 감사원규칙
>   3) 1) 또는 2)의 위임을 받아 중앙행정기관(정부조직법 및 그 밖의 법률에 따라 설치된 중앙행정기관을 말한다. 이하 같다)의 장이 정한 훈령·예규 및 고시 등 행정규칙

② [×]

> **행정기본법 제2조 【정의】** 이 법에서 사용하는 용어의 뜻은 다음과 같다.
>   3. "당사자"란 처분의 상대방을 말한다.
> **행정절차법 제2조** 4. "당사자등"이란 다음 각 목의 자를 말한다.
>   가. 행정청의 처분에 대하여 직접 그 상대가 되는 당사자
>   나. 행정청이 직권으로 또는 신청에 따라 행정절차에 참여하게 한 이해관계인

③ [×]

행정기본법 제2조【정의】이 법에서 사용하는 용어의 뜻은 다음과 같다.
5. "제재처분"이란 법령등에 따른 의무를 위반하거나 이행하지 아니하였음을 이유로 당사자에게 의무를 부과하거나 권익을 제한하는 처분을 말한다. 다만, 제30조제1항 각 호에 따른 행정상 강제는 제외한다.

④ [×]

행정기본법 제3조【적용 범위】① 규제에 관하여 다른 법률에 특별한 규정이 있는 경우를 제외하고는 이 법에서 정하는 바에 따른다.

답 ①

제2장 행정법의 의의와 행정기본법

1. 행정기본법과 행정법의 법원

(1) 법조항

행정기본법 제2조【정의】이 법에서 사용하는 용어의 뜻은 다음과 같다.
1. "법령등"이란 다음 각 목의 것을 말한다.
　가. 법령: 다음의 어느 하나에 해당하는 것
　　1) 법률 및 대통령령·총리령·부령
　　2) 국회규칙·대법원규칙·헌법재판소규칙·중앙선거관리위원회규칙 및 감사원규칙
　　3) 1) 또는 2)의 위임을 받아 중앙행정기관(정부조직법 및 그 밖의 법률에 따라 설치된 중앙행정기관을 말한다. 이하 같다)의 장이 정한 훈령·예규 및 고시 등 행정규칙
　나. 자치법규: 지방자치단체의 조례 및 규칙

(2) 해설

① 행정기본법은 행정법의 법원을 규정하고 있다.
② 감사원규칙과 법령보충적 행정규칙을 규정하여 이를 법규명령으로서 인정하고 있다.
③ **법령보충적 행정규칙:** 상위법령의 위임을 받아 중앙행정기관의 장이 정한 훈령·예규 및 고시 등 행정규칙은 법령보충적 행정규칙이다. 행정규제기본법 제4조 제2항에서 법령보충적 행정규칙을 규정해왔는데 행정기본법에서도 이를 규정하고 있다. 행정기본법은 행정규칙의 발령행정청을 중앙행정기관의 장으로 한정하고 있으며, 법령에서 권한을 부여받아 법령내용의 구체적인 사항을 정하는 지방자치단체장의 고시는 규정하고 있지 않으나 법령에 포함된다고 해석된다.
④ **지방자치단체의 조례 및 규칙:** 여기서 규칙은 지방자치단체의 규칙을 뜻한다.

🔎 관련 판례

헌법 제117조 제1항이 규정하고 있는 법령에는 법률 이외에 대통령령, 총리령 및 부령과 같은 법규명령이 포함되는 것은 물론이지만, 제정형식은 행정규칙이더라도 상위법령의 위임한계를 벗어나지 않는 한 상위법령과 결합하여 대외적 구속력을 갖는 법규명령으로서 기능하는 행정규칙도 포함된다. 문제조항에서 말하는 '행정안전부장관이 정하는 범위'라는 것은 '법규명령으로 기능하는 행정규칙에 의하여 정하여지는 범위'를 가리키는 것이고 법규명령이 아닌 단순한 행정규칙에 의하여 정하여지는 것은 이에 포함되지 않는다고 해석되므로 문제조항은 헌법 제117조 제1항에 위반되는 것이 아니다(헌재 2002.10.31, 2001헌라1).

06 행정기본법의 "법령등"에 대한 설명으로 옳은 것은?

① 행정기본법의 "법령등"에 국회규칙·대법원규칙·헌법재판소규칙·중앙선거관리위원회규칙은 포함되나 감사원규칙은 포함되지 않아 감사원 규칙의 법규성을 인정하지 않고 있다.

② 행정기본법의 "법령등"에 법률과 대통령령·총리령·부령과 같은 법규명령은 포함되나 법률 또는 법규명령에서 위임을 받아 중앙행정기관의 장이 정한 훈령·예규 및 고시 등 행정규칙은 포함되지 않는다.

③ 행정기본법의 "법령등"에 단순행정규칙은 포함되지 않는다.

④ 지방의회가 제정하는 조례는 "법령등"에 포함되나 지방자치단체의 장이 제정하는 규칙은 포함되지 않는다.

정답 및 해설

① [×] 행정기본법 제2조는 국회규칙·대법원규칙·헌법재판소규칙·중앙선거관리위원회규칙 및 감사원규칙도 법령등에 포함시키고 있어 감사원 규칙도 법규명령으로 보고 있다.

② [×] 행정기본법 제2조는 법령의 위임을 받아 중앙행정기관(정부조직법 및 그 밖의 법률에 따라 설치된 중앙행정기관을 말한다. 이하 같다)의 장이 정한 훈령·예규 및 고시 등 행정규칙도 "법령등"에 포함하고 있다.

③ [○] 행정기본법 제2조는 법령의 위임을 받은 행정규칙은 "법령등"에 포함하고 있으나 단순행정규칙에 대해서는 규정하고 있지 않다.

④ [×] 행정기본법 제2조는 지방자치단체의 장이 제정하는 규칙을 "법령등"에 포함하고 있다.

답 ③

2. 행정법의 시간적 효력

(1) 법령등 시행일의 기간 계산

1) 법조항

> 행정기본법 제7조 【법령등 시행일의 기간 계산】 법령등(훈령·예규·고시·지침 등을 포함한다. 이하 이 조에서 같다)의 시행일을 정하거나 계산할 때에는 다음 각 호의 기준에 따른다.
> 1. 법령등을 공포한 날부터 시행하는 경우에는 공포한 날을 시행일로 한다.
> 2. 법령등을 공포한 날부터 일정 기간이 경과한 날부터 시행하는 경우 법령등을 공포한 날을 첫날에 산입하지 아니한다.
> 3. 법령등을 공포한 날부터 일정 기간이 경과한 날부터 시행하는 경우 그 기간의 말일이 토요일 또는 공휴일인 때에는 그 말일로 기간이 만료한다.

2) 해설

① 시행일이 공포일인 경우 공포한 날을 시행일로 하므로 초일불산입원칙이 적용되지 않는다.

② 법령등을 공포한 날부터 일정 기간이 경과한 날부터 시행하는 경우 법령등을 공포한 날을 첫날에 산입하지 아니하므로 초일불산입원칙이 적용된다.

③ 법령등을 공포한 날부터 일정 기간이 경과한 날부터 시행하는 경우 그 기간의 말일이 토요일 또는 공휴일인 때에는 그 말일로 기간이 만료한다. 따라서 말일이 토요일 또는 공휴일인 경우에 그 다음 날로 만료하는 민법이 적용되지 않는다.

---

07 행정기본법의 기간계산에 대한 설명으로 옳지 않은 것은?

① 법령등을 공포한 날부터 시행하는 경우에는 공포한 날을 시행일로 한다.

② 법령등을 공포한 날부터 일정 기간이 경과한 날부터 시행하는 경우 법령등을 공포한 날을 첫날에 산입한다.

③ 법령등을 공포한 날부터 일정 기간이 경과한 날부터 시행하는 경우 그 기간의 말일이 토요일 또는 공휴일인 때에는 그 말일로 기간이 만료한다.

④ 법령등을 공포한 날부터 시행하는 경우에는 초일불산입 원칙이 적용되지 않으나 법령등을 공포한 날부터 일정 기간이 경과한 날부터 시행하는 경우 초일불산입 원칙이 적용된다.

> 정답 및 해설

① [O]

> 행정기본법 제7조 【법령등 시행일의 기간 계산】 법령 등(훈령·예규·고시·지침 등을 포함한다. 이하 이 조에서 같다)의 시행일을 정하거나 계산할 때에는 다음 각 호의 기준에 따른다.
> 1. 법령등을 공포한 날부터 시행하는 경우에는 공포한 날을 시행일로 한다.

② [×] 　행정기본법 제7조【법령등 시행일의 기간 계산】법령 등(훈령·예규·고시·지침 등을 포함
　　　　한다. 이하 이 조에서 같다)의 시행일을 정하거나 계산할 때에는 다음 각 호의 기준에 따른다.
　　　2. 법령등을 공포한 날부터 일정 기간이 경과한 날부터 시행하는 경우 법령등을 공포한 날
　　　　을 첫날에 산입하지 아니한다.

③ [○] 　행정기본법 제7조【법령등 시행일의 기간 계산】법령 등(훈령·예규·고시·지침 등을 포함
　　　　한다. 이하 이 조에서 같다)의 시행일을 정하거나 계산할 때에는 다음 각 호의 기준에 따른다.
　　　3. 법령등을 공포한 날부터 일정 기간이 경과한 날부터 시행하는 경우 그 기간의 말일이
　　　　토요일 또는 공휴일인 때에는 그 말일로 기간이 만료한다.

④ [○] 법령등을 공포한 날부터 시행하는 경우에는 공포한 날을 시행일로 하므로 초일불산입 원칙이 적
　　　용되지 않으나 법령등을 공포한 날부터 일정 기간이 경과한 날부터 시행하는 경우 공포한 날을
　　　첫날에 산입하지 아니하므로 초일불산입 원칙이 적용된다.

답 ②

(2) 행정기본법상 소급적용금지

1) 법조항

행정기본법 제14조【법 적용의 기준】① 새로운 법령등은 법령등에 특별한 규정이 있는 경우
를 제외하고는 그 법령등의 효력 발생 전에 완성되거나 종결된 사실관계 또는 법률관계에
대해서는 적용되지 아니한다.

2) 해설

행정기본법은 진정소급적용을 금지하면서 법령에 특별한 규정이 있는 경우에는 그 예외를
인정하고 있다. 그러나 부진정소급적용은 금지하고 있지 않다.

(3) 법 적용의 기준

1) 법조항

행정기본법 제14조【법 적용의 기준】② 당사자의 신청에 따른 처분은 법령등에 특별한 규정
이 있거나 처분 당시의 법령등을 적용하기 곤란한 특별한 사정이 있는 경우를 제외하고는
처분 당시의 법령등에 따른다.
③ 법령등을 위반한 행위의 성립과 이에 대한 제재처분은 법령등에 특별한 규정이 있는 경
우를 제외하고는 법령등을 위반한 행위 당시의 법령등에 따른다. 다만, 법령등을 위반한
행위 후 법령등의 변경에 의하여 그 행위가 법령등을 위반한 행위에 해당하지 아니하거나
제재처분 기준이 가벼워진 경우로서 해당 법령등에 특별한 규정이 없는 경우에는 변경된
법령등을 적용한다.

> 질서위반행위 규제법 제3조 【법 적용의 시간적 범위】 ① 질서위반행위의 성립과 과태료 처분은 행위 시의 법률에 따른다.
> ② 질서위반행위 후 법률이 변경되어 그 행위가 질서위반행위에 해당하지 아니하게 되거나 과태료가 변경되기 전의 법률보다 가볍게 된 때에는 법률에 특별한 규정이 없는 한 변경된 법률을 적용한다.
> ③ 행정청의 과태료 처분이나 법원의 과태료 재판이 확정된 후 법률이 변경되어 그 행위가 질서위반행위에 해당하지 아니하게 된 때에는 변경된 법률에 특별한 규정이 없는 한 과태료의 징수 또는 집행을 면제한다.

2) 해설

① 당사자의 신청에 따른 처분: 행정기본법 제14조 제1항에 따르면 당사자의 신청에 따른 처분은 처분 당시의 법령등에 따른다. 다만, 법령등에 특별한 규정이 있거나 처분 당시의 법령등을 적용하기 곤란한 특별한 사정이 있는 경우에는 신청시법이 예외적으로 적용된다. 기존 대법원 판례도 동일한 입장으로, 원칙적으로 처분시법을 적용해왔다. 다만 소관 행정청이 허가신청을 수리하고도 정당한 이유 없이 처리를 늦추어 그 사이에 법령 및 허가기준이 변경된 경우 신청시법을 적용한다는 입장이었다.

🔊 관련 판례

행정행위는 처분 당시에 시행 중인 법령과 허가기준에 의하여 하는 것이 원칙이고, 인·허가신청 후 처분 전에 관계 법령이 개정 시행된 경우 신법령 부칙에 그 시행 전에 이미 허가신청이 있는 때에는 종전의 규정에 의한다는 취지의 경과규정을 두지 아니한 이상 당연히 허가신청 당시의 법령에 의하여 허가 여부를 판단하여야 하는 것은 아니며, 소관 행정청이 허가신청을 수리하고도 정당한 이유 없이 처리를 늦추어 그 사이에 법령 및 허가기준이 변경된 것이 아닌 한 변경된 법령 및 허가기준에 따라서 한 불허가처분은 위법하다고 할 수 없다(대판 2005.7.29, 2003두3550).

② 법령등을 위반한 행위의 성립과 이에 대한 제재처분

㉠ 원칙 – 행위시 법령 적용: 행정기본법은 행위 당시의 법령을 적용하도록 규정하며, 기존 판례도 동일한 입장이었다. 행정기본법 제14조 제2항에 따르면 법령등을 위반한 행위의 성립과 이에 대한 제재처분은 법령등에 특별한 규정이 있는 경우를 제외하고는 법령등을 위반한 행위 당시의 법령등에 따른다.

㉡ 법령등을 위반한 행위 후 법령이 피적용자에게 유리하게 변경된 경우 특례 – 변경된 법령 적용: 행정기본법 제14조 제2항 단서는 "법령등을 위반한 행위 후 법령등의 변경에 의하여 그 행위가 법령등을 위반한 행위에 해당하지 아니하거나 제재처분 기준이 가벼워진 경우로서 해당 법령등에 특별한 규정이 없는 경우에는 변경된 법령등을 적용한다."라고 규정하여, 법령등을 위반한 행위 후 법령이 피적용자에게 유리하게 변경된 경우 변경된 법령을 적용한다.

질서위반행위 규제법 제3조 제2항(질서위반행위 후 법률이 변경되어 그 행위가 질서위반행위에 해당하지 아니하게 되거나 과태료가 변경되기 전의 법률보다 가볍게 된 때에는 법률에 특별한 규정이 없는 한 변경된 법률을 적용한다)과 동일한 취지로 제정되었다. 다만 행정기본법 시행 전 대법원 판례는 법령등을 위반한 행위 후 법령이 피적용자에게 유리하게 변경된 경우라도 구법인 행위시법을 적용하였는데, 앞으로는 행정기본법에 따라 행위시법이 아닌 변경된 법을 적용하여야 한다.

> **⚖ 관련 판례**
>
> **행정기본법 시행 전 구 판례**
> 법령이 변경된 경우 명문의 다른 규정이나 특별한 사정이 없는 한 그 변경 전에 발생한 사항에 대하여는 변경 후의 신 법령이 아니라 변경 전의 구 법령이 적용되므로, 건설업자인 원고가 1973.12.31. 소외인에게 면허수첩을 대여한 것이 그 당시 시행된 건설업법 제38조 제1항 제8호 소정의 건설업면허 취소사유에 해당된다면 그 후 동법 시행령 제3조 제1항이 개정되어 건설업면허 취소사유에 해당하지 아니하게 되었다 하더라도 건설부장관은 동 면허수첩 대여행위 당시 시행된 건설업법 제38조 제1항 제8호를 적용하여 원고의 건설업면허를 취소하여야 할 것이다(대판 1982.12.28, 82누1).

08 행정기본법의 법 적용의 기준에 대한 설명으로 옳은 것은?

① 새로운 법령등은 법령등에 특별한 규정이 있는 경우를 제외하고는 그 법령등의 효력 발생 시 진행 중인 사실관계 또는 법률관계에 대해서는 적용되지 아니한다.
② 당사자의 신청에 따른 처분은 법령등에 특별한 규정이 있거나 처분 당시의 법령등을 적용하기 곤란한 특별한 사정이 있는 경우를 제외하고는 신청 당시의 법령등에 따른다.
③ 법령등을 위반한 행위의 성립과 이에 대한 제재처분은 법령등에 특별한 규정이 있는 경우를 제외하고는 처분 당시의 법령등에 따른다.
④ 법령등을 위반한 행위 후 법령등의 변경에 의하여 그 행위가 법령등을 위반한 행위에 해당하지 아니하거나 제재처분 기준이 가벼워진 경우로서 해당 법령등에 특별한 규정이 없는 경우에는 변경된 법령등을 적용한다.

| 정답 및 해설 |

① [×] **행정기본법 제14조【법 적용의 기준】①** 새로운 법령등은 법령등에 특별한 규정이 있는 경우를 제외하고는 그 법령등의 효력 발생 전에 완성되거나 종결된 사실관계 또는 법률관계에 대해서는 적용되지 아니한다.

② [×] **행정기본법 제14조【법 적용의 기준】②** 당사자의 신청에 따른 처분은 법령등에 특별한 규정이 있거나 처분 당시의 법령등을 적용하기 곤란한 특별한 사정이 있는 경우를 제외하고는 처분 당시의 법령등에 따른다.

③ [×]

> 행정기본법 제14조【법 적용의 기준】③ 법령등을 위반한 행위의 성립과 이에 대한 제재처분은 법령등에 특별한 규정이 있는 경우를 제외하고는 법령등을 위반한 행위 당시의 법령등에 따른다. 다만, 법령등을 위반한 행위 후 법령등의 변경에 의하여 그 행위가 법령등을 위반한 행위에 해당하지 아니하거나 제재처분 기준이 가벼워진 경우로서 해당 법령등에 특별한 규정이 없는 경우에는 변경된 법령등을 적용한다.

④ [O]

> 행정기본법 제14조【법 적용의 기준】③ 법령등을 위반한 행위의 성립과 이에 대한 제재처분은 법령등에 특별한 규정이 있는 경우를 제외하고는 법령등을 위반한 행위 당시의 법령등에 따른다. 다만, 법령등을 위반한 행위 후 법령등의 변경에 의하여 그 행위가 법령등을 위반한 행위에 해당하지 아니하거나 제재처분 기준이 가벼워진 경우로서 해당 법령등에 특별한 규정이 없는 경우에는 변경된 법령등을 적용한다.

답 ④

09 행정기본법상 법 적용의 기준에 대한 설명으로 옳은 것은?

① 당사자의 신청에 따른 처분은 예외 없이 처분 당시의 법령등에 따른다.

② 법령등을 위반한 행위의 성립과 이에 대한 제재처분은 법령등에 특별한 규정이 있는 경우를 제외하고는 변경된 법령등에 따른다.

③ 법령등을 위반한 행위 후 법령등의 변경에 의하여 그 행위가 법령등을 위반한 행위에 해당하지 아니하거나 제재처분 기준이 가벼워진 경우로서 해당 법령등에 특별한 규정이 없는 경우에는 행위 당시의 법령등을 적용한다.

④ 행정기본법이 제정되기 전 기존 판례는 면허수첩을 대여한 것이 그 당시 시행된 건설업법 제38조 제1항 제8호 소정의 건설업면허 취소사유에 해당된다면 그 후 동법 시행령 제3조 제1항이 개정되어 건설업면허 취소사유에 해당하지 아니하게 되었다 하더라도 건설부장관은 동 면허수첩 대여행위 당시의 구법을 적용하여 면허를 취소해야 한다고 보았다.

정답 및 해설

① [×] 행정기본법 제14조 제1항에 따르면 당사자의 신청에 따른 처분은 원칙적으로 처분 당시의 법령등에 따른다. 다만, 법령등에 특별한 규정이 있거나 처분 당시의 법령등을 적용하기 곤란한 특별한 사정이 있는 경우에는 신청시법이 예외적으로 적용된다.

② [×]

> 행정기본법 제14조【법 적용의 기준】③ 법령등을 위반한 행위의 성립과 이에 대한 제재처분은 법령등에 특별한 규정이 있는 경우를 제외하고는 법령등을 위반한 행위 당시의 법령등에 따른다. 다만, 법령등을 위반한 행위 후 법령등의 변경에 의하여 그 행위가 법령등을 위반한 행위에 해당하지 아니하거나 제재처분 기준이 가벼워진 경우로서 해당 법령등에 특별한 규정이 없는 경우에는 변경된 법령등을 적용한다.

③ [×] 　행정기본법 제14조【법 적용의 기준】③ 법령등을 위반한 행위의 성립과 이에 대한 제재처분
은 법령등에 특별한 규정이 있는 경우를 제외하고는 법령등을 위반한 행위 당시의 법령등
에 따른다. 다만, 법령등을 위반한 행위 후 법령등의 변경에 의하여 그 행위가 법령등을
위반한 행위에 해당하지 아니하거나 제재처분 기준이 가벼워진 경우로서 해당 법령등에 특
별한 규정이 없는 경우에는 변경된 법령등을 적용한다.

④ [○] 면허수첩을 대여한 것이 그 당시 시행된 건설업법 제38조 제1항 제8호 소정의 건설업면허 취소
사유에 해당된다면 그 후 동법 시행령 제3조 제1항이 개정되어 건설업면허 취소사유에 해당하지
아니하게 되었다 하더라도 건설부장관은 동 면허수첩 대여행위 당시 시행된 건설업법 제38조
제1항 제8호를 적용하여 원고의 건설업면허를 취소하여야 할 것이다(대판 1982.12.28, 82누1).

답 ④

제3장 행정법의 법원칙

1. 법치행정원칙

(1) 법조항

　행정기본법 제8조【법치행정의 원칙】행정작용은 법률에 위반되어서는 아니 되며, 국민의 권
리를 제한하거나 의무를 부과하는 경우와 그 밖에 국민생활에 중요한 영향을 미치는 경우
에는 법률에 근거하여야 한다.

(2) 해설

1) 법치행정
　행정기본법은 법치행정의 원칙으로서 법률우위원칙과 법률유보원칙을 규정하고 있다. 그러
나 법률의 법규창조력을 규정하고 있지 않아 강학상 법치행정보다는 좁게 규율하고 있다.

2) 법률우위원칙
　법률우위원칙은 모든 영역에 적용되므로, 행정기본법 제8조는 법률우위원칙이 적용되는 영
역을 한정하고 있지 않다.

3) 법률유보원칙
　행정기본법 제8조는 법률유보의 적용영역을 "국민의 권리를 제한하거나 의무를 부과하는
경우와 그 밖에 국민생활에 중요한 영향을 미치는 경우"로 한정하고 있다. 국민의 권리를
제한하거나 의무를 부과하는 침해적 행정작용뿐 아니라 "그 밖에 국민생활에 중요한 영향
을 미치는 경우"라고 하여 중요사항유보설을 수용하였으며, 이는 기존의 대법원 및 헌법재
판소 판례 입장을 반영한 것으로 보인다.

오늘날의 법률유보원칙은 단순히 행정작용이 법률에 근거를 두기만 하면 충분한 것이 아니라, 국가 공동체와 그 구성원에게 기본적이고도 중요한 의미를 갖는 영역, 특히 국민의 기본권 실현에 관련된 영역에 있어서는 행정에 맡길 것이 아니라 국민의 대표자인 입법자 스스로 그 본질적 사항에 대하여 결정하여야 한다는 요구, 즉 의회유보원칙까지 내포하는 것으로 이해하여야 한다(헌재 2016.6.30, 2015헌바125).

10 행정기본법상 법치행정원칙에 대한 설명으로 옳은 것은?

① 행정작용은 법률에 근거하여 하고, 국민의 권리를 제한하거나 의무를 부과하는 경우와 그 밖에 국민생활에 중요한 영향을 미치는 경우에는 법률에 위반해서는 안 된다.

② 국민의 권리를 제한하거나 의무를 부과하는 경우와 그 밖에 국민생활에 중요한 영향을 미치는 경우에 한해 법률우위원칙이 적용된다.

③ 국민의 권리를 제한하거나 의무를 부과하는 경우에 한해 법률유보원칙이 적용된다.

④ 행정기본법은 법률유보의 적용범위에 관해 침해유보설을 취하고 있다.

⑤ 행정기본법은 법률유보의 적용범위에 관해 기존의 대법원 및 헌법재판소 판례 입장과 기본적으로 동일한 견해를 취하고 있다.

정답 및 해설

① [×]
> **행정기본법 제8조【법치행정의 원칙】** 행정작용은 법률에 위반되어서는 아니 되며, 국민의 권리를 제한하거나 의무를 부과하는 경우와 그 밖에 국민생활에 중요한 영향을 미치는 경우에는 법률에 근거하여야 한다.

② [×] 법률우위원칙은 모든 행정작용에 적용된다. 국민의 권리를 제한하거나 의무를 부과하는 경우와 그 밖에 국민생활에 중요한 영향을 미치는 경우에 한해 적용되는 원칙은 법률유보원칙이다.

③ [×]
> **행정기본법 제8조【법치행정의 원칙】** 행정작용은 법률에 위반되어서는 아니 되며, 국민의 권리를 제한하거나 의무를 부과하는 경우와 그 밖에 국민생활에 중요한 영향을 미치는 경우에는 법률에 근거하여야 한다.

④ [×] 중요유보설을 취하고 있다.

⑤ [○] 기존 대법원·헌법재판소 판례 및 행정기본법 모두 중요유보설을 취하고 있다.

답 ⑤

2. 평등의 원칙

(1) 법조항

> **행정기본법 제9조 【평등의 원칙】** 행정청은 합리적 이유 없이 국민을 차별하여서는 아니 된다.
>
> **헌법 제11조** ① 모든 국민은 법 앞에 평등하다. 누구든지 성별·종교 또는 사회적 신분에 의하여 정치적·경제적·사회적·문화적 생활의 모든 영역에 있어서 차별을 받지 아니한다.
> ② 사회적 특수계급의 제도는 인정되지 아니하며, 어떠한 형태로도 이를 창설할 수 없다.
> ③ 훈장등의 영전은 이를 받은 자에게만 효력이 있고, 어떠한 특권도 이에 따르지 아니한다.

(2) 해설

헌법 제11조는 차별금지 사유 및 영역을 규정하고 있는데 행정기본법은 이를 규정하고 있지는 않으며, 다만 '평등의 원칙'을 명시적으로 규정하고 있다는 데 그 의미가 있다. 합리적 이유 없는 차별을 금지하고 있으므로, 합리적 이유가 있는 차별이 허용되는 상대적 평등설을 수용하고 있다.

3. 비례의 원칙

(1) 법조항

> **행정기본법 제10조 【비례의 원칙】** 행정작용은 다음 각 호의 원칙에 따라야 한다.
> 1. 행정목적을 달성하는 데 유효하고 적절할 것
> 2. 행정목적을 달성하는 데 필요한 최소한도에 그칠 것
> 3. 행정작용으로 인한 국민의 이익 침해가 그 행정작용이 의도하는 공익보다 크지 아니할 것
>
> **헌법 제37조** ② 국민의 모든 자유와 권리는 국가안전보장·질서유지 또는 공공복리를 위하여 필요한 경우에 한하여 법률로써 제한할 수 있으며, 제한하는 경우에도 자유와 권리의 본질적인 내용을 침해할 수 없다.

(2) 해설

행정기본법 제10조의 규정에 따라 비례의 원칙은 성문법상 원칙이 되었다. 이는 일반법으로 작용하므로 개별법에 규정이 없는 경우에도 행정작용에 비례의 원칙이 적용된다.

11 행정기본법의 법원칙에 대한 설명으로 옳은 것은?

① 행정기본법은 차별금지 사유와 차별금지영역을 규정하고 있다.

② 평등의 원칙은 행정법상 불문의 원칙으로 인정되고 있다.

③ 비례원칙은 성문법상 원칙이다.

④ 행정기본법은 목적의 정당성을 비례원칙의 요소로 규정하고 있다.

정답 및 해설

① [×] 헌법 제11조는 차별금지 사유와 차별금지영역을 규정하고 있는데 행정기본법 제9조는 이를 규정하고 있지는 않다.

② [×] 행정기본법 제9조가 평등의 원칙의 실정법상 근거이다.

③ [○] 행정기본법 제10조의 규정에 따라 비례의 원칙은 성문법상 원칙이 되었다.

④ [×] 헌법재판소는 목적의 정당성, 방법의 적정성, 침해의 최소성, 법익균형성을 비례의 원칙의 구성요소로 들고 있으나 행정기본법은 목적의 정당성을 규정하고 있지 않다.

답 ③

4. 성실의무 및 권한남용금지의 원칙

> **행정기본법 제11조【성실의무 및 권한남용금지의 원칙】** ① 행정청은 법령등에 따른 의무를 성실히 수행하여야 한다.
>
> **행정절차법 제4조【신의성실 및 신뢰보호】** ① 행정청은 직무를 수행할 때 신의(信義)에 따라 성실히 하여야 한다.
>
> ② 행정청은 행정권한을 남용하거나 그 권한의 범위를 넘어서는 아니 된다.
>
> **행정기본법 제21조【재량행사의 기준】** 행정청은 재량이 있는 처분을 할 때에는 관련 이익을 정당하게 형량하여야 하며, 그 재량권의 범위를 넘어서는 아니 된다.

(1) 성실의무

1) 의의

행정청은 자신의 직무상 양심과 인격을 바탕으로 성의를 다하여 행정사무를 수행하여야 한다는 원칙이다.

2) 법적 근거

행정기본법 제11조가 일반적 규정이며 행정절차법 제4조, 국가공무원법 제56조 등에 규정되어 있다.

3) 적용범위

침익적 행정과 수익적 행정 등 모든 행정에 적용된다.

4) 내용

전후가 모순되는 절차금지, 행정청의 사인에 대한 보호의무, 불성실로 인한 사인의 법적 지위 악화금지 등이 있다.

5) 위반

성실의무에 위반되는 명령이나 처분은 위법한 행정작용이 된다.

(2) 권한남용금지원칙

1) 의의

행정청은 법에 의해 부여된 자신의 권한을 목적에 반하여 행사해서도 안 되고 주어진 권한을 넘어서 행사해서도 안 된다.

2) 법적 근거

행정기본법 제11조가 일반적 규정이며, 제21조는 "행정청은 재량이 있는 처분을 할 때에는 관련 이익을 정당하게 형량하여야 하며, 그 재량권의 범위를 넘어서는 아니 된다."고 규정하고 있다. 재량의 범위를 넘는 처분은 권한남용금지원칙에 위반된다.

3) 권한법정주의

권한이란 행정청이 유효하게 사무를 처리할 수 있는 능력 또는 사무의 범위이다. 행정권한은 법률에 근거가 있어야 한다.

4) 권한의 한계

① 사물적 한계: 행정청에게 주어진 사물적인 영역을 사물적 권한이라고 한다. 정부조직법은 국방부장관에게 군정과 군령권을 부여하고 있는데, 이를 외교부장관이 행사하면 사물적 한계에 위반된다.

② 지역적 한계: 관악구청장이 서초구 소재 토지에 대하여 건축허가를 하면 지역적 한계에 위반된다.

③ 인적 한계: 외교부장관이 국방부 직원을 징계하면 인적 한계에 위반된다.

5) 내용

행정권한 남용금지, 행정권한 일탈금지, 행정권한 불행사금지가 있다.

6) 적용범위

모든 행정에 적용된다.

7) 위반

권한남용금지원칙에 위반되는 명령이나 처분은 위법한 행정작용이 된다.

12 성실의무 및 권한남용금지의 원칙에 대한 설명으로 옳은 것은?

① 행정절차법은 성실의무를 규정하고 있고 행정기본법은 성실의무 및 권한남용금지의 원칙을 규정하고 있다.

② 성실의무 및 권한남용금지의 원칙은 침해작용에는 적용되나 모든 행정작용에 적용된다고 하기는 힘들다.

③ 권한남용금지의 원칙은 법적 의무이나 성실의무는 윤리적 의무이므로 행정작용이 성실의무에 위반되더라도 위법이 되는 것은 아니다.

④ 성실의무 및 권한남용금지의 원칙은 행정법상 불문의 법원칙이다.

정답 및 해설

① [O] 행정절차법 제4조는 성실의무를 규정하고 있으나 권한남용금지의 원칙을 규정하고 있지는 않다. 다만 행정기본법 제11조는 성실의무 및 권한남용금지의 원칙을 규정하고 있다.

> 행정기본법 제11조【성실의무 및 권한남용금지의 원칙】 ① 행정청은 법령등에 따른 의무를 성실히 수행하여야 한다.
> 행정절차법 제4조【신의성실 및 신뢰보호】 ① 행정청은 직무를 수행할 때 신의(信義)에 따라 성실히 하여야 한다.
> ② 행정청은 행정권한을 남용하거나 그 권한의 범위를 넘어서는 아니 된다.

② [X] 성실의무 및 권한남용금지의 원칙은 침해작용을 포함한 모든 행정작용에 적용된다.

③ [X] 성실의무도 공무원들의 법적 의무이므로 이에 반하는 행정작용은 위법이 된다.

④ [X] 성실의무 및 권한남용금지의 원칙은 행정기본법에 규정되어 있으므로 성문법상 원칙이다.

답 ①

5. 신뢰보호의 원칙

(1) 법조항

> 행정기본법 제12조【신뢰보호의 원칙】 ① 행정청은 공익 또는 제3자의 이익을 현저히 해칠 우려가 있는 경우를 제외하고는 행정에 대한 국민의 정당하고 합리적인 신뢰를 보호하여야 한다.
> ② 행정청은 권한 행사의 기회가 있음에도 불구하고 장기간 권한을 행사하지 아니하여 국민이 그 권한이 행사되지 아니할 것으로 믿을 만한 정당한 사유가 있는 경우에는 그 권한을 행사해서는 아니 된다. 다만, 공익 또는 제3자의 이익을 현저히 해칠 우려가 있는 경우는 예외로 한다.
> 행정절차법 제4조【신의성실 및 신뢰보호】 ② 행정청은 법령등의 해석 또는 행정청의 관행이 일반적으로 국민들에게 받아들여졌을 때에는 공익 또는 제3자의 정당한 이익을 현저히 해칠 우려가 있는 경우를 제외하고는 새로운 해석 또는 관행에 따라 소급하여 불리하게 처리하여서는 아니 된다.

(2) 해설

1) 일반법적 근거

행정기본법 제12조는 신뢰보호원칙의 성문법상 근거이다.

2) 신뢰보호의 요건

행정기본법은 신뢰보호의 소극적 요건으로서 공익 또는 제3자의 이익을 현저히 해칠 우려가 있는 경우를 규정하고 있어 이 경우에는 신뢰보호원칙이 적용되지 않는다. 적극적 요건으로서는 행정에 대한 국민의 정당하고 합리적인 신뢰를 규정하고 있다.

3) 실권의 법리

행정절차법은 신뢰보호원칙을 규정하고 있으나 실권의 법리를 규정하고 있지 않다. 행정기본법은 신뢰보호의 원칙에서 실권의 법리를 함께 규정하고 있으며, 기존 판례는 행정법의 일반원칙으로서 실권의 법리를 인정해왔다. 다만, 행정기본법은 행정청의 권한이 실권되는 기간에 대한 규정을 두고 있지 않다.

> ⚖ **관련 판례**
>
> 택시운전사가 운전면허정지기간 중 운전을 하여 적발되어 형사처벌을 받았으나 아무런 행정조치가 없었고 그 후 3년이 지나서 행정청이 운전면허를 취소하였다면 이는 별다른 행정조치를 하지 않을 것이라는 신뢰를 침해하는 행위이다(대판 1987.9.8, 87누373).

13 신뢰보호원칙에 대한 설명으로 옳지 않은 것은?

① 행정기본법은 신뢰보호의 소극적 요건으로서 공익 또는 제3자의 이익을 현저히 해칠 우려가 있는 경우를 규정하고 있어 공익 또는 제3자의 이익을 현저히 해칠 우려가 있는 경우 신뢰보호원칙이 적용되지 않는다.

② 행정절차법은 신뢰보호원칙과 실권의 법리를 규정하고 있고 행정기본법은 이를 수용하여 신뢰보호원칙과 실권의 법리를 규정하고 있다.

③ 행정기본법이 제정되기 전에도 판례는 행정법의 일반원칙으로서 실권의 법리를 인정해왔다.

④ 공익 또는 제3자의 이익을 현저히 해칠 우려가 있는 경우 실권의 법리는 적용되지 않는다.

> 정답 및 해설
>
> ① [○] 행정기본법은 신뢰보호의 소극적 요건으로서 공익 또는 제3자의 이익을 현저히 해칠 우려가 있는 경우를 규정하고 있어 이 경우에는 신뢰보호원칙이 적용되지 않는다. 적극적 요건으로서 행정에 대한 국민의 정당하고 합리적인 신뢰를 규정하고 있다.
>
> ② [×] 행정절차법은 실권의 법리를 규정하고 있지 않다.
>
> ③ [○] 택시운전사가 운전면허정지기간 중 운전을 하여 적발되어 형사처벌을 받았으나 아무런 행정조치가 없었고 그 후 3년이 지나서 행정청이 운전면허를 취소하였다면 이는 별다른 행정조치를 하지 않을 것이라는 신뢰를 침해하는 행위이다(대판 1987.9.8, 87누373).

④ [○]

> **행정기본법 제12조【신뢰보호의 원칙】** ② 행정청은 권한 행사의 기회가 있음에도 불구하고 장기간 권한을 행사하지 아니하여 국민이 그 권한이 행사되지 아니할 것으로 믿을 만한 정당한 사유가 있는 경우에는 그 권한을 행사해서는 아니 된다. 다만, 공익 또는 제3자의 이익을 현저히 해칠 우려가 있는 경우는 예외로 한다.

답 ②

6. 부당결부금지의 원칙

(1) 법조항

> **행정기본법 제13조【부당결부금지의 원칙】** 행정청은 행정작용을 할 때 상대방에게 해당 행정작용과 실질적인 관련이 없는 의무를 부과해서는 아니 된다.

(2) 해설

행정기본법은 부당결부금지의 원칙의 일반적 근거가 되므로 부당결부금지원칙은 성문법상 원칙이다. 행정기본법 제정 전에도 학설과 판례는 헌법상 법치주의를 근거로 하여 부당결부금지의 원칙을 인정해왔다.

🔥 관련 판례

행정처분과 부관 사이에 실제적 관련성이 있다고 볼 수 없는 경우 공무원이 위와 같은 공법상의 제한을 회피할 목적으로 행정처분의 상대방과 사이에 사법상 계약을 체결하는 형식을 취하였다면 이는 법치행정의 원리에 반하는 것으로서 위법하다고 보지 않을 수 없다(대판 2010.1.28, 2007도9331).

제4장 행정상 법률관계

제1절 의무불이행과 제재처분

1. 법조항

> 행정기본법 제22조 【제재처분의 기준】① 제재처분의 근거가 되는 법률에는 제재처분의 주체, 사유, 유형 및 상한을 명확하게 규정하여야 한다. 이 경우 제재처분의 유형 및 상한을 정할 때에는 해당 위반행위의 특수성 및 유사한 위반행위와의 형평성 등을 종합적으로 고려하여야 한다.
> ② 행정청은 재량이 있는 제재처분을 할 때에는 다음 각 호의 사항을 고려하여야 한다.
> 1. 위반행위의 동기, 목적 및 방법
> 2. 위반행위의 결과
> 3. 위반행위의 횟수
> 4. 그 밖에 제1호부터 제3호까지에 준하는 사항으로서 대통령령으로 정하는 사항
>
> [시행일 2021.9.24.]

2. 해설

(1) 제재처분의 개념

"제재처분"이란 법령등에 따른 의무를 위반하거나 이행하지 아니하였음을 이유로 당사자에게 의무를 부과하거나 권익을 제한하는 처분을 말한다. 다만, 행정상 강제는 제외한다(행정기본법 제2조 제5호).

(2) 제재처분 법정주의

행정기본법 제22조 제1항은 제재처분은 법률로 정해야 하며 법률에서 제재처분의 주체, 사유, 유형 및 상한을 명확하게 정하여야 한다고 규정하고 있다. 제재처분은 침익적 작용이므로 헌법 제37조 제2항에 따라 법률로 정하여야 한다. 행정기본법 제22조는 이를 구체적으로 규정하고 있다.

1) 제재처분의 주체
법률에서 직접 어느 행정청이 제재할 수 있는지에 대해 규정하여야 한다.

2) 제재처분의 사유
법령등에 따른 의무위반과 의무불이행이다.

3) 제재처분의 유형
의무부과, 권익을 제한하는 처분이 있다. 공의무를 불이행하는 경우에는 영업허가의 취소 · 정지 및 시정조치, 과태료 부과 등 제재조치를 할 수 있다.

4) 제재처분의 상한

제재처분의 상한은 법률로 정하여야 하며, 제재처분의 유형 및 상한을 정할 때에는 해당 위반행위의 특수성 및 유사한 위반행위와의 형평성 등을 종합적으로 고려하여야 한다. 의무의 성질이 유사하거나 동일한 경우 제재처분의 상한과 하한은 동일하여야 한다.

☆ 관련 판례

1 정부투자기관이 계약을 체결함에 있어서 공정한 경쟁 또는 계약의 적정한 이행을 해칠 것이 명백하다고 판단되는 자에 대하여 일정기간 입찰참가자격을 제한할 수 있도록 한 정부투자기관관리기본법 제20조 제2항은 입찰참가자격제한의 핵심적·본질적 요소라고 할 수 있는 자격제한기간을 특정하지 않은 채 단지 "일정기간"이라고만 규정하여 입찰참가자격 제한기간의 상한을 정하지 않고 있는바, 이는 자격제한사유에 해당하는 자로 하여금 위 조항의 내용만으로 자격제한의 기간을 전혀 예측할 수 없게 하고 동시에 법집행당국의 자의적인 집행을 가능하게 하는 것이므로 위 법률조항은 명확성의 원칙에 위반된다(헌재 2005.4.28, 2003헌바40).

2 공기업·준정부기관은 공정한 경쟁이나 계약의 적정한 이행을 해칠 것이 명백하다고 판단되는 사람·법인 또는 단체 등에 대하여 2년의 범위 내에서 일정기간 입찰참가자격을 제한할 수 있도록 한 공공기관의 운영에 관한 법률 제39조(회계원칙 등) 제2항의 경우, 공기업·준정부기관이 어떤 공공기관인지는 공공기관운영법 제4조, 제5조에 규정되어 있고, 2년 범위 내에서 제한기간을 정하도록 구체적으로 한정되어 있으며, 특별히 입찰참가가 제한되는 계약의 범위가 한정되어 있지 않으므로 제재의 범위를 충분히 예측할 수 있다. 따라서 이 사건 법률조항은 명확성의 원칙에 위배되지 아니한다(헌재 2012.10.25, 2011헌바99).

---

(3) 제재처분 시 고려요소

행정기본법 제22조 제2항에 따르면 행정청은 ① 위반행위의 동기, 목적 및 방법, ② 위반행위의 결과, ③ 위반행위의 횟수, ④ 앞 ①~③에 준하는 사항으로서 대통령령으로 정하는 사항을 고려하여 제재처분하여야 한다.

(4) 제재처분의 제척기간

행정기본법 제23조는 제재처분의 제척기간을 규정하였으나 2023년 3월 24일 시행 예정이다.

> **행정기본법 제23조【제재처분의 제척기간】** ① 행정청은 법령등의 위반행위가 종료된 날부터 5년이 지나면 해당 위반행위에 대하여 제재처분(인허가의 정지·취소·철회, 등록 말소, 영업소 폐쇄와 정지를 갈음하는 과징금 부과를 말한다. 이하 이 조에서 같다)을 할 수 없다.
> ② 다음 각 호의 어느 하나에 해당하는 경우에는 제1항을 적용하지 아니한다.
> 1. 거짓이나 그 밖의 부정한 방법으로 인허가를 받거나 신고를 한 경우
> 2. 당사자가 인허가나 신고의 위법성을 알고 있었거나 중대한 과실로 알지 못한 경우
> 3. 정당한 사유 없이 행정청의 조사·출입·검사를 기피·방해·거부하여 제척기간이 지난 경우
> 4. 제재처분을 하지 아니하면 국민의 안전·생명 또는 환경을 심각하게 해치거나 해칠 우려가 있는 경우

③ 행정청은 제1항에도 불구하고 행정심판의 재결이나 법원의 판결에 따라 제재처분이 취소·철회된 경우에는 재결이나 판결이 확정된 날부터 1년(합의제행정기관은 2년)이 지나기 전까지는 그 취지에 따른 새로운 제재처분을 할 수 있다.

④ 다른 법률에서 제1항 및 제3항의 기간보다 짧거나 긴 기간을 규정하고 있으면 그 법률에서 정하는 바에 따른다. [시행일: 2023.3.24.]

♨ 관련 판례

행정법규 위반에 대하여 가하는 제재조치는 위반자가 그 의무를 알지 못하는 것이 무리가 아니었다고 할 수 있어 그것을 정당시할 수 있는 사정이 있을 때 또는 의무의 이행을 당사자에게 기대하는 것이 무리라고 하는 사정이 있을 때 등 의무 해태를 탓할 수 없는 정당한 사유가 있는 경우 등의 특별한 사정이 없는 한 위반자에게 고의나 과실이 없다고 하더라도 부과될 수 있다(대판 2012.6.28, 2010두24371).

---

14 행정기본법의 제재처분에 대한 설명으로 옳지 않은 것은?

① 행정기본법의 제재처분에는 행정상 강제는 포함하지 않는다.

② 행정기본법은 제재처분이 법률에 근거해야 하고 제재처분의 주체, 사유, 유형 및 상한을 명확하게 규정하여야 한다.

③ 제재처분의 근거는 법률에 두어야 하나 제재처분의 주체, 사유, 유형 및 상한은 법률로 정해야 하는 것은 아니므로 법률로 정하지 않고 대통령령 등에 위임할 수 있다.

④ 행정기본법은 하나의 법위반행위가 둘 이상의 제재처분 사유가 되는 경우 이중의 제재처분을 할 수 있는지에 대해서는 규정하고 있지 않다.

⑤ 행정절차법은 당사자 지위의 승계에 관한 규정을 두고 있으나 행정기본법에서는 개인적 공권과 의무 승계에 대한 조항을 두고 있지 않다.

정답 및 해설

① [○] 행정기본법 제2조 제5호

② [○] 행정기본법 제22조 제1항은 제재처분은 법률로 정해야 하며 법률에서 제재처분의 주체, 사유, 유형 및 상한을 명확하게 정하도록 규정하고 있다.

③ [×]
> **행정기본법 제22조 【제재처분의 기준】** ① 제재처분의 근거가 되는 법률에는 제재처분의 주체, 사유, 유형 및 상한을 명확하게 규정하여야 한다. [시행일: 2021.9.24.]

④ [○] 이중의 제재처분 가능 여부에 대해서는 규정이 없다.

⑤ [○] 행정절차법 제10조는 당사자 지위의 승계에 관한 규정을 두고 있으나 행정기본법에서는 개인적 공권과 의무 승계에 대한 조항을 두고 있지 않다.

답 ③

15 행정기본법의 제재처분의 제척기간에 대한 설명으로 옳지 않은 것은? [시행일: 2023.3.24.]

① 행정청은 법령등의 위반행위가 종료된 날부터 5년이 지나면 해당 위반행위에 대하여 제재처분(인허가의 정지·취소·철회, 등록 말소, 영업소 폐쇄와 정지를 갈음하는 과징금부과를 말한다)을 할 수 없다.

② 거짓이나 그 밖의 부정한 방법으로 인허가를 받거나 신고를 한 경우 행정청은 법령등의 위반행위가 종료된 날부터 5년이 지나서도 해당 위반행위에 대하여 제재처분(인허가의 정지·취소·철회, 등록 말소, 영업소 폐쇄와 정지를 갈음하는 과징금부과를 말한다)을 할 수 있다.

③ 행정심판의 재결이나 법원의 판결에 따라 제재처분이 취소·철회된 경우에는 재결이나 판결이 확정된 날부터 2년이 지나기 전까지는 그 취지에 따른 새로운 제재처분을 할 수 있다.

④ 다른 법률에서 행정기본법이 정한 제재처분의 제척기간보다 짧거나 긴 기간을 규정하고 있으면 그 법률에서 정하는 바에 따른다.

정답 및 해설

① [O]

> 행정기본법 제23조【제재처분의 제척기간】① 행정청은 법령등의 위반행위가 종료된 날부터 5년이 지나면 해당 위반행위에 대하여 제재처분(인허가의 정지·취소·철회, 등록 말소, 영업소 폐쇄와 정지를 갈음하는 과징금 부과를 말한다. 이하 이 조에서 같다)을 할 수 없다.
> [시행일: 2023.3.24]

② [O]

> 행정기본법 제23조【제재처분의 제척기간】② 다음 각 호의 어느 하나에 해당하는 경우에는 제1항을 적용하지 아니한다.
> 1. 거짓이나 그 밖의 부정한 방법으로 인허가를 받거나 신고를 한 경우
> 2. 당사자가 인허가나 신고의 위법성을 알고 있었거나 중대한 과실로 알지 못한 경우
> 3. 정당한 사유 없이 행정청의 조사·출입·검사를 기피·방해·거부하여 제척기간이 지난 경우
> 4. 제재처분을 하지 아니하면 국민의 안전·생명 또는 환경을 심각하게 해치거나 해칠 우려가 있는 경우
> [시행일: 2023.3.24]

③ [×]

> 행정기본법 제23조【제재처분의 제척기간】③ 행정청은 제1항에도 불구하고 행정심판의 재결이나 법원의 판결에 따라 제재처분이 취소·철회된 경우에는 재결이나 판결이 확정된 날부터 1년(합의제행정기관은 2년)이 지나기 전까지는 그 취지에 따른 새로운 제재처분을 할 수 있다.
> [시행일: 2023.3.24]

④ [O]

> 행정기본법 제23조【제재처분의 제척기간】④ 다른 법률에서 제1항 및 제3항의 기간보다 짧거나 긴 기간을 규정하고 있으면 그 법률에서 정하는 바에 따른다. [시행일: 2023.3.24]

답 ③

제2절 행정법 규정의 흠결과 소멸

행정기본법 제정되기 전에는 개별 행정법에 규정이 없는 경우, 행정법 유추적용, 유추적용할 행정법이 없는 경우 사법이 적용되었는데, 현재는 개별 행정법에 당해 법적 관계를 규율할 법이 제정되어 있지 않은 경우 행정기본법이 적용된다. 행정기본법에도 규정이 없다면 관련 행정법을 유추적용할 수 있다.

제3절 행정법상 법률관계의 발생과 소멸 – 시간의 경과

1. 법조항

> 행정기본법 제6조【행정에 관한 기간의 계산】① 행정에 관한 기간의 계산에 관하여는 이 법 또는 다른 법령등에 특별한 규정이 있는 경우를 제외하고는 민법을 준용한다.
> ② 법령등 또는 처분에서 국민의 권익을 제한하거나 의무를 부과하는 경우 권익이 제한되거나 의무가 지속되는 기간의 계산은 다음 각 호의 기준에 따른다. 다만, 다음 각 호의 기준에 따르는 것이 국민에게 불리한 경우에는 그러하지 아니하다.
> 1. 기간을 일, 주, 월 또는 연으로 정한 경우에는 기간의 첫날을 산입한다.
> 2. 기간의 말일이 토요일 또는 공휴일인 경우에도 기간은 그 날로 만료한다.
>
> 민법 제157조【기간의 기산점】기간을 일, 주, 월 또는 연으로 정한 때에는 기간의 초일은 산입하지 아니한다. 그러나 그 기간이 오전 영시로부터 시작하는 때에는 그러하지 아니하다.
>
> 민법 제159조【기간의 만료점】기간을 일, 주, 월 또는 연으로 정한 때에는 기간말일의 종료로 기간이 만료한다.

2. 해설

(1) 일반법

행정기본법은 기간의 계산에 있어서 일반법이다. 행정에 관한 기간 계산은 개별법에 규정이 없다면 행정기본법이 적용되고, 행정기본법에도 없으면 민법이 보충적으로 적용된다.

(2) 국민의 권익을 제한하거나 의무를 부과하는 법령·처분에 적용되는 특례

1) 적용범위

국민의 권익을 제한하거나 의무를 부과하는 법령과 처분에 한하여 행정기본법 제6조 제2항이 적용된다. 따라서 수익적 처분에는 행정기본법 제6조 제2항이 적용되지 않고 제6조 제1항이 적용된다. 행정기본법 제6조 제2항이 민법 제157조와 제159조의 특례조항이다.

2) 초일의 특례

기간을 일, 주, 월 또는 연으로 정한 경우에는 기간의 첫날을 산입한다. 다만, 국민에게 불리한 경우에는 첫날을 산입하지 않는다.

3) 말일의 특례

기간의 말일이 토요일 또는 공휴일인 경우에도 기간은 그 날로 만료한다. 다만, 국민에게 불리한 경우에는 토요일 또는 공휴일의 다음 날에 만료한다.

16 행정기본법상 행정에 관한 기간의 계산에 대한 설명으로 옳은 것은?

① 법령등 또는 처분에서 국민의 권익을 부여하거나 의무를 면제하는 경우 권익이 제한되거나 의무가 지속되는 기간의 계산은 기간을 일, 주, 월 또는 연으로 정한 경우에는 기간의 첫날을 산입한다.

② 30일 운전면허정지기간의 말일이 토요일 또는 공휴일인 경우에도 기간은 그 날로 만료한다.

③ 도로점용허가 기간인 3년의 말일이 토요일 또는 공휴일인 경우에도 기간은 그 날로 만료한다.

④ 과징금 납부기한의 말일이 토요일 또는 공휴일인 경우에도 기간은 그 날로 만료한다.

정답 및 해설

① [×] 행정기본법 제6조【행정에 관한 기간의 계산】② 법령등 또는 처분에서 국민의 권익을 제한하거나 의무를 부과하는 경우 권익이 제한되거나 의무가 지속되는 기간의 계산은 다음 각 호의 기준에 따른다.
> 1. 기간을 일, 주, 월 또는 연으로 정한 경우에는 기간의 첫날을 산입한다.

② [O] 30일 운전면허정지기간은 행정기본법 제6조 제2항의 국민의 권익을 제한이므로 기간의 말일이 토요일 또는 공휴일인 경우에도 기간은 그 날로 만료한다.

> 행정기본법 제6조【행정에 관한 기간의 계산】② 법령등 또는 처분에서 국민의 권익을 제한하거나 의무를 부과하는 경우 권익이 제한되거나 의무가 지속되는 기간의 계산은 다음 각 호의 기준에 따른다.
> 2. 기간의 말일이 토요일 또는 공휴일인 경우에도 기간은 그 날로 만료한다.

③ [×] 도로점용허가는 행정기본법 제6조 제2항의 국민의 권익을 제한하거나 의무를 부과하는 경우가 아니므로 행정기본법 제6조 제2항이 적용되지 않는다. 행정기본법 제6조 제1항에 따라 민법이 적용되어 기간의 말일이 토요일 또는 공휴일인 경우에도 기간은 그 다음 날로 만료한다.

④ [×] 과징금 납부기한의 말일이 토요일 또는 공휴일인 경우에도 기간은 그 날로 만료한다면 행정기본법 제6조 제2항 단서의 국민에게 불리한 경우이므로 제6조 제1항에 따라 민법 제159조가 적용되어 기간의 말일이 토요일 또는 공휴일인 경우에도 기간은 그 다음 날로 만료한다.

> 행정기본법 제6조【행정에 관한 기간의 계산】② 법령등 또는 처분에서 국민의 권익을 제한하거나 의무를 부과하는 경우 권익이 제한되거나 의무가 지속되는 기간의 계산은 다음 각 호의 기준에 따른다. 다만, 다음 각 호의 기준에 따르는 것이 국민에게 불리한 경우에는 그러하지 아니하다.
> 2. 기간의 말일이 토요일 또는 공휴일인 경우에도 기간은 그 날로 만료한다.

답 ②

제4절 사인의 공법행위

1. 법조항

> 행정기본법 제34조【수리 여부에 따른 신고의 효력】 법령등으로 정하는 바에 따라 행정청에 일정한 사항을 통지하여야 하는 신고로서 법률에 신고의 수리가 필요하다고 명시되어 있는 경우(행정기관의 내부 업무 처리 절차로서 수리를 규정한 경우는 제외한다)에는 행정청이 수리하여야 효력이 발생한다. [시행일: 2023.3.24.]
>
> 행정절차법 제40조【신고】 ① 법령등에서 행정청에 일정한 사항을 통지함으로써 의무가 끝나는 신고를 규정하고 있는 경우 신고를 관장하는 행정청은 신고에 필요한 구비서류, 접수기관, 그 밖에 법령등에 따른 신고에 필요한 사항을 게시(인터넷 등을 통한 게시를 포함한다)하거나 이에 대한 편람을 갖추어 두고 누구나 열람할 수 있도록 하여야 한다.
> ② 제1항에 따른 신고가 다음 각 호의 요건을 갖춘 경우에는 신고서가 접수기관에 도달된 때에 신고 의무가 이행된 것으로 본다.
> 1. 신고서의 기재사항에 흠이 없을 것
> 2. 필요한 구비서류가 첨부되어 있을 것
> 3. 그 밖에 법령등에 규정된 형식상의 요건에 적합할 것
> ③ 행정청은 제2항 각 호의 요건을 갖추지 못한 신고서가 제출된 경우에는 지체 없이 상당한 기간을 정하여 신고인에게 보완을 요구하여야 한다.
> ④ 행정청은 신고인이 제3항에 따른 기간 내에 보완을 하지 아니하였을 때에는 그 이유를 구체적으로 밝혀 해당 신고서를 되돌려 보내야 한다.

2. 해설

행정절차법은 수리를 요하지 않은 신고를 규정하였으나 행정기본법은 수리를 요하는 신고를 규정하였다. 행정기본법 제34조(시행일: 2023.3.24.)에 따르면 법률에 신고의 수리가 필요하다고 명시되어 있는 경우에 한하여 수리를 요하는 신고이고, 나머지의 경우는 수리를 요하지 않는 신고이며, 행정기관의 내부 업무 처리 절차로서 수리를 규정한 경우도 수리를 요하는 신고가 아니다. 또한 행정절차법상 신고는 접수기관에 도달한 때 효력이 발생하나, 행정기본법상 신고는 수리하여야 효력이 발생한다.

17 행정기본법상 신고에 대한 설명으로 옳은 것은?

① 행정기본법은 수리를 요하지 않은 신고와 수리를 요하는 신고를 규정하고 있다.

② 신고가 법령이 정하는 요건을 갖춘 경우에는 신고서가 접수기관에 도달된 때에 신고 의무가 이행된 것으로 본다.

③ 법령등에서 행정청에 일정한 사항을 통지하여야 하는 신고로서 법률에 신고의 수리가 필요하다고 명시되어 있는 경우에 한해 수리를 요하는 신고로 규정하고 있다.

④ 행정기관의 내부 업무 처리 절차로서 수리를 규정한 경우에도 행정청이 수리하여야 효력이 발생한다.

정답 및 해설

① [×] 행정기본법은 수리를 요하는 신고만 규정하고 있다.

② [×] 행정절차법 제40조 제2항은 "신고가 다음 각 호의 요건을 갖춘 경우에는 신고서가 접수기관에 도달된 때에 신고 의무가 이행된 것으로 본다."고 규정하고 있으나 행정기본법은 행정청이 수리하여야 효력이 발생한다고 규정하고 있다.

③ [○]

> **행정기본법 제34조【수리 여부에 따른 신고의 효력】** 법령등으로 정하는 바에 따라 행정청에 일정한 사항을 통지하여야 하는 신고로서 법률에 신고의 수리가 필요하다고 명시되어 있는 경우(행정기관의 내부 업무 처리 절차로서 수리를 규정한 경우는 제외한다)에는 행정청이 수리하여야 효력이 발생한다.   [시행일: 2023.3.24.]

④ [×] 행정기관의 내부 업무 처리 절차로서 수리를 규정한 경우는 제외한다고 규정하고 있으므로 행정청이 수리하여야 효력이 발생하는 것은 아니다.

답 ③

제2편 일반행정작용법

제1장 행정입법

제1절 행정의 입법활동 등

1. 행정입법활동 시 준수해야 할 원칙

(1) 법조항

> 행정기본법 제38조【행정의 입법활동】① 국가나 지방자치단체가 법령등을 제정·개정·폐지하고자 하거나 그와 관련된 활동(법률안의 국회 제출과 조례안의 지방의회 제출을 포함하며, 이하 이 장에서 "행정의 입법활동"이라 한다)을 할 때에는 헌법과 상위 법령을 위반해서는 아니 되며, 헌법과 법령등에서 정한 절차를 준수하여야 한다.
> ② 행정의 입법활동은 다음 각 호의 기준에 따라야 한다.
> 1. 일반 국민 및 이해관계자로부터 의견을 수렴하고 관계 기관과 충분한 협의를 거쳐 책임 있게 추진되어야 한다.
> 2. 법령등의 내용과 규정은 다른 법령등과 조화를 이루어야 하고, 법령등 상호 간에 중복되거나 상충되지 아니하여야 한다.
> 3. 법령등은 일반 국민이 그 내용을 쉽고 명확하게 이해할 수 있도록 알기 쉽게 만들어져야 한다.
> ③ 정부는 매년 해당 연도에 추진할 법령안 입법계획(이하 "정부입법계획"이라 한다)을 수립하여야 한다.
> ④ 행정의 입법활동의 절차 및 정부입법계획의 수립에 관하여 필요한 사항은 정부의 법제업무에 관한 사항을 규율하는 대통령령으로 정한다.　　　　　　　　[시행일: 2021.9.24.]

(2) 해설

1) 일반법

행정기본법은 행정의 입법활동의 일반법이다. 행정기본법 제3조에 따르면 행정기본법은 법령등을 제정·개정·폐지하는 경우뿐 아니라 정부의 법률안 제출, 지방자치단체장의 조례안 제출에 적용되며, 훈령이나 예규는 행정입법에는 해당하나 행정기본법 제2조상의 법령등에 해당하지는 않는다.

2) 행정입법의 내용 요건으로 상위법 준수원칙

행정기본법 제38조 제1항은 국가나 지방자치단체가 입법활동을 할 때 헌법과 상위 법령을 위반해서는 아니 된다고 하여 상위법 준수원칙을 직접적으로 규정하고 있다.

3) 절차의 준수

행정기본법 제38조 제1항에 따르면 헌법과 법령등에서 정한 절차를 준수하여야 한다.

4) 행정입법활동의 기준(행정기본법 제38조 제2항)

행정의 입법활동은 다음 기준에 따라야 한다.

① 일반 국민 및 이해관계자로부터 의견을 수렴하고 관계 기관과 충분한 협의를 거쳐 책임 있게 추진되어야 한다.

② 법령등의 내용과 규정은 다른 법령등과 조화를 이루어야 하고, 법령등 상호 간에 중복되거나 상충되지 아니하여야 한다.

③ 법령등은 일반 국민이 그 내용을 쉽고 명확하게 이해할 수 있도록 알기 쉽게 만들어져야 한다.

5) 정부입법계획

정부는 매년 해당 연도에 추진할 법령안 입법계획(이하 "정부입법계획"이라 한다)을 수립하여야 한다.

---

18 행정기본법상 행정의 입법활동에 대한 설명으로 옳지 않은 것은?

① 국가나 지방자치단체가 법령등을 제정·개정·폐지하고자 하거나 그와 관련된 활동에 적용된다.

② 법률안의 국회 제출과 조례안의 지방의회 제출에는 적용되지 않는다.

③ 행정의 입법활동을 할 때 헌법과 상위 법령 준수할 의무와 헌법과 법령등에서 정한 절차 준수할 의무를 규정하였다.

④ 행정기본법은 행정의 입법활동에 관한 일반법이다.

> **정답 및 해설**
>
> ① [O]
>> **행정기본법 제38조【행정의 입법활동】**① 국가나 지방자치단체가 법령등을 제정·개정·폐지하고자 하거나 그와 관련된 활동(법률안의 국회 제출과 조례안의 지방의회 제출을 포함하며, 이하 이 장에서 "행정의 입법활동"이라 한다)을 할 때에는 헌법과 상위 법령을 위반해서는 아니 되며, 헌법과 법령등에서 정한 절차를 준수하여야 한다. [시행일: 2021.9.24.]
>
> ② [×]
>> **행정기본법 제38조【행정의 입법활동】**① 국가나 지방자치단체가 법령등을 제정·개정·폐지하고자 하거나 그와 관련된 활동(법률안의 국회 제출과 조례안의 지방의회 제출을 포함하며, 이하 이 장에서 "행정의 입법활동"이라 한다)을 할 때에는 헌법과 상위 법령을 위반해서는 아니 되며, 헌법과 법령등에서 정한 절차를 준수하여야 한다. [시행일: 2021.9.24.]

③ [○]

> 행정기본법 제38조 【행정의 입법활동】 ① 국가나 지방자치단체가 법령등을 제정·개정·폐지하고자 하거나 그와 관련된 활동(법률안의 국회 제출과 조례안의 지방의회 제출을 포함하며, 이하 이 장에서 "행정의 입법활동"이라 한다)을 할 때에는 헌법과 상위 법령을 위반해서는 아니 되며, 헌법과 법령등에서 정한 절차를 준수하여야 한다. [시행일: 2021.9.24.]

④ [○] 행정기본법은 행정의 입법활동에 관한 일반법이다

답 ②

2. 행정법제의 개선

(1) 법조항

> 행정기본법 제39조 【행정법제의 개선】 ① 정부는 권한 있는 기관에 의하여 위헌으로 결정되어 법령이 헌법에 위반되거나 법률에 위반되는 것이 명백한 경우 등 대통령령으로 정하는 경우에는 해당 법령을 개선하여야 한다.
> ② 정부는 행정 분야의 법제도 개선 및 일관된 법 적용 기준 마련 등을 위하여 필요한 경우 대통령령으로 정하는 바에 따라 관계 기관 협의 및 관계 전문가 의견 수렴을 거쳐 개선조치를 할 수 있으며, 이를 위하여 현행 법령에 관한 분석을 실시할 수 있다.
>
> [시행일: 2021.9.24.]

(2) 해설

1) 정부의 위헌법령 개선의무

행정기본법 제39조 제1항은 헌법에 위반되거나 법률에 위반되는 법령 개선의무를 규정하고 있다.

2) 행정법제 개선을 위한 의견 수렴과 법령 분석

행정기본법 제39조 제2항은 행정법제 개선을 위한 관계 기관 협의 및 관계 전문가 의견 수렴을 규정하여 입법영향분석제도 도입을 규정하고 있다.

19 행정기본법상 행정법제의 개선에 대한 설명으로 옳지 않은 것은?

① 정부는 헌법재판소가 법령이 헌법에 위반된다고 결정하거나 법원이 법령이 헌법에 위반되거나 법률에 위반되는 것이 명백한 경우 해당 법령을 개선하여야 한다.

② 정부는 권한 있는 기관에 의하여 위헌으로 결정되어 법령이 헌법에 위반되거나 법률에 위반되는 것이 명백한 경우에는 해당 법령을 개선하여야 하나 그렇지 않으면 해당 법령을 개선할 의무는 없다.

③ 정부는 행정 분야의 법제도 개선 및 일관된 법 적용 기준 마련 등을 위하여 필요한 경우 대통령령으로 정하는 바에 따라 관계 기관 협의 및 관계 전문가 의견 수렴을 거쳐 개선조치를 할 수 있다.

④ 입법영향평가나 입법영향분석을 통해 법령등 보완 개선을 할 필요가 있다.

① [○] 행정기본법 제39조(행정법제의 개선)는 권한 있는 기관에 의하여 위헌으로 결정되어 법령이 헌법에 위반되거나 법률에 위반되는 것이 명백한 경우 개선하도록 하고 있다.

② [×] 행정기본법 제39조(행정법제의 개선)는 권한 있는 기관에 의하여 위헌으로 결정되어 법령이 헌법에 위반되거나 법률에 위반되는 것이 명백한 경우뿐 아니라 대통령령으로 정하는 경우에는 해당 법령을 개선하도록 하고 있다.

③ [○]

> 행정기본법 제39조 【행정법제의 개선】② 정부는 행정 분야의 법제도 개선 및 일관된 법 적용 기준 마련 등을 위하여 필요한 경우 대통령령으로 정하는 바에 따라 관계 기관 협의 및 관계 전문가 의견 수렴을 거쳐 개선조치를 할 수 있으며, 이를 위하여 현행 법령에 관한 분석을 실시할 수 있다. [시행일: 2021.9.24.]

④ [○]

> 행정기본법 제39조 【행정법제의 개선】② … 이를 위하여 현행 법령에 관한 분석을 실시할 수 있다. [시행일: 2021.9.24.]

답 ②

3. 법령해석

(1) 법조항

> 행정기본법 제40조 【법령해석】① 누구든지 법령등의 내용에 의문이 있으면 법령을 소관하는 중앙행정기관의 장(이하 "법령소관기관"이라 한다)과 자치법규를 소관하는 지방자치단체의 장에게 법령해석을 요청할 수 있다.
> ② 법령소관기관과 자치법규를 소관하는 지방자치단체의 장은 각각 소관 법령등을 헌법과 해당 법령등의 취지에 부합되게 해석·집행할 책임을 진다.
> ③ 법령소관기관이나 법령소관기관의 해석에 이의가 있는 자는 대통령령으로 정하는 바에 따라 법령해석업무를 전문으로 하는 기관에 법령해석을 요청할 수 있다.
> ④ 법령해석의 절차에 관하여 필요한 사항은 대통령령으로 정한다. [시행일: 2021.9.24.]

(2) 해설

1) 법령해석요청권(행정기본법 제40조 제1항)

① 개인적 공권: 법령해석요청권은 행정기본법에서 인정하고 있는 개인적 공권이다.

② 요청권자: 행정기본법 제40조 제1항은 누구든지 법령 해석을 요청할 수 있다고 규정하고 있는바, 특별한 제한이 없으므로 사인·공무원·지방자치단체도 요청할 수 있다.

③ 법령소관기관의 의무: 행정기본법 제40조 제1항은 중앙행정기관의 장(이하 "법령소관기관"이라 한다)과 자치법규를 소관하는 지방자치단체의 장에게 법령해석을 요청할 수 있다고 규정하고 있다. 법령소관기관은 법령해석을 받으면 반드시 요청에 응해야 하며 답변을 거부하거나 부작위하면 위법이 된다.

2) 헌법합치적 법령해석과 법령합치적 법령해석(행정기본법 제40조 제2항)

① 의의: 법령이 다의적 의미를 가지는 경우 법령은 헌법에 합치되는 해석을 택해야 한다.

> **☞ 관련 판례**
>
> 법원이 어떠한 법률조항을 해석·적용함에 있어서 한 가지 해석방법에 의하면 헌법에 위배되는 결과가 되고 다른 해석방법에 의하면 헌법에 합치하는 것으로 볼 수 있을 때에는 위헌적인 해석을 피하고 헌법에 합치하는 해석방법을 택하여야 한다(대판 2015.5.28, 2015도1362·2015전도19).

② 법적 의무: 행정기본법 제40조 제2항은 강행규정이므로 법령소관기관 등이 헌법과 법령 등에 어긋나게 해석하여 법령을 집행한다면 국가배상책임을 지거나 행정상 쟁송이 제기될 수 있다.

③ 법령소관기관 법령해석의 구속력: 법령소관기관의 법령해석에 국민 또는 다른 행정기관에 대한 법적 구속력은 없으나 법령소관기관 등은 합리적 사유 없이 기존의 법령해석을 바꿀 수 없다.

④ 법령해석 준수요구권: 법령소관기관 등에게 법령해석대로 법령을 집행하거나 행위를 요구할 수 있는 권리는 인정되기는 어렵다.

3) 법령재해석 요구권(행정기본법 제40조 제3항)

행정기본법은 법령소관기관이나 자치법규를 소관하는 지방자치단체의 장의 법령해석에 이의가 있는 자는 법령해석업무를 전문으로 하는 기관에 법령해석을 요청할 수 있다고 규정하고 있다. 즉, 법령소관기관 등에 법령해석요청 후 해석에 이의가 있는 경우 법령해석업무를 전문으로 하는 기관에 법령재해석을 요청할 수 있다.

---

20 행정기본법상 법령해석에 대한 설명으로 옳지 않은 것은?

① 법령해석을 요청할 수 있는 자에는 제한이 없다.

② 누구든지 법령등의 내용에 의문이 있으면 대통령령으로 정하는 바에 따라 법령해석업무를 전문으로 하는 기관에게 법령해석을 요청할 수 있다.

③ 법령해석요청권은 행정기본법에서 인정하고 있는 개인적 공권이다.

④ 법령을 소관하는 중앙행정기관의 장과 자치법규를 소관하는 지방자치단체의 장은 반드시 요청에 응해야 하고 답변을 거부하거나 부작위하면 위법이 된다.

> **정답 및 해설**
>
> ① [O] 행정기본법 제40조 제1항은 누구든지 법령 해석을 요청할 수 있다고 규정하고 있는바, 특별한 제한이 없으므로 사인·공무원·지방자치단체도 요청할 수 있다.
>
> ② [×]
>> **행정기본법 제40조【법령해석】** ① 누구든지 법령등의 내용에 의문이 있으면 법령을 소관하는 중앙행정기관의 장(이하 "법령소관기관"이라 한다)과 자치법규를 소관하는 지방자치단체의 장에게 법령해석을 요청할 수 있다. [시행일: 2021.9.24.]

③ [O] 행정기본법 제40조 제1항은 누구든지 법령해석을 요청할 수 있으므로 사익을 보호하고 있다.
④ [O] 행정기본법 제40조 제1항은 법령을 소관하는 중앙행정기관의 장(이하 "법령소관기관"이라 한다)
과 자치법규를 소관하는 지방자치단체의 장에게 법령해석을 요청할 수 있다고 규정하고 있다.
법령소관기관은 법령해석을 받으면 반드시 요청에 응해야 하고 답변을 거부하거나 부작위하면
위법이다.

답 ②

21 행정기본법상 법령해석에 대한 설명으로 옳은 것은?

① 법령소관기관과 자치법규를 소관하는 지방자치단체의 장은 각각 소관 법령등을 헌법과
해당 법령등의 취지에 부합되게 해석·집행할 책임을 진다.
② 법령소관기관과 자치법규를 소관하는 지방자치단체의 장은 각각 소관 법령등을 헌법과
해당 법령등의 취지에 부합되게 해석·집행할 책임은 법적 의무는 아니다.
③ 법령소관기관의 법령해석은 국민에 대한 법적 구속력을 가진다.
④ 법령소관기관의 법령해석대로 법령을 집행하거나 행위를 요구할 수 있는 법령해석 준수
요구권이 인정된다.

| 정답 및 해설 |

① [O]
> **행정기본법 제40조 【법령해석】** ② 법령소관기관과 자치법규를 소관하는 지방자치단체의 장
> 은 각각 소관 법령등을 헌법과 해당 법령등의 취지에 부합되게 해석·집행할 책임을 진다.
> [시행일: 2021.9.24.]

② [×] 행정기본법 제40조 제2항은 강행규정이어서 법령소관기관 등이 헌법과 법령등에 어긋나게 해석
하여 법령을 집행한다면 국가배상책임을 지거나 행정상 쟁송이 제기될 수 있다.
③ [×] 법령소관기관의 법령해석에 국민에 대한 법적 구속력은 없으나 법령소관기관 합리적 사유 없이
기존의 법령 해석을 바꿀 수 없다.
④ [×] 법령소관기관의 법령해석대로 법령을 집행하거나 행위를 요구할 수 있는 권리는 인정되기 힘들다.

답 ①

제2장 행정행위

제1절 처분

1. 결격사유

(1) 법조항

> 행정기본법 제16조【결격사유】① 자격이나 신분 등을 취득 또는 부여할 수 없거나 인가, 허가, 지정, 승인, 영업등록, 신고 수리 등을 필요로 하는 영업 또는 사업 등을 할 수 없는 사유(이하 이 조에서 "결격사유"라 한다)는 법률로 정한다.
> ② 결격사유를 규정할 때에는 다음 각 호의 기준에 따른다.
> 1. 규정의 필요성이 분명할 것
> 2. 필요한 항목만 최소한으로 규정할 것
> 3. 대상이 되는 자격, 신분, 영업 또는 사업 등과 실질적인 관련이 있을 것
> 4. 유사한 다른 제도와 균형을 이룰 것

(2) 해설

1) 자격 결격사유 법정주의

자격이나 신분 등을 취득 또는 부여할 수 없거나 인가, 허가, 지정, 승인, 영업등록, 신고 수리 등을 필요로 하는 영업 또는 사업 등을 할 수 없는 사유를 결격사유라 한다. 결격사유가 있는 경우 일정한 직업이나 영업에 종사할 수 없어 직업의 자유를 제한하므로 헌법 제37조 제2항의 법률유보원칙에 따라 법률로 결격사유를 정해야 하는데, 이를 구체화하여 행정기본법 제16조는 인허가등의 결격사유를 법률로 정하도록 규정하고 있다.

2) 자격 결격사유의 기준

행정기본법 제16조 제2항은 결격사유의 기준을 규정함에 있어서 규정의 필요성이 분명할 것, 필요한 항목만 최소한으로 규정할 것, 대상이 되는 자격, 신분, 영업 또는 사업 등과 실질적인 관련이 있을 것, 유사한 다른 제도와 균형을 이룰 것에 따르도록 규정하고 있다.

♣ 관련 판례

1 마약류사범에 대해 20년간 택시운송사업의 운전업무 종사를 제한하는 여객자동차 운수사업법 관련 조항 사건

20년이라는 기간은 좁게는 여객자동차운송사업과 관련된 결격사유 또는 취소사유를 규정하는 법률에서, 구체적 사안의 개별성과 특수성을 고려할 수 있는 여지를 일체 배제하고 그 위법의 정도나 비난 가능성의 정도가 미약한 경우까지도 획일적으로 20년이라는 장기간 동안 택시운송사업의 운전업무 종사자격을 제한하는 것이므로 침해의 최소성 원칙에 위배되며, 법익의 균형성 원칙에도 반한다. 따라서 심판대상조항은 청구인들의 직업선택의 자유를 침해한다(헌재 2015.12.23, 2013헌마575).

2 법률사건은 그 사무처리에 있어서 고도의 법률지식을 요하고 공정성과 신뢰성이 요구된다는 점을 생각할 때, 금고 이상 형의 집행 후 5년간 변호사가 될 수 없도록 한 변호사결격사유는 직업선택의 자유 침해가 아니다(헌재 2006.4.27, 2005헌마997).

22 행정기본법상 결격사유에 대한 설명으로 옳지 않은 것은?

① 결격사유는 자격이나 신분 등을 취득 또는 부여할 수 없거나 인가, 허가, 지정, 승인, 영업등록, 신고 수리 등을 필요로 하는 영업 또는 사업 등을 할 수 없는 사유이다.

② 자격 결격사유 법정주의에 따라 결격사유는 법률로 정해야 한다.

③ 결격사유를 규정할 때에는 대상이 되는 자격, 신분, 영업 또는 사업 등과 실질적인 관련이 있어야 하며 관련이 없는 사유를 결격사유로 하는 것은 부당결부금지원칙에 위반된다.

④ 결격사유를 규정할 때에는 필요한 항목만 최소한으로 규정해야 하며 그렇지 않은 경우 평등원칙에 위반된다.

정답 및 해설

① [O]

행정기본법 제16조【결격사유】① 자격이나 신분 등을 취득 또는 부여할 수 없거나 인가, 허가, 지정, 승인, 영업등록, 신고 수리 등을 필요로 하는 영업 또는 사업 등을 할 수 없는 사유(이하 이 조에서 "결격사유"라 한다)는 법률로 정한다.

② [O] 행정기본법 제16조는 인허가등의 결격사유를 법률로 정하도록 규정하고 있다.

③ [O] 결격사유를 규정할 때에는 대상이 되는 자격, 신분, 영업 또는 사업 등과 실질적인 관련이 있어야 하는데 이는 부당결부금지원칙과 관련이 있다.

④ [×] 결격사유를 규정할 때에는 필요한 항목만 최소한으로 규정해야 하며 그렇지 않은 경우 비례원칙에 위반된다. 유사한 다른 제도와 균형을 이루지 못한 결격사유를 정한 경우 평등원칙에 위반된다.

답 ④

2. 인허가의제제도

(1) 인허가의제의 기준

1) 법조항

행정기본법 제24조【인허가의제의 기준】① 이 절에서 "인허가의제"란 하나의 인허가(이하 "주된 인허가"라 한다)를 받으면 법률로 정하는 바에 따라 그와 관련된 여러 인허가(이하 "관련 인허가"라 한다)를 받은 것으로 보는 것을 말한다.

② 인허가의제를 받으려면 주된 인허가를 신청할 때 관련 인허가에 필요한 서류를 함께 제출하여야 한다. 다만, 불가피한 사유로 함께 제출할 수 없는 경우에는 주된 인허가 행정청이 별도로 정하는 기한까지 제출할 수 있다.

③ 주된 인허가 행정청은 주된 인허가를 하기 전에 관련 인허가에 관하여 미리 관련 인허가 행정청과 협의하여야 한다.

④ 관련 인허가 행정청은 제3항에 따른 협의를 요청받으면 그 요청을 받은 날부터 20일 이내(제5항 단서에 따른 절차에 걸리는 기간은 제외한다)에 의견을 제출하여야 한다. 이 경우 전단에서 정한 기간(민원 처리 관련 법령에 따라 의견을 제출하여야 하는 기간을 연장한 경우에는 그 연장한 기간을 말한다) 내에 협의 여부에 관하여 의견을 제출하지 아니하면 협의가 된 것으로 본다.

⑤ 제3항에 따라 협의를 요청받은 관련 인허가 행정청은 해당 법령을 위반하여 협의에 응해서는 아니 된다. 다만, 관련 인허가에 필요한 심의, 의견 청취 등 절차에 관하여는 법률에 인허가의제 시에도 해당 절차를 거친다는 명시적인 규정이 있는 경우에만 이를 거친다.

[시행일: 2023.3.24.]

2) 해설

① 인허가의제 법정주의

　㉠ 행정기본법은 인허가의제에 관한 일반법이고 강행규정이므로 행정기본법에 반하면 위법이 된다.

　㉡ 인허가의제는 반드시 법률의 명시적 근거가 있어야 허용된다. 행정기본법 제21조 제1항은 법률로 정하는 바에 따라 그와 관련된 여러 인허가("관련 인허가"라 한다)를 받은 것이 된다고 하여 인허가법정주의를 취하고 있다.

② 인허가의제의 신청 - 동시제출주의(행정기본법 제24조 제2항): 인허가를 받고자 하는 자는 주된 허가 담당관청에 신청함에 있어서 관련 인허가 서류를 함께 제출하도록 규정하고 있다. 다만, 불가피한 사유로 함께 제출할 수 없는 경우에는 주된 인허가 행정청이 별도로 정하는 기한까지 제출할 수 있다.

③ 협의

　㉠ 관련 인허가 행정청과의 협의: 주된 인허가 행정청은 주된 인허가를 하기 전에 관련 인허가에 관하여 미리 관련 인허가 행정청과 협의하여야 한다(행정기본법 제24조 제3항). 관련 인허가 행정청은 협의에 응할 의무가 있다.

　㉡ 관련 인허가 행정청의 의견제출: 관련 인허가 행정청은 협의를 요청받으면 그 요청을 받은 날부터 20일 이내(제5항 단서에 따른 절차에 걸리는 기간은 제외한다)에 의견을 제출하여야 한다. 이 경우 전단에서 정한 기간(민원 처리 관련 법령에 따라 의견을 제출하여야 하는 기간을 연장한 경우에는 그 연장한 기간을 말한다) 내에 협의 여부에 관하여 의견을 제출하지 아니하면 협의가 된 것으로 본다(행정기본법 제24조 제4항).

④ 요건 심사

　㉠ 관련 인허가의 절차적 요건: 신청된 주된 인허가절차만 거치면 되고 의제되는 관련 인허가를 위하여 거쳐야 하는 절차를 거칠 필요는 없다. 다만, 관련 인허가에 필요한 심의, 의견 청취 등 절차에 관하여는 법률에 인허가의제 시에도 해당 절차를 거친다는 명시적인 규정이 있는 경우에만 이를 거친다(행정기본법 제24조 제5항 단서).

ⓒ 관련 인허가의제의 실체적 요건: 행정기본법 제24조 제5항은 협의를 요청받은 관련 인허가 행정청은 해당 법령을 위반하여 협의에 응해서는 아니 된다고 규정하고 있다. 관련 인허가 행정청은 관련 인허가 법령에서 정하고 있는 실체적 요건을 충족하지 못한 경우 협의에 응해서는 안 되고 협의를 거부하여야 한다. 따라서 기존 대법원 판례와 동일하게 절차집중설을 취하고 있다.

(2) 인허가의제의 효과

1) 법조항

> 행정기본법 제25조 【인허가의제의 효과】 ① 제24조제3항·제4항에 따라 협의가 된 사항에 대해서는 주된 인허가를 받았을 때 관련 인허가를 받은 것으로 본다.
> ② 인허가의제의 효과는 주된 인허가의 해당 법률에 규정된 관련 인허가에 한정된다.
>
> [시행일: 2023.3.24.]

2) 해설

① 인허가의제되는 사항: 행정기본법 제25조 제1항은 협의가 된 사항에 대해서는 주된 인허가를 받았을 때 관련 인허가를 받은 것으로 본다고 규정하고 있다. 즉, 협의가 되지 않은 사항은 인허가가 의제되지 않으며 이는 기존 대법원 판례의 입장과 일치한다.

⚖ 관련 판례

항공법의 관련 규정들의 내용에다가 인허가 의제제도는 목적사업의 원활한 수행을 위해 창구를 단일화하여 행정절차를 간소화하는 데 입법취지가 있고 목적사업이 관계 법령상 인허가의 실체적 요건을 충족하였는지에 관한 심사를 배제하려는 취지는 아닌 점 등을 아울러 고려하면, 공항개발사업 실시계획의 승인권자가 관계 행정청과 미리 협의한 사항에 한하여 그 승인처분을 할 때에 인허가 등이 의제된다고 보아야 한다(대판 2018.10.25, 2018두43095).

② 인허가 효과의 발생시점: 행정기본법 제25조 제1항은 주된 인허가를 받았을 때 관련 인허가도 받은 것으로 본다고 규정하고 있다.

③ 주된 인허가의 효과가 미치는 범위: 행정기본법 제25조 제2항은 인허가의제의 효과는 주된 인허가의 해당 법률에 규정된 관련 인허가에 한정된다고 규정하고 있다. 이는 기존 대법원 판례의 입장과 일치한다.

⚖ 관련 판례

주된 인·허가에 관한 사항을 규정하고 있는 법률에서 주된 인·허가가 있으면 다른 법률에 의한 인·허가를 받은 것으로 의제한다는 규정을 둔 경우, 주된 인·허가가 있으면 다른 법률에 의한 인·허가가 있는 것으로 보는 데 그치고, 거기에서 더 나아가 다른 법률에 의하여 인·허가를 받았음을 전제로 하는 그 다른 법률의 모든 규정들까지 적용되는 것은 아니다(대판 2016.11.24, 2014두47686 ; 대판 2015.4.23, 2014두2409).

(3) 인허가의제의 사후관리

1) 법조항

> 제26조【인허가의제의 사후관리 등】① 인허가의제의 경우 관련 인허가 행정청은 관련 인허가를 직접 한 것으로 보아 관계 법령에 따른 관리·감독 등 필요한 조치를 하여야 한다.
> ② 주된 인허가가 있은 후 이를 변경하는 경우에는 제24조, 제25조 및 이 조 제1항을 준용한다.
> ③ 이 절에서 규정한 사항 외에 인허가의제의 방법, 그 밖에 필요한 세부 사항은 대통령령으로 정한다.
>   [시행일: 2023.3.24.]

2) 해설

인허가의제의 경우 관련 인허가 행정청은 관련 인허가를 직접 한 것으로 보아 관계 법령에 따른 관리·감독 등 필요한 조치를 하여야 한다. 의제된 인허가가 변경되는 경우 인허가 신청, 협의 등 절차를 다시 거쳐야 한다.

---

23 행정기본법상 인허가의제에 대한 설명으로 옳지 않은 것은?

① 행정기본법은 인허가의제에 대한 일반법이고 인허가의제 법정주의를 취하고 있다.

② 인허가를 받고자 하는 자는 주된 허가 담당관청에 신청함에 있어서 관련 인허가 서류를 함께 제출하도록 규정하고 있다.

③ 주된 인허가 행정청은 주된 인허가를 하기 전에 관련 인허가에 관하여 미리 관련 인허가 행정청과 협의하여야 한다.

④ 관련 인허가 행정청은 협의를 요청받으면 그 요청을 받은 날부터 20일 이내에 의견을 제출하여야 한다. 이 경우 전단에서 정한 기간 내에 협의 여부에 관하여 의견을 제출하지 아니하면 협의를 거부한 것으로 본다.

정답 및 해설

① [○] 행정기본법 제21조 제1항은 법률로 정하는 바에 따라 그와 관련된 여러 인허가를 받은 것이 된다고 하여 인허가의제 법정주의를 취하고 있다.

② [○]
> 행정기본법 제24조【인허가의제의 기준】② 인허가의제를 받으려면 주된 인허가를 신청할 때 관련 인허가에 필요한 서류를 함께 제출하여야 한다. 다만, 불가피한 사유로 함께 제출할 수 없는 경우에는 주된 인허가 행정청이 별도로 정하는 기한까지 제출할 수 있다.
>   [시행일: 2023.3.24.]

③ [○] 관련 인허가 행정청은 협의를 요청받으면 그 요청을 받은 날부터 20일 이내(제5항 단서에 따른 절차에 걸리는 기간은 제외한다)에 의견을 제출하여야 한다. 이 경우 전단에서 정한 기간(민원처리 관련 법령에 따라 의견을 제출하여야 하는 기간을 연장한 경우에는 그 연장한 기간을 말한다) 내에 협의 여부에 관하여 의견을 제출하지 아니하면 협의가 된 것으로 본다(행정기본법 제24조 제4항).

주된 인허가 행정청은 주된 인허가를 하기 전에 관련 인허가에 관하여 미리 관련 인허가 행정청과 협의하여야 한다(행정기본법 제24조 제3항). 관련 인허가 행정청은 협의에 응할 의무가 있다.

④ [×] 관련 인허가 행정청은 협의를 요청받으면 그 요청을 받은 날부터 20일 이내(제5항 단서에 따른 절차에 걸리는 기간은 제외한다)에 의견을 제출하여야 한다. 이 경우 전단에서 정한 기간(민원 처리 관련 법령에 따라 의견을 제출하여야 하는 기간을 연장한 경우에는 그 연장한 기간을 말한 다) 내에 협의 여부에 관하여 의견을 제출하지 아니하면 협의가 된 것으로 본다(행정기본법 제24 조 제4항).

답 ④

24 행정기본법상 인허가의제에 대한 설명으로 옳지 않은 것은?

① 관련 인허가에 필요한 심의, 의견 청취 등 절차에 관하여는 법률에 인허가의제 시에도 해 당 절차를 거친다는 명시적인 규정이 있는 경우에만 이를 거친다.
② 협의를 요청받은 관련 인허가 행정청은 해당 법령을 위반하여 협의에 응해서는 아니 된다.
③ 협의가 된 사항에 대해서는 주된 인허가를 신청이 있는 때 관련 인허가를 받은 것으로 본다.
④ 협의가 된 사항에 한해서만 관련 인허가를 받은 것으로 본다.

> **정답 및 해설**

① [○]
> **행정기본법 제21조【재량행사의 기준】** ⑤ 제3항에 따라 협의를 요청받은 관련 인허가 행정청 은 해당 법령을 위반하여 협의에 응해서는 아니 된다. 다만, 관련 인허가에 필요한 심의, 의견 청취 등 절차에 관하여는 법률에 인허가의제 시에도 해당 절차를 거친다는 명시적인 규정이 있는 경우에만 이를 거친다.

② [○]
> **행정기본법 제21조【재량행사의 기준】** ⑤ 제3항에 따라 협의를 요청받은 관련 인허가 행정청 은 해당 법령을 위반하여 협의에 응해서는 아니 된다. 다만, 관련 인허가에 필요한 심의, 의견 청취 등 절차에 관하여는 법률에 인허가의제 시에도 해당 절차를 거친다는 명시적인 규정이 있는 경우에만 이를 거친다.

③ [×]
> **행정기본법 제25조【인허가의제의 효과】** ① 제24조 제3항·제4항에 따라 협의가 된 사항에 대해서는 주된 인허가를 받았을 때 관련 인허가를 받은 것으로 본다.
> [시행일: 2023.3.24.]

④ [○] 행정기본법 제25조 제1항은 협의가 된 사항에 대해서는 주된 인허가를 받았을 때 관련 인허가를 받은 것으로 본다고 규정하고 있다. 즉, 협의가 되지 않은 사항은 인허가가 의제되지 않으며 기존 대법원 판례의 입장과 일치한다.

답 ③

25 행정기본법상 인허가의제에 대한 설명으로 옳은 것은?

① 인허가의제의 효과는 주된 인허가의 해당 법률에 규정된 모든 규정까지 적용된다.

② 인허가의제의 경우 주된 인허가 행정청은 의제된 관련 인허가를 직접 한 것으로 보아 관계 법령에 따른 관리·감독 등 필요한 조치를 하여야 한다.

③ 주된 인허가가 있는 경우 주된 인허가 행정청은 그 내용을 관련 인허가 행정청에 통보하도록 규정하고 있다.

④ 행정기본법에 인허가 취소 시 의제된 인허가가 취소되는지 여부, 의제된 인허가만 취소할 수 있는지 여부에 대한 규정은 없다.

정답 및 해설

① [×] 행정기본법 제25조 제2항은 인허가의제의 효과는 주된 인허가의 해당 법률에 규정된 관련 인허가에 한정된다고 규정하고 있다. 기존 대법원 판례의 태도와 일치한다.

② [×]

> 행정기본법 제26조【인허가의제의 사후관리 등】인허가의제의 경우 관련 인허가 행정청은 관련 인허가를 직접 한 것으로 보아 관계 법령에 따른 관리·감독 등 필요한 조치를 하여야 한다. [시행일: 2023.3.24.]

③ [×] 행정기본법은 주된 인허가가 있는 경우 주된 인허가 행정청은 그 내용을 관련 인허가 행정청에 통보하도록 규정하고 있지 않고 있으며, 통보조항은 관광진흥법 제16조 제2항 등에 있다.

④ [○] 인허가 취소 시 의제된 인허가가 취소되는지 여부, 의제된 인허가만 취소할 수 있는지 여부에 대하여는 행정기본법에 규정하지 않았다.

답 ④

---

3. 부관

(1) 법조항

> 행정기본법 제17조【부관】① 행정청은 처분에 재량이 있는 경우에는 부관(조건, 기한, 부담, 철회권의 유보 등을 말한다. 이하 이 조에서 같다)을 붙일 수 있다.
> ② 행정청은 처분에 재량이 없는 경우에는 법률에 근거가 있는 경우에 부관을 붙일 수 있다.
> ③ 행정청은 부관을 붙일 수 있는 처분이 다음 각 호의 어느 하나에 해당하는 경우에는 그 처분을 한 후에도 부관을 새로 붙이거나 종전의 부관을 변경할 수 있다.
> 1. 법률에 근거가 있는 경우
> 2. 당사자의 동의가 있는 경우
> 3. 사정이 변경되어 부관을 새로 붙이거나 종전의 부관을 변경하지 아니하면 해당 처분의 목적을 달성할 수 없다고 인정되는 경우
> ④ 부관은 다음 각 호의 요건에 적합하여야 한다.
> 1. 해당 처분의 목적에 위배되지 아니할 것
> 2. 해당 처분과 실질적인 관련이 있을 것
> 3. 해당 처분의 목적을 달성하기 위하여 필요한 최소한의 범위일 것

(2) 해설

1) 일반법
행정기본법 제17조는 처분의 부관에 대한 일반법이다. 부관은 공법상 계약에도 붙일 수 있으나, 행정기본법 제17조는 처분의 부관에만 적용된다.

2) 기속행위와 부관가능성
① 독일 행정절차법은 기속행위에 대해서도 법규에서 허용하고 있는 경우와 부관을 붙임으로써 행정행위의 법률상 요건이 충족되는 경우에는 부관을 붙일 수 있다고 규정하고 있다.
② 행정기본법은 "행정청은 처분에 재량이 없는 경우에는 법률에 근거가 있는 경우에 부관을 붙일 수 있다."고 규정하고 있어 법률에 근거가 없다면 기속행위에 부관을 붙일 수 없다. 판례와 동일한 입장이다.
③ 기속행위에 부관을 붙일 수 있는 경우로서 우리나라 행정기본법은 독일 행정절차법과 다르게 요건충족적 부관을 규정하고 있지 않다.

3) 재량행위와 부관가능성
행정기본법 제17조는 부관을 붙일 수 있는 처분으로서 처분이 재량이 있는 경우라고 규정하면서 부관의 종류를 규정하고 있다. 재량행위는 행정행위를 할 것인지는 행정청의 재량이므로 법령에 규정이 없어도 부관을 붙일 수 있다. 판례와 동일한 입장을 취하고 있다.

4) 부관의 요건(한계)
행정기본법 제17조 제4항은 기존 강학상 논의되었던 부관의 한계 대신 부관의 요건으로 규정하고 있다. 해당 처분의 목적에 위배되지 아니할 것, 해당 처분과 실질적인 관련이 있을 것(부당결부금지의 원칙), 해당 처분의 목적을 달성하기 위하여 필요한 최소한의 범위일 것(비례의 원칙)을 부관의 요건으로 규정하고 있다.

5) 사후부관
행정기본법은 법률에 근거가 있는 경우, 당사자의 동의가 있는 경우, 사정이 변경되어 부관을 새로 붙이거나 종전의 부관을 변경하지 아니하면 해당 처분의 목적을 달성할 수 없다고 인정되는 경우를 사후부관 허용사유로 규정하고 있다.

기존 판례는 다음의 경우 사후부관은 허용하고 있었다(대판 2007.9.21, 2006두7973).
① 법령에 근거가 있는 경우
② 사후변경이 유보되어 있는 경우
③ 당사자의 동의가 있는 경우
④ 사정변경으로 인하여 당초에 부담을 부가한 목적을 달성할 수 없게 된 경우

6) 행정기본법에 규정하고 있지 않은 것
행정기본법은 부관을 붙일 수 있는 처분, 부관의 종류, 부관의 요건, 사후부관을 규정하고 있으나, ① 부관에 대한 쟁송제기가능성과 ② 쟁송형태를 규정하고 있지 않다.

26 행정기본법의 부관에 대한 설명으로 옳은 것은?

① 행정청은 처분에 재량이 있는 경우에는 법률에 근거가 있는 경우에 부관을 붙일 수 있다.

② 행정청은 처분에 재량이 없는 경우 부관(조건, 기한, 부담, 철회권의 유보 등을 말한다. 이하 이 조에서 같다)을 붙일 수 있다.

③ 처분에 재량이 없는 경우 요건충족부관을 붙일 수 있다는 규정을 두고 있지 않다.

④ 행정청은 부관을 붙일 수 있는 처분이 법률에 근거가 있는 경우와 당사자의 동의가 있는 경우에 해당하는 경우에 한해 그 처분을 한 후에도 부관을 새로 붙이거나 종전의 부관을 변경할 수 있다.

⑤ 부관의 요건(한계)으로 해당 처분의 목적에 위배되지 아니할 것, 부당결부금지, 비례의 원칙, 처분상대방의 신뢰보호를 규정하고 있다.

정답 및 해설

---

① [×]
> **행정기본법 제17조【부관】** ① 행정청은 처분에 재량이 있는 경우에는 부관(조건, 기한, 부담, 철회권의 유보 등을 말한다. 이하 이 조에서 같다)을 붙일 수 있다.
> ② 행정청은 처분에 재량이 없는 경우에는 법률에 근거가 있는 경우에 부관을 붙일 수 있다.

② [×]
> **행정기본법 제17조【부관】** ① 행정청은 처분에 재량이 있는 경우에는 부관(조건, 기한, 부담, 철회권의 유보 등을 말한다. 이하 이 조에서 같다)을 붙일 수 있다.
> ② 행정청은 처분에 재량이 없는 경우에는 법률에 근거가 있는 경우에 부관을 붙일 수 있다.

③ [○]
> **행정기본법 제17조【부관】** ② 행정청은 처분에 재량이 없는 경우에는 법률에 근거가 있는 경우에 부관을 붙일 수 있다.

④ [×]
> **행정기본법 제17조【부관】** ③ 행정청은 부관을 붙일 수 있는 처분이 다음 각 호의 어느 하나에 해당하는 경우에는 그 처분을 한 후에도 부관을 새로 붙이거나 종전의 부관을 변경할 수 있다.
> 1. 법률에 근거가 있는 경우
> 2. 당사자의 동의가 있는 경우
> 3. 사정이 변경되어 부관을 새로 붙이거나 종전의 부관을 변경하지 아니하면 해당 처분의 목적을 달성할 수 없다고 인정되는 경우

⑤ [×] 부관의 요건(한계)으로서 신뢰보호를 규정하고 있지 않다.

> **행정기본법 제17조【부관】** ④ 부관은 다음 각 호의 요건에 적합하여야 한다.
> 1. 해당 처분의 목적에 위배되지 아니할 것
> 2. 해당 처분과 실질적인 관련이 있을 것
> 3. 해당 처분의 목적을 달성하기 위하여 필요한 최소한의 범위일 것

답 ③

제3장 행정행위의 효력

1. 공정력

(1) 법조항

> 행정기본법 제15조 【처분의 효력】 처분은 권한이 있는 기관이 취소 또는 철회하거나 기간의 경과 등으로 소멸되기 전까지는 유효한 것으로 통용된다. 다만, 무효인 처분은 처음부터 그 효력이 발생하지 아니한다.

📑 행정기본법상 처분의 효력 관련 규정사항

1. 처분의 효력에 대한 일반법
2. 공정력 규정(제15조)
3. 불가쟁력이 발생한 처분의 재심사 규정
4. 자력집행력 확보를 위한 행정상 강제를 규정
⇨ 다만, 불가쟁력과 불가변력 규정은 없다.

---

(2) 해설

1) 공정력의 근거

이전에는 공정력을 명문으로 규정한 법률이 없었으나 행정기본법 제15조는 공정력에 대한 명시적 규정을 두고 있다.

2) 무효인 행정행위와 공정력

처음부터 행정행위가 존재하지 않거나 무효인 행정행위에는 공정력이 인정되지 않는다. 행정기본법 제15조 단서는 "무효인 처분은 처음부터 그 효력이 발생하지 아니한다."고 규정하여 무효인 행정행위에는 공정력이 인정되지 않음을 명시하고 있다. 기존 판례와 동일한 입장을 취하고 있다.

27 행정기본법상 처분의 효력에 대한 설명으로 옳은 것은?

① 처분은 권한이 있는 기관이 취소 또는 철회하거나 기간의 경과 등으로 소멸되기 전까지는 적법한 것으로 통용된다.
② 무효인 처분은 권한이 있는 기관이 취소 또는 철회하거나 기간의 경과 등으로 소멸되기 전까지는 유효한 것으로 통용된다.
③ 공정력에 대한 명시적인 실정법적 근거가 있다.
④ 행정기본법은 불가변력과 불가쟁력을 규정하고 있다.

① [×]

> 행정기본법 제15조【처분의 효력】처분은 권한이 있는 기관이 취소 또는 철회하거나 기간의 경과 등으로 소멸되기 전까지는 유효한 것으로 통용된다. 다만, 무효인 처분은 처음부터 그 효력이 발생하지 아니한다.

② [×]

> 행정기본법 제15조【처분의 효력】처분은 권한이 있는 기관이 취소 또는 철회하거나 기간의 경과 등으로 소멸되기 전까지는 유효한 것으로 통용된다. 다만, 무효인 처분은 처음부터 그 효력이 발생하지 아니한다.

③ [O] 공정력을 명문으로 규정한 법은 없었으나 행정기본법 제15조는 공정력에 대한 명시적 규정을 두고 있다.

④ [×] 행정기본법은 불가변력과 불가쟁력을 규정하고 있지 않다.

답 ③

2. 불가쟁력이 발생한 처분의 재심사

(1) 법조항

> 행정기본법 제37조【처분의 재심사】① 당사자는 처분(제재처분 및 행정상 강제는 제외한다. 이하 이 조에서 같다)이 행정심판, 행정소송 및 그 밖의 쟁송을 통하여 다툴 수 없게 된 경우(법원의 확정판결이 있는 경우는 제외한다)라도 다음 각 호의 어느 하나에 해당하는 경우에는 해당 처분을 한 행정청에 처분을 취소·철회하거나 변경하여 줄 것을 신청할 수 있다.
> 1. 처분의 근거가 된 사실관계 또는 법률관계가 추후에 당사자에게 유리하게 바뀐 경우
> 2. 당사자에게 유리한 결정을 가져다주었을 새로운 증거가 있는 경우
> 3. 민사소송법 제451조에 따른 재심사유에 준하는 사유가 발생한 경우 등 대통령령으로 정하는 경우
> ② 제1항에 따른 신청은 해당 처분의 절차, 행정심판, 행정소송 및 그 밖의 쟁송에서 당사자가 중대한 과실 없이 제1항 각 호의 사유를 주장하지 못한 경우에만 할 수 있다.
> ③ 제1항에 따른 신청은 당사자가 제1항 각 호의 사유를 안 날부터 60일 이내에 하여야 한다. 다만, 처분이 있은 날부터 5년이 지나면 신청할 수 없다.
> ④ 제1항에 따른 신청을 받은 행정청은 특별한 사정이 없으면 신청을 받은 날부터 90일(합의제행정기관은 180일) 이내에 처분의 재심사 결과(재심사 여부와 처분의 유지·취소·철회·변경 등에 대한 결정을 포함한다)를 신청인에게 통지하여야 한다. 다만, 부득이한 사유로 90일(합의제행정기관은 180일) 이내에 통지할 수 없는 경우에는 그 기간을 만료일 다음 날부터 기산하여 90일(합의제행정기관은 180일)의 범위에서 한 차례 연장할 수 있으며, 연장 사유를 신청인에게 통지하여야 한다.
> ⑤ 제4항에 따른 처분의 재심사 결과 중 처분을 유지하는 결과에 대해서는 행정심판, 행정소송 및 그 밖의 쟁송수단을 통하여 불복할 수 없다.
> ⑥ 행정청의 제18조에 따른 취소와 제19조에 따른 철회는 처분의 재심사에 의하여 영향을 받지 아니한다.

⑦ 제1항부터 제6항까지에서 규정한 사항 외에 처분의 재심사의 방법 및 절차 등에 관한 사항은 대통령령으로 정한다.

⑧ 다음 각 호의 어느 하나에 해당하는 사항에 관하여는 이 조를 적용하지 아니한다.

1. 공무원 인사 관계 법령에 따른 징계 등 처분에 관한 사항
2. 노동위원회법 제2조의2에 따라 노동위원회의 의결을 거쳐 행하는 사항
3. 형사, 행형 및 보안처분 관계 법령에 따라 행하는 사항
4. 외국인의 출입국·난민인정·귀화·국적회복에 관한 사항
5. 과태료 부과 및 징수에 관한 사항
6. 개별 법률에서 그 적용을 배제하고 있는 경우　　　　　　　　[시행일: 2023.3.24.]

(2) 해설

1) 행정기본법에 재심사 규정을 둠

① 독일 행정절차법 제51조는 이를 명시적으로 인정하고 있다.

② 우리나라 행정절차법은 불복기간의 도과로 인해 불가쟁력이 발생한 경우 행정청에 재심사를 청구할 수 있는 규정을 두고 있지 않았으나, 행정기본법 제37조는 재심사 규정을 두고 있으며 시행일은 2023년 3월 24일이다.

2) 처분 재심사 요건

① 대상: 불가쟁력이 발생한 처분이 그 대상이다. 제재처분과 행정상 강제, 법원의 확정판결이 있는 처분은 제외된다.

② 신청권자: 당사자만 재심사를 신청할 수 있고 제3자는 허용되지 않는다.

③ 신청기관: 해당 행정청이다.

④ 신청사유: ㉠ 처분의 근거가 된 사실관계 또는 법률관계가 추후에 당사자에게 유리하게 바뀐 경우, ㉡ 당사자에게 유리한 결정을 가져다주었을 새로운 증거가 있는 경우, ㉢ 민사소송법 제451조에 따른 재심사유에 준하는 사유가 발생한 경우 등 대통령령으로 정하는 경우에 신청할 수 있다.

⑤ 신청내용: 처분을 취소·철회하거나 변경하여 줄 것을 신청할 수 있다.

⑥ 신청제한사유: 해당 처분의 절차, 행정심판, 행정소송 및 그 밖의 쟁송에서 당사자가 중대한 과실이 있었다면 재심사를 신청할 수 없다.

⑦ 재심사 신청기한: 사유를 안 날부터 60일 이내에 하여야 한다. 다만, 처분이 있은 날부터 5년이 지나면 신청할 수 없다.

3) 재심사 결과 통지(행정기본법 제37조 제4항)

① 재심사 통지의 기간: 신청을 받은 행정청은 특별한 사정이 없으면 신청을 받은 날부터 90일(합의제행정기관은 180일) 이내에 처분의 재심사 결과(재심사 여부와 처분의 유지·취소·철회·변경 등에 대한 결정을 포함한다)를 신청인에게 통지하여야 한다.

② 재심사 통지기간 연장: 부득이한 사유로 90일(합의제행정기관은 180일) 이내에 통지할 수 없는 경우에는 그 기간을 만료일 다음 날부터 기산하여 90일(합의제행정기관은 180일)의 범위에서 한 차례 연장할 수 있으며, 연장 사유를 신청인에게 통지하여야 한다.

4) 처분의 재심사 결정에 대한 불복(행정기본법 제37조 제5항)

처분의 재심사 결과 중 처분을 유지하는 결과에 대해서는 행정심판, 행정소송 및 그 밖의 쟁송수단을 통하여 불복할 수 없다.

5) 재심사와 직권취소 및 철회(행정기본법 제37조 제6항)

행정청의 직권취소와 철회는 처분의 재심사에 의하여 영향을 받지 아니한다. 따라서 행정청은 재심사 신청이 있더라도 직권취소 또는 철회할 수 있다.

---

28 행정기본법의 처분 재심사에 대한 설명으로 옳지 않은 것은? [시행일: 2023.3.24.]

① 당사자는 행정심판, 행정소송 및 그 밖의 쟁송을 통하여 다툴 수 없게 된 경우라도 처분의 근거가 된 사실관계 또는 법률관계가 추후에 당사자에게 유리하게 바뀐 경우와 당사자에게 유리한 결정을 가져다주었을 새로운 증거가 있는 경우 등에 해당하면 처분의 취소·철회하거나 변경을 신청할 수 있다.

② 처분의 근거가 된 사실관계 또는 법률관계가 추후에 당사자에게 유리하게 바뀐 경우 당사자는 제재처분 및 행정상 강제처분에 대해서 행정청에 재심사를 청구할 수 있다.

③ 당사자는 해당 처분의 절차, 행정심판, 행정소송 및 그 밖의 쟁송에서 당사자가 중대한 과실 없이 재심신청사유가 있음에도 이를 주장하지 못한 경우에만 처분의 취소·철회하거나 변경을 신청할 수 있다.

④ 재심사 신청은 재심사 신청사유를 안 날부터 60일 이내에 하여야 한다. 다만, 처분이 있은 날부터 5년이 지나면 신청할 수 없다.

정답 및 해설

① [O] **행정기본법 제37조 【처분의 재심사】** ① 당사자는 처분(제재처분 및 행정상 강제는 제외한다. 이하 이 조에서 같다)이 행정심판, 행정소송 및 그 밖의 쟁송을 통하여 다툴 수 없게 된 경우(법원의 확정판결이 있는 경우는 제외한다)라도 다음 각 호의 어느 하나에 해당하는 경우에는 해당 처분을 한 행정청에 처분을 취소·철회하거나 변경하여 줄 것을 신청할 수 있다.
1. 처분의 근거가 된 사실관계 또는 법률관계가 추후에 당사자에게 유리하게 바뀐 경우
2. 당사자에게 유리한 결정을 가져다주었을 새로운 증거가 있는 경우
3. 민사소송법 제451조에 따른 재심사유에 준하는 사유가 발생한 경우 등 대통령령으로 정하는 경우

② [×] **행정기본법 제37조 【처분의 재심사】** ① 당사자는 처분(제재처분 및 행정상 강제는 제외한다. 이하 이 조에서 같다)이 행정심판, 행정소송 및 그 밖의 쟁송을 통하여 다툴 수 없게 된 경우(법원의 확정판결이 있는 경우는 제외한다)라도 다음 각 호의 어느 하나에 해당하는 경우에는 해당 처분을 한 행정청에 처분을 취소·철회하거나 변경하여 줄 것을 신청할 수 있다.

③ [○]
> **행정기본법 제37조【처분의 재심사】** ② 제1항에 따른 신청은 해당 처분의 절차, 행정심판, 행정소송 및 그 밖의 쟁송에서 당사자가 중대한 과실 없이 제1항 각 호의 사유를 주장하지 못한 경우에만 할 수 있다.

④ [○]
> **행정기본법 제37조【처분의 재심사】** ③ 제1항에 따른 신청은 당사자가 제1항 각 호의 사유를 안 날부터 60일 이내에 하여야 한다. 다만, 처분이 있은 날부터 5년이 지나면 신청할 수 없다.

답 ②

29 행정기본법의 처분 재심사에 대한 설명으로 옳지 않은 것은? [시행일: 2023.3.24.]

① 재심신청을 받은 행정청은 특별한 사정이 없으면 신청을 받은 날부터 90일(합의제행정기관은 180일) 이내에 처분의 재심사 결과(재심사 여부와 처분의 유지·취소·철회·변경 등에 대한 결정을 포함한다)를 신청인에게 통지하여야 한다.

② 처분의 재심사 결과 중 처분을 유지하는 결과에 대해서는 행정심판, 행정소송 및 그 밖의 쟁송수단을 통하여 불복할 수 있다.

③ 행정청의 취소와 철회는 처분의 재심사에 의하여 영향을 받지 아니한다.

④ 공무원 인사 관계 법령에 따른 징계 등 처분에 관한 사항은 재심사 조항이 적용되지 않는다.

정답 및 해설

① [○]
> **행정기본법 제37조【처분의 재심사】** ④ 제1항에 따른 신청을 받은 행정청은 특별한 사정이 없으면 신청을 받은 날부터 90일(합의제행정기관은 180일) 이내에 처분의 재심사 결과(재심사 여부와 처분의 유지·취소·철회·변경 등에 대한 결정을 포함한다)를 신청인에게 통지하여야 한다. 다만, 부득이한 사유로 90일(합의제행정기관은 180일) 이내에 통지할 수 없는 경우에는 그 기간을 만료일 다음 날부터 기산하여 90일(합의제행정기관은 180일)의 범위에서 한 차례 연장할 수 있으며, 연장 사유를 신청인에게 통지하여야 한다.

② [×]
> **행정기본법 제37조【처분의 재심사】** ⑤ 제4항에 따른 처분의 재심사 결과 중 처분을 유지하는 결과에 대해서는 행정심판, 행정소송 및 그 밖의 쟁송수단을 통하여 불복할 수 없다.

③ [○]
> **행정기본법 제37조【처분의 재심사】** ⑥ 행정청의 제18조에 따른 취소와 제19조에 따른 철회는 처분의 재심사에 의하여 영향을 받지 아니한다.

④ [○]
> **행정기본법 제37조【처분의 재심사】** ⑧ 다음 각 호의 어느 하나에 해당하는 사항에 관하여는 이 조를 적용하지 아니한다.
> 1. 공무원 인사 관계 법령에 따른 징계 등 처분에 관한 사항
> 2. 노동위원회법 제2조의2에 따라 노동위원회의 의결을 거쳐 행하는 사항
> 3. 형사, 행형 및 보안처분 관계 법령에 따라 행하는 사항
> 4. 외국인의 출입국·난민인정·귀화·국적회복에 관한 사항
> 5. 과태료 부과 및 징수에 관한 사항
> 6. 개별 법률에서 그 적용을 배제하고 있는 경우

답 ②

3. 처분의 효력으로서 자력집행력

(1) 법조항

행정기본법 제30조【행정상 강제】① 행정청은 행정목적을 달성하기 위하여 필요한 경우에는 법률로 정하는 바에 따라 필요한 최소한의 범위에서 다음 각 호의 어느 하나에 해당하는 조치를 할 수 있다. 〈이하 생략〉
[시행일: 2023.3.24.]

(2) 해설

이전에는 하명에 따른 의무를 당사자가 불이행한 경우 자력집행할 일반적 근거가 없었으나 행정기본법 제30조는 자력집행력의 일반적 근거가 된다.

제4장 행정행위의 하자

1. 위법 또는 부당한 처분의 직권취소

(1) 법조항

행정기본법 제18조【위법 또는 부당한 처분의 취소】① 행정청은 위법 또는 부당한 처분의 전부나 일부를 소급하여 취소할 수 있다. 다만, 당사자의 신뢰를 보호할 가치가 있는 등 정당한 사유가 있는 경우에는 장래를 향하여 취소할 수 있다.
② 행정청은 제1항에 따라 당사자에게 권리나 이익을 부여하는 처분을 취소하려는 경우에는 취소로 인하여 당사자가 입게 될 불이익을 취소로 달성되는 공익과 비교·형량(衡量)하여야 한다. 다만, 다음 각 호의 어느 하나에 해당하는 경우에는 그러하지 아니하다.
1. 거짓이나 그 밖의 부정한 방법으로 처분을 받은 경우
2. 당사자가 처분의 위법성을 알고 있었거나 중대한 과실로 알지 못한 경우

📋 행정기본법 제18조(직권취소) 규정

1. 직권취소의 일반법이다.
2. 쟁송취소에는 적용되지 않는다.
3. 감독청의 직권취소권 규정은 없다.
4. 사인의 직권취소신청권 규정은 없다.
5. 취소의 효과(소급효 원칙과 장래효 예외)를 규정하였다.
6. 직권취소기간에 대한 규정은 없다.
7. 불가쟁력이 발생한 경우와 행정쟁송 진행 중 직권취소 가능 여부에 대한 규정은 없다.
8. 직권취소로 인한 손실보상 규정은 없다.
9. 직권취소절차 규정은 없다.

(2) 해설

1) 행정기본법 제18조의 적용범위

기존 판례는 행정행위를 한 처분청은 그 행위에 하자가 있는 경우에는 별도의 법적 근거가 없더라도 스스로 이를 취소할 수 있다고 보았다. 여전히 법적 근거가 없어도 직권취소는 가능하나, 이제는 직권취소의 일반법적 근거인 행정기본법 제18조가 있기 때문에 논할 필요가 없다. 직권취소에는 개별법상 근거가 있으면 개별법이 적용되고 개별법상 근거가 없으면 행정기본법 제18조가 적용된다. 다만, 행정기본법 제18조는 쟁송취소에는 적용되지 않는다.

> **관련 판례**
>
> 1 행정처분을 한 처분청은 그 처분의 성립에 하자가 있는 경우 이를 취소할 별도의 법적 근거가 없다고 하더라도 직권으로 이를 취소할 수 있는바, 지방병무청장은 군의관의 신체등위판정이 금품수수에 따라 위법 또는 부당하게 이루어졌다고 인정하는 경우에는 그 위법 또는 부당한 신체등위판정을 기초로 자신이 한 병역처분을 직권으로 취소할 수 있다(대판 2002.5.28, 2001두9653).
>
> 2 도시계획시설사업의 시행자 지정이나 실시계획의 인가처분을 한 관할청은 그 지정이나 인가처분에 하자가 있는 경우에는 별도의 법적 근거가 없다고 하더라도 스스로 이를 취소할 수 있다(대판 2014.7.10, 2013두7025).

2) 직권취소권자

행정기본법은 직권취소권자로 감독청을 규정하지 않았으나 감독청은 정부조직법상 대통령의 행정감독권(제11조) 및 장관의 감독권(제26조 제3항), 행정권한의 위임 및 위탁에 관한 규정 제6조 등에 근거하여 직권취소권을 가진다.

> **관련 판례**
>
> 권한 없는 행정기관이 한 당연무효인 행정처분을 취소할 수 있는 권한은 당해 행정처분을 한 처분청에 속하고, 당해 행정처분을 할 수 있는 적법한 권한을 가지고 있는 행정청에게 그 취소권이 귀속되는 것이 아니다(대판 1984.10.10, 84누463).

3) 직권취소신청권

행정기본법은 사인의 직권취소신청권을 규정하지 않았으므로, 기존 판례의 입장에 따라 처분의 상대방은 직권취소사유가 존재하더라도 처분청에게 그 취소를 요구할 신청권은 없다(대판 2006.6.30, 2004두701). 따라서 직권취소의 거부행위는 항고소송의 대상이 되지 않으며, 다만 처분청은 당사자의 신청이 없어도 처분을 직권으로 취소할 수 있다.

직권취소를 할 수 있다는 사정만으로 이해관계인에게 처분청에 대하여 그 취소를 요구할 신청권이 부여된 것으로 볼 수는 없다. 따라서 처분청이 위와 같이 법규상 또는 조리상의 신청권이 없이 한 이해관계인의 복구준공통보 등의 취소신청을 거부하더라도, 그 거부행위는 항고소송의 대상이 되는 처분에 해당하지 않는다(대판 2006.6.30, 2004두701).

4) 직권취소의 범위

행정기본법은 직권취소의 범위로 전부 또는 일부로 규정하고 있다.

5) 직권취소의 사유

행정기본법 제18조는 직권취소의 사유를 위법 또는 부당으로 규정하고 있다. '위법'은 법률이나 법규명령, 조례 등 위반을 말하고 단순행정규칙 위반은 아니며, '부당'은 위법의 정도에 이르지는 않으나 합리성이 결여된 행위를 말한다. 행정기본법에는 직권취소절차를 규정하지 않고 있으며 직권취소에는 행정절차법의 처분절차가 적용된다. 즉, 수익적 처분의 취소를 하려면 사전통지 및 의견청취 절차를 거쳐야 하고 그 이유를 제시하여야 한다.

도로점용허가는 도로의 일부에 대한 특정 사용을 허가하는 것으로서 도로의 일반사용을 저해할 가능성이 있으므로 그 범위는 점용목적 달성에 필요한 한도로 제한되어야 한다. 도로관리청이 도로점용허가를 하면서 특별사용의 필요가 없는 부분을 점용장소 및 점용면적에 포함하는 것은 그 재량권 행사의 기초가 되는 사실인정에 잘못이 있는 경우에 해당하므로 그 도로점용허가 중 특별사용의 필요가 없는 부분은 위법하다. 이러한 경우 도로점용허가를 한 도로관리청은 위와 같은 흠이 있다는 이유로 유효하게 성립한 도로점용허가 중 특별사용의 필요가 없는 부분을 직권취소할 수 있음이 원칙이다(대판 2019.1.17, 2016두56721).

6) 직권취소의 효과

① **원칙 – 소급효**: 직권취소는 처분이 원시적으로 위법 또는 부당한 하자가 있는 경우이므로 행정기본법 제18조 제1항은 원칙적으로 처분을 소급하여 취소할 수 있다고 규정하고 있다.

1 도로관리청이 도로점용허가 중 특별사용의 필요가 없는 부분을 소급적으로 직권취소하였다면, 도로관리청은 이미 징수한 점용료 중 취소된 부분의 점용면적에 해당하는 점용료를 반환하여야 한다(대판 2019.1.17, 2016두56721).

2 법원이 영업허가취소처분을 취소하면 영업허가취소처분은 처분시에 소급하여 효력을 상실한다. 따라서 영업허가취소 후 영업행위는 무허가영업행위가 아니다(대판 1993.6.25, 93도277).

3 보건복지부장관은 1981년 B를 A법인의 이사취임을 승인했다. 보건복지부장관은 A법인 이사회의 이사취임승인을 취소하였다(1993년 4월). 그 후 법원은 그를 A법인의 임시이사로 선임했다(1993년 6월). 보건복지부장관은 1994년 12월 B에 대한 이사취임승인의 취소를 직권으로 취소했다. 이 경우 A는 93년 4월에 소급하여 이사의 지위를 회복한다. 보건복지부장관의 직권취소로 B는 소급하여 이사로서의 지위를 회복하게 된다. 보건복지부장관의 이사취임승인은 별도로 필요하지 않다(대판 1997.1.21, 96누3401).

4 광업권취소처분을 한 후에 새로운 이해관계인이 생기기 전에 취소처분을 취소하여 그 광업권을 회복시킬 수 있다. 그러나 일단취소처분을 한 후에 원고가 선출원을 적법히 함으로써 이해관계인이 생긴 경우에 취소처분을 취소하여, 광업권을 복구시키는 조처는, 원고의 선출원 권리를 침해하는 위법한 처분이라고 하지 않을 수 없다(대판 1967.10.23, 67누126).

② **예외 – 장래효**: 행정기본법 제18조 제1항 단서에 따르면 당사자의 신뢰를 보호할 가치가 있는 등 정당한 사유가 있는 경우에는 장래를 향하여 취소할 수 있다. 수익적 행정행위의 취소에 소급효를 인정하는 경우 당사자의 신뢰를 해하는 경우 장래효만 인정하는 것이 타당하다.

예를 들면 위법·부당한 영업허가를 취소한 경우 당사자의 신뢰를 해할 수 있으므로 장래효를 인정할 수 있다.

7) 수익적 처분의 취소제한사유로서 이익형량

행정기본법 제18조 제2항은 "당사자에게 권리나 이익을 부여하는 처분을 취소하려는 경우에는 취소로 인하여 당사자가 입게 될 불이익을 취소로 달성되는 공익과 비교·형량(衡量)하여야 한다."고 규정하고 있는데 이는 수익적 처분의 직권취소에는 적용되나 부담적 처분의 직권취소에는 적용되지 않는다.

예를 들면 세법에 세율이 30%이고 과세표준이 1억인데 행정청이 5천만 원의 과세처분을 한 경우, 과세처분의 위법을 이유로 행정청이 5천만 원의 과세처분을 직권취소할 때에는 이익형량을 할 필요가 없다.

🔨 관련 판례

1 행정행위를 한 처분청은 그 행위에 하자(흠)가 있는 경우에는 별도의 법적 근거가 없더라도 스스로 이를 취소할 수 있고, 다만 수익적 행정처분을 취소할 때에는 이를 취소하여야 할 공익상의 필요와 그 취소로 인하여 당사자가 입게 될 기득권과 신뢰보호 및 법률생활 안정의 침해 등 불이익을 비교·교량한 후 공익상의 필요가 당사자가 입을 불이익을 정당화할 만큼 강한 경우에 한하여 취소할 수 있다(대판 2019.5.30, 2014두40258).

2 행정처분을 한 처분청은 처분의 성립에 하자가 있는 경우 별도의 법적 근거가 없더라도 직권으로 이를 취소할 수 있다고 봄이 원칙이므로, 국민연금법이 정한 수급요건을 갖추지 못하였음에도 연금지급결정이 이루어진 경우에는 이미 지급된 급여 부분에 대한 환수처분과 별도로 지급결정을 취소할 수 있다. 이 경우에도 이미 부여된 국민의 기득권을 침해하는 것이므로 취소권의 행사는 지급

결정을 취소할 공익상의 필요보다 상대방이 받게 될 불이익 등이 막대한 경우에는 재량권의 한계를 일탈한 것으로서 위법하다고 보아야 한다. 다만 이처럼 연금지급결정을 취소하는 처분과 그 처분에 기초하여 잘못 지급된 급여액에 해당하는 금액을 환수하는 처분이 적법한지를 판단하는 경우 비교·교량할 각 사정이 동일하다고는 할 수 없으므로, 연금지급결정을 취소하는 처분이 적법하다고 하여 환수처분도 반드시 적법하다고 판단하여야 하는 것은 아니다(대판 2017.3.30, 2015두43971).

8) 수익적 행정행위의 취소가 제한되지 않는 경우

행정기본법 제18조 제2항 단서는 행정행위가 사기·협박이나 뇌물, 사실의 은폐 등에 기인한 경우와 당사자가 처분의 위법성을 알고 있었거나 중대한 과실로 알지 못한 경우에는 이익형량 없이 처분을 직권취소할 수 있도록 규정하고 있다.

9) 직권취소기간의 제한

행정기본법과 행정절차법에는 직권취소기간의 제한규정이 없으며 판례는 실권의 법리에 따라 해결하고 있다.

---

30 행정기본법상 직권취소에 대한 설명으로 옳은 것은?

① 위법 또는 부당한 처분의 취소를 규정하고 있는 행정기본법 제17조는 직권취소뿐 아니라 쟁송취소에도 적용된다.
② 행정청은 위법 또는 부당한 처분의 전부나 일부를 장래를 향하여 취소할 수 있다.
③ 행정기본법은 직권취소권자로 처분청인 행정청과 감독청을 규정하고 있다.
④ 행정기본법은 사인의 직권취소신청권을 규정하지 않고 있고 판례에 따라 처분의 상대방은 직권취소사유가 존재하더라도 처분청에게 그 취소를 요구할 신청권은 없다.

> **정답 및 해설**
>
> ① [×] 위법 또는 부당한 처분의 취소를 규정하고 있는 행정기본법 제17조는 직권취소에도 적용되나 쟁송취소에도 적용되지 않는다.
>
> ② [×]
>> **행정기본법 제18조【위법 또는 부당한 처분의 취소】** ① 행정청은 위법 또는 부당한 처분의 전부나 일부를 소급하여 취소할 수 있다. 다만, 당사자의 신뢰를 보호할 가치가 있는 등 정당한 사유가 있는 경우에는 장래를 향하여 취소할 수 있다.
>
> ③ [×] 행정기본법은 직권취소권자로 감독청을 규정하지 않았으나 감독청은 정부조직법상 대통령의 행정감독권(제11조), 장관의 감독권(제26조 제3항), 행정권한의 위임 및 위탁에 관한 규정 제6조 등에 근거하여 직권취소권을 가진다.
>
> ④ [○] 행정기본법은 사인의 직권취소신청권을 규정하지 않고 있다. 따라서 기존 판례에 따라 처분의 상대방은 직권취소사유가 존재하더라도 처분청에게 그 취소를 요구할 신청권은 없다(대판 2006.6.30, 2004두701).
>
> 답 ④

31 행정기본법상 직권취소에 대한 설명으로 옳지 않은 것은?

① 행정기본법은 직권취소의 범위를 전부 또는 일부로 규정하고 있다.

② 행정기본법 제18조는 직권취소사유를 위법 또는 부당으로 규정하고 있다.

③ 행정청은 당사자에게 권익을 제한하는 처분이나 의무를 부과하는 처분을 취소하려는 경우에는 취소로 인하여 당사자가 입게 될 불이익을 취소로 달성되는 공익과 비교·형량(衡量)하여야 한다.

④ 행정청이 수익적 처분을 취소하려는 경우에는 취소로 인하여 당사자가 입게 될 불이익을 취소로 달성되는 공익과 비교·형량(衡量)하여야 하나 부담적 처분을 취소하려는 경우에는 그렇지 않다.

정답 및 해설

① [O]
> 행정기본법 제18조【위법 또는 부당한 처분의 취소】① 행정청은 위법 또는 부당한 처분의 전부나 일부를 소급하여 취소할 수 있다. 다만, 당사자의 신뢰를 보호할 가치가 있는 등 정당한 사유가 있는 경우에는 장래를 향하여 취소할 수 있다.

② [O] 행정기본법 제18조는 직권취소사유를 위법 또는 부당으로 규정하고 있다. 위법은 법률이나 법규명령, 조례 등 위반을 말하고 단순 행정규칙 위반은 아니며 부당은 위법의 정도에 이르지는 않으나 합리성이 결여된 행위이다.

③ [×]
> 행정기본법 제18조【위법 또는 부당한 처분의 취소】② 행정청은 제1항에 따라 당사자에게 권리나 이익을 부여하는 처분을 취소하려는 경우에는 취소로 인하여 당사자가 입게 될 불이익을 취소로 달성되는 공익과 비교·형량(衡量)하여야 한다.

④ [O] 행정기본법 제18조 제2항은 "당사자에게 권리나 이익을 부여하는 처분을 취소하려는 경우에는 취소로 인하여 당사자가 입게 될 불이익을 취소로 달성되는 공익과 비교·형량(衡量)하여야 한다."고 규정하고 있는데 이는 수익적 처분의 직권취소에는 적용되나 부담적 처분의 직권취소에는 적용되지 않는다.

답 ③

---

2. 적법한 처분의 철회

(1) 법조항

> 행정기본법 제19조【적법한 처분의 철회】① 행정청은 적법한 처분이 다음 각 호의 어느 하나에 해당하는 경우에는 그 처분의 전부 또는 일부를 장래를 향하여 철회할 수 있다.
> 1. 법률에서 정한 철회 사유에 해당하게 된 경우
> 2. 법령등의 변경이나 사정변경으로 처분을 더 이상 존속시킬 필요가 없게 된 경우
> 3. 중대한 공익을 위하여 필요한 경우
> ② 행정청은 제1항에 따라 처분을 철회하려는 경우에는 철회로 인하여 당사자가 입게 될 불이익을 철회로 달성되는 공익과 비교·형량하여야 한다.

1. 철회사유
2. 철회효과 – 장래효
3. 철회권자 – 행정청
4. 철회제한사유 – 이익형량
5. 사인의 철회신청권과 철회기간에 대한 규정은 없다.
6. 철회로 인한 피해보상 규정은 없다.
7. 철회절차 규정은 없다.

(2) 해설

1) 철회의 법적 근거

다수설과 판례(대판 2017.3.15, 2014두41190 등)는 처분청은 철회에 대한 별도의 법적 근거가 없더라도 철회할 수 있다고 한다. 그러나 기존에는 철회의 일반법적 근거가 없어 법적 근거가 필요한가를 논의하였는데, 행정기본법이 철회의 일반조항을 규정하면서 이 논의는 필요 없게 되었다.

2) 철회권자

행정기본법은 철회권자로서 행정청만을 규정하고 있다. 감독청은 하자가 없는 처분을 철회할 수 없으며, 다만 개별법에 근거가 있다면 감독청도 철회할 수 있다. 쟁송은 하자를 전제로 하므로 하자가 없는 처분을 쟁송철회할 수 없다.

3) 사인의 철회신청권

사인의 철회신청권은 기존 판례에서도 원칙적으로 인정되지 않았으며 행정기본법에서도 이를 규정하지 않고 있다.

4) 철회의 사유

행정기본법 제19조는 ① 법률에서 정한 철회 사유에 해당하게 된 경우, ② 법령등의 변경이나 사정변경으로 처분을 더 이상 존속시킬 필요가 없게 된 경우, ③ 중대한 공익을 위하여 필요한 경우를 철회사유로 규정하고 있다. 행정기본법에는 철회절차 규정이 없으며 처분의 철회에는 행정절차법의 처분절차가 적용된다.

5) 철회의 범위

행정기본법 제19조는 처분의 전부 또는 일부를 철회할 수 있도록 규정하고 있으며 판례도 일부철회를 인정해왔다.

외형상 하나의 행정처분이라 하더라도 가분성이 있거나 그 처분 대상의 일부가 특정될 수 있다면 일부만의 취소도 가능하고 그 일부의 취소는 당해 취소부분에 관하여만 효력이 생기는 것인바(대판 2015.3.26, 2012두20304), 공정거래위원회가 사업자에 대하여 행한 법 위반사실 공표명령은 비록 하나의 조항으로 이루어진 것이라고 하여도 그 대상이 된 사업자의 광고행위와 표시행위로 인한 각 법 위반사실은 별개로 특정될 수 있어 위 각 법 위반사실에 대한 독립적인 공표명령이 경합된 것으로 보아야 할 것이므로, 이 중 표시행위에 대한 법 위반사실이 인정되지 아니하는 경우에 그 부분에 대한 공표명령의 효력만을 취소할 수 있을 뿐, 공표명령 전부를 취소할 수 있는 것은 아니다(대판 2000.12.12, 99두12243).

6) 철회권의 제한

행정청은 부담적 행정행위를 자유롭게 철회할 수 있으나 수익적 행정행위의 경우 수익적 행정행위의 철회로 법적 안정성과 당사자의 신뢰를 해칠 수 있기 때문에 자유롭게 철회할 수 없다. 행정기본법 제19조 제2항은 처분을 철회하려는 경우에는 철회로 인하여 당사자가 입게 될 불이익을 철회로 달성되는 공익과 비교·형량하여야 한다고 규정하고 있다.

수익적 행정행위를 취소 또는 철회하거나 중지시키는 경우에는 이미 부여된 국민의 기득권을 침해하는 것이 되므로, 비록 취소 등의 사유가 있다고 하더라도 그 취소권 등의 행사는 기득권의 침해를 정당화할 만한 중대한 공익상의 필요 또는 제3자의 이익을 보호할 필요가 있고, 이를 상대방이 받는 불이익과 비교·교량하여 볼 때 공익상의 필요 등이 상대방이 입을 불이익을 정당화할 만큼 강한 경우에 한하여 허용될 수 있고(대판 2017.3.15, 2014두41190), 그 처분으로 인하여 공익상의 필요보다 상대방이 받게 되는 불이익 등이 막대한 경우에는 재량권의 한계를 일탈한 것으로서 그 자체가 위법하여 허용되지 않는다(대판 2020.4.29, 2017두31064 ; 대판 2004.11.26, 2003두10251).

7) 철회기간의 제한

행정기본법은 철회기간에 대한 규정을 두고 있지 않으나 판례상 실권의 법리에 따라 철회기간이 제한된다.

택시운전사가 1983.4.5. 운전면허정지기간 중의 운전행위를 하다가 적발되어 형사처벌을 받았으나 행정청으로부터 아무런 행정조치가 없어 안심하고 계속 운전업무에 종사하고 있던 중 행정청이 위 위반행위가 있은 이후에 장기간에 걸쳐 아무런 행정조치를 취하지 않은 채 방치하고 있다가 3년여가 지나 운전면허를 취소(강학상의 철회)하는 행정처분을 하였다면 이는 행정청이 그간 별다른 행정조치가 없을 것이라고 믿은 신뢰의 이익과 그 법적 안정성을 빼앗는 것이 되어 위법한 처분이 된다(대판 1987.9.8, 87누373).

8) 효과발생시기

행정기본법 제19조는 장래를 향하여 철회할 수 있다고 규정하고 있다.

32 행정기본법상 철회에 대한 설명으로 옳은 것은?

① 행정청은 위법한 처분의 전부 또는 일부를 장래를 향하여 철회할 수 있다.
② 행정청은 법률에서 정한 철회 사유에 해당하게 된 경우, 법령등의 변경이나 사정변경으로 처분을 더 이상 존속시킬 필요가 없게 된 경우, 중대한 공익을 위하여 필요한 경우 그 처분의 전부 또는 일부를 소급하여 철회할 수 있다.
③ 행정기본법은 철회권자로 행정청만을 규정하고 있고 감독청의 철회권을 인정하고 있지 않다.
④ 사인의 철회신청권은 기존 판례에서 원칙적으로 인정되지 않았으나 행정기본법은 이를 규정하고 있다.

정답 및 해설

① [×] **행정기본법 제19조【적법한 처분의 철회】①** 행정청은 적법한 처분이 다음 각 호의 어느 하나에 해당하는 경우에는 그 처분의 전부 또는 일부를 장래를 향하여 철회할 수 있다.

② [×] **행정기본법 제19조【적법한 처분의 철회】①** 행정청은 적법한 처분이 다음 각 호의 어느 하나에 해당하는 경우에는 그 처분의 전부 또는 일부를 장래를 향하여 철회할 수 있다.

③ [O] 행정기본법은 철회권자로서 행정청만을 규정하고 있다. 감독청은 하자가 없는 처분을 철회할 수 없다.
④ [×] 사인의 철회신청권은 기존 판례에서도 원칙적으로 인정되지 않았고 행정기본법에서도 이를 규정하지 않고 있다.

답③

33 행정기본법상 철회에 대한 설명으로 옳은 것은?

① 행정기본법 제19조는 법률에서 정한 철회 사유에 해당하게 된 경우, 법령등의 변경이나 사정변경으로 처분을 더 이상 존속시킬 필요가 없게 된 경우, 중대한 공익을 위하여 필요한 경우를 철회사유로 규정하고 있다.
② 기존 판례는 처분의 일부철회를 인정하지 않았으나 행정기본법 제19조는 처분의 전부 뿐 아니라 일부를 철회할 수 있도록 규정하고 있다.
③ 부담적 처분을 철회하려는 경우에는 철회로 인하여 당사자가 입게 될 불이익을 철회로 달성되는 공익과 비교·형량하여야 한다.
④ 행정기본법은 철회기간을 처분이 있은 날로부터 3년으로 제한하고 있다.

① [○] 행정기본법 제19조【적법한 처분의 철회】① 행정청은 적법한 처분이 다음 각 호의 어느 하나에 해당하는 경우에는 그 처분의 전부 또는 일부를 장래를 향하여 철회할 수 있다.
1. 법률에서 정한 철회 사유에 해당하게 된 경우
2. 법령등의 변경이나 사정변경으로 처분을 더 이상 존속시킬 필요가 없게 된 경우
3. 중대한 공익을 위하여 필요한 경우

② [×] 행정기본법 제19조는 처분의 전부 또는 일부를 철회할 수 있도록 규정하고 있으며 판례도 일부 철회를 인정해왔다.

> **관련 판례**
>
> 외형상 하나의 행정처분이라 하더라도 가분성이 있거나 그 처분 대상의 일부가 특정될 수 있다면 일부만의 취소도 가능하고 그 일부의 취소는 당해 취소부분에 관하여만 효력이 생기는 것인바(대판 2015.3.26, 2012두20304), 공정거래위원회가 사업자에 대하여 행한 법 위반사실 공표명령은 비록 하나의 조항으로 이루어진 것이라고 하여도 그 대상이 된 사업자의 광고행위와 표시행위로 인한 각 법 위반사실은 별개로 특정될 수 있어 위 각 법 위반사실에 대한 독립적인 공표명령이 경합된 것으로 보아야 할 것이므로, 이 중 표시행위에 대한 법 위반사실이 인정되지 아니하는 경우에 그 부분에 대한 공표명령의 효력만을 취소할 수 있을 뿐, 공표명령 전부를 취소할 수 있는 것은 아니다(대판 2000.12.12, 99두12243).

③ [×] 행정청은 부담적 행정행위를 자유롭게 철회할 수 있으나 수익적 행정행위는 수익적 행정행위의 철회로 법적 안정성과 신뢰보호를 해칠 수 있기 때문에 자유롭게 철회할 수 없다. 행정기본법 제19조 제2항은 처분을 철회하려는 경우에는 철회로 인하여 당사자가 입게 될 불이익을 철회로 달성되는 공익과 비교·형량하여야 한다고 규정하고 있다.

④ [×] 행정기본법은 철회기간을 규정하고 있지 않다.

답 ①

제5장 그 밖의 행정의 행위형식

1. 공법상 계약

(1) 법조항

행정기본법 제27조【공법상 계약의 체결】① 행정청은 법령등을 위반하지 아니하는 범위에서 행정목적을 달성하기 위하여 필요한 경우에는 공법상 법률관계에 관한 계약(이하 "공법상 계약"이라 한다)을 체결할 수 있다. 이 경우 계약의 목적 및 내용을 명확하게 적은 계약서를 작성하여야 한다.
② 행정청은 공법상 계약의 상대방을 선정하고 계약 내용을 정할 때 공법상 계약의 공공성과 제3자의 이해관계를 고려하여야 한다.

> **📑 행정기본법 제27조(공법상 계약) 규정**
>
> 1. 일반법이다.
> 2. 강행규정이다.
> 3. 행정기본법에 반하는 공법상 계약의 효력에 대한 규정은 없다.
> 4. 법률우위는 규정하고 있으나 법률유보 규정은 없다.
> 5. 계약의 목적 규정이 있다.
> 6. 문서주의를 취한다.
> 7. 공법상 계약의 체결절차, 계약의 해지와 해제, 강제집행에 대한 규정은 없다.

(2) 해설

1) 일반법

① 행정기본법 제27조는 공법상 계약에 관한 일반법이며, 행정기본법 제27조는 강행규정이 므로 이에 위반된다면 공법상 계약은 무효가 된다.

② 행정절차법에는 공법상 계약에 관한 규정은 없어 공법상 계약에 행정절차법이 적용되지 않는다.

③ 국가가 계약의 당사자일 때는 국가를 당사자로 하는 계약에 관한 법률이 적용된다.

④ 공법상 계약과 관련하여 행정법에 흠결이 있을 때 민법 규정은 보충적으로 적용된다.

2) 공법상 계약

① 주체요건: 공법상 계약의 일방 당사자는 국가, 지방자치단체이나 행정기본법은 행정청으 로 규정하고 있다.

② 법률우위원칙: 법률우위원칙은 공법상 계약에도 적용되므로 공법상 계약은 행정법규에 위반하여서는 아니 된다고 규정하고 있다. 그러나 행정기본법은 공법상 계약이 준수해야 할 원칙으로서 법률유보원칙을 규정하고 있지 않다.

③ 내용요건: 행정기본법 제27조는 행정목적을 달성하기 위하여 필요한 경우에 공법상 계 약을 체결할 수 있다고 규정하고 있다. 구체적인 계약의 내용은 당사자 간의 합의에 의 하여 정해지며, 공법상 계약으로 인해 제3자의 권리가 침해되는 경우에는 관련 제3자의 동의를 받아야 한다.

④ 형식요건: 행정기본법 제27조는 계약의 목적 및 내용을 명확하게 적은 계약서를 작성하 여야 한다고 규정하여 문서주의를 채택하고 있다. 계약의 목적 및 내용이 명확하지 않는 다면 공법상 계약은 위법·무효가 된다.

⑤ 절차요건: 행정기본법은 공법상 계약 체결절차에 대한 규정이 없다. 공법상 계약에는 행 정절차법이 적용되지 않으므로 행정절차법상의 근거와 이유를 제시할 필요가 없으며 개 별법이 정한 절차가 있으면 그에 따른다.

34 행정기본법상 공법상 계약에 대한 설명으로 옳은 것은?

① 공법상 계약의 실체적 요건은 행정기본법이 적용되고 공법상 계약의 절차는 행정절차법이 적용된다.

② 행정기본법은 공법상 계약의 일방 당사자를 행정주체인 국가와 공공단체로 규정하고 있다.

③ 행정기본법은 법령등에 근거해서 행정목적을 달성하기 위하여 필요한 경우에는 공법상 법률관계에 관한 계약을 체결할 수 있도록 규정하고 법률유보원칙이 공법상 계약에도 적용됨을 명시하였다.

④ 계약의 목적 및 내용을 명확하게 적은 계약서를 작성하여야 한다고 규정하여 문서주의를 규정하였으나 구두에 의한 계약에 대해서는 규정하고 있지 않다.

정답 및 해설

① [×] 행정기본법 제27조는 공법상 계약에 관한 일반법이며 행정기본법 제27조는 강행규정이므로 이에 위반된다면 공법상 계약은 무효가 된다. 행정절차법에는 공법상 계약에 관한 규정은 없고 공법상 계약에는 행정절차법이 적용되지 않는다.

② [×] 공법상 계약의 일방 당사자는 국가, 지방자치단체이나 행정기본법은 행정청으로 규정하고 있다.

③ [×] 행정기본법 제27조 제1항은 "법령등을 위반하지 아니하는 범위에서"로 규정하여 법률우위원칙이 공법상 계약에도 적용됨을 명시하였다. 다만 법령등에 "근거해서"가 아니므로 법률유보원칙이 공법상 계약에도 적용됨을 명시하지 않고 있다.

④ [○]

> **행정기본법 제27조【공법상 계약의 체결】** ① 행정청은 법령등을 위반하지 아니하는 범위에서 행정목적을 달성하기 위하여 필요한 경우에는 공법상 법률관계에 관한 계약(이하 "공법상 계약"이라 한다)을 체결할 수 있다. 이 경우 계약의 목적 및 내용을 명확하게 적은 계약서를 작성하여야 한다.
> ② 행정청은 공법상 계약의 상대방을 선정하고 계약 내용을 정할 때 공법상 계약의 공공성과 제3자의 이해관계를 고려하여야 한다.

답 ④

---

35 행정기본법상 공법상 계약에 대한 설명으로 옳은 것은?

① 공법상 계약이 법령에 위반되는 경우 무효로 보는 판례를 수용하여 행정기본법은 공법상 계약이 법령등에 위반되는 경우 효력을 가지지 못한다고 규정하고 있다.

② 공법상 의무 불이행에 대해서는 행정상 강제를 규정하고 있는 법령등을 준용한다고 하여 공법상 계약에 대한 자력집행력의 근거를 두었다.

③ 행정기본법은 행정청은 공법상 계약의 상대방을 선정하고 계약 내용을 정할 때 공법상 계약의 공공성과 제3자의 이해관계를 고려하여야 한다고 규정하고 있다.

④ 공법상 계약 체결 후에 사정변경이 생긴 경우 계약내용을 변경하거나 해지할 수 있도록 하였다.

① [×] 행정기본법은 공법상 계약이 법령등에 위반되는 경우 그 효력에 대해서 규정하고 있지 않다.

② [×] 행정기본법은 공법상 계약 불이행에 대한 강제집행수단에 대해 규정하고 있지 않다.

③ [○]

> **행정기본법 제27조 【공법상 계약의 체결】** ② 행정청은 공법상 계약의 상대방을 선정하고 계약 내용을 정할 때 공법상 계약의 공공성과 제3자의 이해관계를 고려하여야 한다.

④ [×] 계약내용 변경 및 계약 해지 조항은 도입되지 않았다.

답 ③

2. 자동적 처분

(1) 법조항

> **행정기본법 제20조 【자동적 처분】** 행정청은 법률로 정하는 바에 따라 완전히 자동화된 시스템(인공지능 기술을 적용한 시스템을 포함한다)으로 처분을 할 수 있다. 다만, 처분에 재량이 있는 경우는 그러하지 아니하다.

(2) 해설

1) 자동적 처분의 실정법적 근거

행정기본법은 자동적 처분에 대한 실정법적 근거이다. 자동적 처분을 하려면 별도의 법률적 근거가 필요하다.

2) 자동적으로 결정되는 처분과의 구별

자동적 처분은 사람의 인식작용 없이 바로 발급되는 처분인 데 반하여 자동적으로 결정되는 처분은 사람의 인식작용을 통해 발급되는 처분이다. 예를 들어 교통신호등이 자동적 처분이라면, 과속단속의 경우 처분 내용은 자동적으로 결정되나 행정청의 일정한 통지가 요구되므로 자동적으로 결정되는 처분이다.

3) 처분이 기속행위일 것

행정기본법이 제정되기 전에 학설은 재량준칙에 따른 행정의 자동결정도 가능하다고 하였으나, 행정기본법은 재량이 있는 경우 자동적 처분을 할 수 없도록 규정하고 있다. 즉, 행정기본법은 자동적 처분을 기속행위에만 적용되도록 하고 있다.

4) 독일 행정절차법과 차이

독일 행정절차법과 다르게 자동적 처분에 이유제시와 행정청의 서명 생략 등에 관한 규정을 두지는 않았다.

36 행정기본법상 자동적 처분에 대한 설명으로 옳은 것은?

① 과속단속에 따라 과태료를 부과하는 것도 행정기본법 제20조의 자동적 처분에 해당한다.

② 완전히 자동화된 시스템(인공지능 기술을 적용한 시스템을 포함한다)으로 처분을 하려면 법률에 근거를 두어야 한다.

③ 처분에 재량이 있는 경우 자동적 처분이 가능하다.

④ 자동적 처분에 이유제시와 행정청의 서명을 생략할 수 있도록 규정하고 있다.

① [×] 과속단속의 처분 내용은 자동적으로 결정되나 행정청의 일정한 통지에 의해 요구되므로 자동적으로 결정되는 처분이다. 과속단속의 처분 내용은 자동적으로 결정되나 행정청의 일정한 통지에 의해 요구되므로 자동적으로 결정되는 처분이다. 따라서 행정기본법 제20조에서 말하는 완전히 자동화된 시스템(인공지능 기술을 적용한 시스템을 포함한다)으로 처분에 해당하지 않는다.

② [○] **행정기본법 제20조 【자동적 처분】** 행정청은 법률로 정하는 바에 따라 완전히 자동화된 시스템(인공지능 기술을 적용한 시스템을 포함한다)으로 처분을 할 수 있다. 다만, 처분에 재량이 있는 경우는 그러하지 아니하다.

③ [×] **행정기본법 제20조 【자동적 처분】** 행정청은 법률로 정하는 바에 따라 완전히 자동화된 시스템(인공지능 기술을 적용한 시스템을 포함한다)으로 처분을 할 수 있다. 다만, 처분에 재량이 있는 경우는 그러하지 아니하다.

④ [×] 자동적 처분에 이유제시와 행정청의 서명 생략 등에 관한 규정을 두지는 않았다.

답 ②

제3편 행정의 실효성 확보수단

제1장 행정상 강제

1. 행정상 강제 일반

(1) 법조항

행정기본법 제30조 【행정상 강제】 ① 행정청은 행정목적을 달성하기 위하여 필요한 경우에는 법률로 정하는 바에 따라 필요한 최소한의 범위에서 다음 각 호의 어느 하나에 해당하는 조치를 할 수 있다.

1. 행정대집행: 의무자가 행정상 의무(법령등에서 직접 부과하거나 행정청이 법령등에 따라 부과한 의무를 말한다. 이하 이 절에서 같다)로서 타인이 대신하여 행할 수 있는 의무를 이행하지 아니하는 경우 법률로 정하는 다른 수단으로는 그 이행을 확보하기 곤란하고 그 불이행을 방치하면 공익을 크게 해칠 것으로 인정될 때에 행정청이 의무자가 하여야 할 행위를 스스로 하거나 제3자에게 하게 하고 그 비용을 의무자로부터 징수하는 것

2. 이행강제금의 부과: 의무자가 행정상 의무를 이행하지 아니하는 경우 행정청이 적절한 이행기간을 부여하고, 그 기한까지 행정상 의무를 이행하지 아니하면 금전급부의무를 부과하는 것

3. 직접강제: 의무자가 행정상 의무를 이행하지 아니하는 경우 행정청이 의무자의 신체나 재산에 실력을 행사하여 그 행정상 의무의 이행이 있었던 것과 같은 상태를 실현하는 것

4. 강제징수: 의무자가 행정상 의무 중 금전급부의무를 이행하지 아니하는 경우 행정청이 의무자의 재산에 실력을 행사하여 그 행정상 의무가 실현된 것과 같은 상태를 실현하는 것

5. 즉시강제: 현재의 급박한 행정상의 장해를 제거하기 위한 경우로서 다음 각 목의 어느 하나에 해당하는 경우에 행정청이 곧바로 국민의 신체 또는 재산에 실력을 행사하여 행정목적을 달성하는 것

   가. 행정청이 미리 행정상 의무 이행을 명할 시간적 여유가 없는 경우

   나. 그 성질상 행정상 의무의 이행을 명하는 것만으로는 행정목적 달성이 곤란한 경우

② 행정상 강제 조치에 관하여 이 법에서 정한 사항 외에 필요한 사항은 따로 법률로 정한다.

③ 형사(刑事), 행형(行刑) 및 보안처분 관계 법령에 따라 행하는 사항이나 외국인의 출입국 · 난민인정 · 귀화 · 국적회복에 관한 사항에 관하여는 이 절을 적용하지 아니한다.

[시행일: 2023.3.24.]

(2) 해설

1) 일반법
그동안은 행정상 강제에 대한 일반법이 없었으나, 행정기본법 제30조(시행일: 2023.3.24.)는 행정상 강제에 대한 일반법이다.

2) 행정상 강제 법정주의
행정기본법 제30조 제1항은 행정청은 행정목적을 달성하기 위하여 필요한 경우에는 법률로 정하는 바에 따라 어느 하나에 해당하는 조치를 할 수 있다고 규정하여, 행정상 강제는 법률로 정해져야 한다는 법정주의를 채택하고 있다.

3) 비례의 원칙
행정상 강제에는 비례의 원칙을 준수하여야 하며 필요 이상의 행정상 강제는 위법하다.

4) 행정청의 행정상 강제 선택재량
① 행정기본법 제30조는 행정청은 행정목적을 달성하기 위하여 필요한 경우에는 어느 하나에 해당하는 조치를 할 수 있다고 규정하여 행정상 강제 종류를 선택할 수 있는 재량을 부여하고 있다. 즉, 행정청은 행정목적을 위하여 행정대집행과 이행강제금의 부과 중 하나를 선택할 수 있으며, 이는 행정대집행과 이행강제금을 선택적으로 활용할 수 있다고 한 헌법재판소 판례를 수용하였다고 볼 수 있다.

② 다만, 직접강제는 행정기본법 제32조 규정에 따라 행정대집행이나 이행강제금 부과의 방법으로는 행정상 의무 이행을 확보할 수 없거나 그 실현이 불가능한 경우에만 허용되므로, 직접강제와 행정대집행 또는 이행강제금 부과 중에서는 선택할 수 없다.

③ 또한 즉시강제는 행정기본법 제33조 규정에 따라 다른 수단으로는 행정목적을 달성할 수 없는 경우에만 허용되므로, 즉시강제와 다른 행정상 강제수단과의 선택의 자유는 인정되지 않는다.

🔊 관련 판례

개별사건에 있어서 위반내용, 위반자의 시정의지 등을 감안하여 허가권자는 행정대집행과 이행강제금을 선택적으로 활용할 수 있고, 행정대집행과 이행강제금 부과가 동시에 이루어지는 것이 아니라 허가권자의 합리적인 재량에 의해 선택하여 활용하는 이상 이를 중첩적인 제재에 해당한다고 볼 수 없다(헌재 2011.10.25, 2009헌바140).

---

5) 행정상 강제 조항의 배제
형사(刑事), 행형(行刑) 및 보안처분 관계 법령에 따라 행하는 사항이나 외국인의 출입국·난민인정·귀화·국적회복에 관한 사항에 관하여는 적용하지 아니한다.

37 행정기본법의 행정상 강제에 대한 설명으로 옳지 않은 것은? [시행일: 2023.3.24.]

① 행정청은 행정목적을 달성하기 위하여 필요한 경우에는 법률로 정하는 바에 따라 어느 하나에 해당하는 조치를 할 수 있도록 하여 행정상 강제는 법률로 정해져야 한다는 법정주의를 채택하고 있다.

② 행정청은 행정목적을 달성하기 위하여 필요한 경우 행정대집행, 이행강제금의 부과를 할 수 있으나 행정상 강제수단을 선택할 재량이 없다.

③ 즉시강제와 다른 행정상 강제수단과의 선택의 자유는 인정되지 않는다.

④ 행정기본법 제30조는 행정상 강제의 일반법이다.

정답 및 해설

① [○] 행정기본법 제30조 【행정상 강제】 ① 행정청은 행정목적을 달성하기 위하여 필요한 경우에는 법률로 정하는 바에 따라 필요한 최소한의 범위에서 다음 각 호의 어느 하나에 해당하는 조치를 할 수 있다.

② [×] 행정기본법 제30조는 행정청은 행정목적을 달성하기 위하여 필요한 경우에는 어느 하나에 해당하는 조치를 할 수 있다고 규정하여 행정상 강제 종류를 선택할 수 있는 재량을 부여하고 있다. 행정청은 행정대집행과 이행강제금의 부과 중 행정목적을 위하여 선택할 수 있다.

③ [○] 즉시강제는 행정기본법 제33조 규정에 따라 다른 수단으로는 행정목적을 달성할 수 없는 경우에만 허용되므로 즉시강제와 다른 행정상 강제수단과의 선택의 자유는 인정되지 않는다.

행정기본법 제33조 【즉시강제】 ① 즉시강제는 다른 수단으로는 행정목적을 달성할 수 없는 경우에만 허용되며, 이 경우에도 최소한으로만 실시하여야 한다.

④ [○] 행정상 강제에 대한 일반법이 없었는데 행정기본법 제30조(2023년 3월 23일 시행)은 행정상 강제의 일반법이다.

답 ②

2. 이행강제금

(1) 법조항

행정기본법 제31조 【이행강제금의 부과】 ① 이행강제금 부과의 근거가 되는 법률에는 이행강제금에 관한 다음 각 호의 사항을 명확하게 규정하여야 한다. 다만, 제4호 또는 제5호를 규정할 경우 입법목적이나 입법취지를 훼손할 우려가 크다고 인정되는 경우로서 대통령령으로 정하는 경우는 제외한다.

1. 부과·징수 주체
2. 부과 요건
3. 부과 금액
4. 부과 금액 산정기준
5. 연간 부과 횟수나 횟수의 상한

② 행정청은 다음 각 호의 사항을 고려하여 이행강제금의 부과 금액을 가중하거나 감경할 수 있다.

1. 의무 불이행의 동기, 목적 및 결과
2. 의무 불이행의 정도 및 상습성
3. 그 밖에 행정목적을 달성하는 데 필요하다고 인정되는 사유

③ 행정청은 이행강제금을 부과하기 전에 미리 의무자에게 적절한 이행기간을 정하여 그 기한까지 행정상 의무를 이행하지 아니하면 이행강제금을 부과한다는 뜻을 문서로 계고(戒告)하여야 한다.

④ 행정청은 의무자가 제3항에 따른 계고에서 정한 기한까지 행정상 의무를 이행하지 아니한 경우 이행강제금의 부과 금액·사유·시기를 문서로 명확하게 적어 의무자에게 통지하여야 한다.

⑤ 행정청은 의무자가 행정상 의무를 이행할 때까지 이행강제금을 반복하여 부과할 수 있다. 다만, 의무자가 의무를 이행하면 새로운 이행강제금의 부과를 즉시 중지하되, 이미 부과한 이행강제금은 징수하여야 한다.

⑥ 행정청은 이행강제금을 부과받은 자가 납부기한까지 이행강제금을 내지 아니하면 국세 강제징수의 예 또는 지방행정제재·부과금의 징수 등에 관한 법률에 따라 징수한다.

[시행일: 2023.3.24.]

(2) 해설

1) 이행강제금 법정주의

행정기본법 제31조 제1항에 따르면, ① 부과·징수 주체, ② 부과 요건, ③ 부과 금액, ④ 부과 금액 산정기준, ⑤ 연간 부과 횟수나 횟수의 상한을 법률로 정해야 한다. 다만, 부과 금액 산정기준과 연간 부과 횟수나 횟수의 상한은 대통령령에 위임할 수 있다.

2) 일반법

그동안 이행강제금에 대한 일반법은 없었으며 행정기본법 제31조가 일반법이다.

3) 반복부과

행정기본법 제31조 제5항에 따르면 행정청은 의무자가 행정상 의무를 이행할 때까지 이행강제금을 반복하여 부과할 수 있다. 건축법 등에도 유사 조항이 있었으며 헌법재판소는 반복적인 이행강제부과의 근거조항인 건축법 조항에 대하여 합헌결정한 바 있다.

> 🔖 **관련 판례**
>
> **건축법을 위반한 건축주 등이 건축 허가권자로부터 위반건축물의 철거 등 시정명령을 받고도 그 이행을 하지 않는 경우 건축법 위반자에 대하여 시정명령 이행 시까지 반복적으로 이행강제금을 부과할 수 있도록 규정한 건축법**
>
> 이행강제금은 위법건축물의 원상회복을 궁극적인 목적으로 하고, 그 궁극적인 목적을 달성하기 위해서는 위법건축물이 존재하는 한 계속하여 부과할 수밖에 없으며, 만약 통산 부과횟수나 통산 부과 상한액의 제한을 두면 위반자에게 위법건축물의 현상을 고착할 수 있는 길을 열어 주게 됨으로써

이행강제금의 본래의 취지를 달성할 수 없게 되므로 이 사건 법률조항에서 이행강제금의 통산 부과 횟수나 통산 부과상한액을 제한하는 규정을 두고 있지 않다고 하여 침해 최소성의 원칙에 반한다고 할 수는 없다. 그리고 이 사건 법률조항에 의하여 위반자는 위법건축물의 사용·수익·처분 등에 관한 권리가 제한되지만, 건축물의 안전과 기능, 미관을 향상시켜 공공복리의 증진을 도모하고자 하는 공익이 훨씬 크다고 할 것이므로, 이 사건 법률조항은 법익 균형성의 원칙에 위배되지 아니한다. 따라서 이 사건 법률조항은 과잉금지의 원칙에 위배되지 아니하므로 위반자의 재산권을 침해하지 아니한다(헌재 2011.10.25, 2009헌바140).

4) 의무이행 시 부과중지

행정기본법 제31조 제5항에 따르면 의무자가 의무를 이행하면 새로운 이행강제금의 부과를 즉시 중지하되, 이미 부과한 이행강제금은 징수하여야 한다. 국토법 등에 이에 대한 규정이 있었으며 대법원도 부과를 중지하여야 한다는 입장이었다.

☝ 관련 판례

국토의 계획 및 이용에 관한 법률 제124조의2 제5항이 이행명령을 받은 자가 그 명령을 이행하는 경우에 새로운 이행강제금의 부과를 즉시 중지하도록 규정한 것은 이행강제금의 본질상 이행강제금 부과로 이행을 확보하고자 한 목적이 이미 실현된 경우에는 그 이행강제금을 부과할 수 없다는 취지를 규정한 것으로서, 이에 의하여 부과가 중지되는 '새로운 이행강제금'에는 같은 법 제124조의2 제3항의 규정에 의하여 반복 부과되는 이행강제금뿐만 아니라 이행명령 불이행에 따른 최초의 이행강제금도 포함된다. 따라서 이행명령을 받은 의무자가 그 명령을 이행한 경우에는 이행명령에서 정한 기간을 지나서 이행한 경우라도 최초의 이행강제금을 부과할 수 없다(대판 2014.12.11, 2013두15750).

---

5) 부과 금액

행정기본법 제31조 제2항에서 행정청은 ① 의무 불이행의 동기, 목적 및 결과, ② 의무 불이행의 정도 및 상습성, ③ 그 밖에 행정목적을 달성하는 데 필요하다고 인정되는 사유를 고려하여 이행강제금의 부과 금액을 가중하거나 감경할 수 있다고 규정하고 있다. 따라서 이행강제금 금액은 행정청의 재량이며, 다만 개별법에 부과금액을 확정한 경우에는 법에 정한 금액을 부과하여야 한다.

6) 부과 절차 – 문서에 의한 계고

행정청은 이행강제금을 부과하기 전에 미리 의무자에게 적절한 이행기간을 정하여 그 기한까지 행정상 의무를 이행하지 아니하면 이행강제금을 부과한다는 뜻을 문서로 계고(戒告)하여야 한다. 행정청은 의무자가 계고에서 정한 기한까지 행정상 의무를 이행하지 아니한 경우 이행강제금의 부과 금액·사유·시기를 문서로 명확하게 적어 의무자에게 통지하여야 한다(행정기본법 제31조 제3항·제4항). 계고조항은 기존 건축법에도 유사조항이 있었다.

7) 이행강제금 납부의무 불이행 시 강제징수

행정청은 이행강제금을 부과받은 자가 납부기한까지 이행강제금을 내지 아니하면 국세강제징수의 예 또는 지방행정제재·부과금의 징수 등에 관한 법률에 따라 징수한다(행정기본법 제31조 제6항).

8) 이행강제금에 대한 불복

행정기본법에는 이행강제금 부과에 대한 불복절차를 규정하고 있지 않으나, 이행강제금 부과에 대해서는 행정기본법 제36조의 이의신청을 할 수 있다. 그러나 행정기본법 제37조의 처분의 재심사는 허용되지 않는다(시행일: 2023.3.24.).

38 행정기본법상 이행강제금에 대한 설명으로 옳지 않은 것은? [시행일: 2023.3.24.]

① 부과·징수 주체·부과 요건·부과 금액·부과 금액 산정기준·연간 부과 횟수나 횟수의 상한을 법률로 정해야 한다. 다만 입법목적이나 입법취지를 훼손할 우려가 크다고 인정되는 경우로서 부과·징수 주체·부과 요건·부과 금액·부과 금액 산정기준·연간 부과 횟수나 횟수의 상한을 대통령령에 위임할 수 있다.
② 행정청은 의무자가 행정상 의무를 이행할 때까지 이행강제금을 반복하여 부과할 수 있다.
③ 의무자가 의무를 이행하면 새로운 이행강제금의 부과를 즉시 중지하되, 이미 부과한 이행강제금은 징수하여야 한다.
④ 이행강제금의 부과 금액을 가중하거나 감경할 수 있으므로 이행강제금 금액은 행정청의 재량이다.
⑤ 행정기본법에는 이행강제금 부과에 대한 불복절차를 규정하고 있지 않다.

> **정답 및 해설**

① [×] 행정기본법 제31조 제1항에 따르면, 부과·징수 주체·부과 요건·부과 금액·부과 금액 산정기준·연간 부과 횟수나 횟수의 상한을 법률로 정해야 한다. 다만, 부과 금액 산정기준·연간 부과 횟수나 횟수의 상한만 대통령령에 위임할 수 있다.

> **행정기본법 제31조 【이행강제금의 부과】** ① 이행강제금 부과의 근거가 되는 법률에는 이행강제금에 관한 다음 각 호의 사항을 명확하게 규정하여야 한다. 다만, 제4호 또는 제5호를 규정할 경우 입법목적이나 입법취지를 훼손할 우려가 크다고 인정되는 경우로서 대통령령으로 정하는 경우는 제외한다.
> 1. 부과·징수 주체
> 2. 부과 요건
> 3. 부과 금액
> 4. 부과 금액 산정기준
> 5. 연간 부과 횟수나 횟수의 상한

② [O] **행정기본법 제31조 【이행강제금의 부과】** ⑤ 행정청은 의무자가 행정상 의무를 이행할 때까지 이행강제금을 반복하여 부과할 수 있다. 다만, 의무자가 의무를 이행하면 새로운 이행강제금의 부과를 즉시 중지하되, 이미 부과한 이행강제금은 징수하여야 한다.

③ [○]
> 행정기본법 제31조【이행강제금의 부과】⑤ 행정청은 의무자가 행정상 의무를 이행할 때까지 이행강제금을 반복하여 부과할 수 있다. 다만, 의무자가 의무를 이행하면 새로운 이행강제금의 부과를 즉시 중지하되, 이미 부과한 이행강제금은 징수하여야 한다.

④ [○] 행정기본법 제31조 제2항은 행정청은 의무 불이행의 동기, 목적 및 결과·의무 불이행의 정도 및 상습성, 그 밖에 행정목적을 달성하는 데 필요하다고 인정되는 사유를 고려하여 이행강제금의 부과 금액을 가중하거나 감경할 수 있다고 규정하고 있다. 따라서 이행강제금 금액은 행정청의 재량이다.

⑤ [○] 행정기본법에는 이행강제금 부과에 대한 불복절차를 규정하고 있지 않으나 과징금 부과에 대해서는 행정기본법 제36조의 이의신청을 할 수 있다. 그러나 행정기본법 제37조의 재심사는 허용되지 않는다.

답 ①

3. 직접강제

(1) 법조항

> 행정기본법 제32조【직접강제】① 직접강제는 행정대집행이나 이행강제금 부과의 방법으로는 행정상 의무 이행을 확보할 수 없거나 그 실현이 불가능한 경우에 실시하여야 한다.
> ② 직접강제를 실시하기 위하여 현장에 파견되는 집행책임자는 그가 집행책임자임을 표시하는 증표를 보여 주어야 한다.
> ③ 직접강제의 계고 및 통지에 관하여는 제31조제3항 및 제4항을 준용한다.
> [시행일: 2023.3.24.]

(2) 해설

1) 일반법
행정기본법 제32조는 직접강제에 관한 일반법이다.

2) 증표제시
행정기본법 제32조 제2항에 따르면 직접강제를 실시하기 위하여 현장에 파견되는 집행책임자는 그가 집행책임자임을 표시하는 증표를 보여 주어야 한다(시행일: 2023.3.24.).

3) 계고 및 통지
행정기본법 제32조 제3항은 직접강제의 계고 및 통지에 관하여는 제31조 제3항 및 제4항을 준용한다고 규정하고 있으므로, 직접강제를 하기 전에 미리 의무자에게 적절한 이행기간을 정하여 그 기한까지 행정상 의무를 이행하지 아니하면 직접강제를 부과한다는 뜻을 문서로 계고(戒告)하여야 한다. 또한 행정청은 의무자가 계고에서 정한 기한까지 행정상 의무를 이행하지 아니한 경우 직접강제의 실시사유와 시기를 문서로 명확하게 적어 의무자에게 통지하여야 한다.

4) 직접강제의 한계 – 보충성

행정기본법 제32조 제1항에 따르면 직접강제는 행정대집행이나 이행강제금 부과의 방법으로는 행정상 의무 이행을 확보할 수 없거나 그 실현이 불가능한 경우에 실시하여야 한다고 규정하여 직접강제가 보충적인 수단임을 명시하고 있다. 행정기본법 제정 전에도 직접강제는 강제집행수단 중에서도 가장 강력한 수단으로 국민의 기본권이 침해될 가능성이 높기 때문에 대집행이나 이행강제금으로 의무이행을 강제할 수 있는 경우에는 허용될 수 없다는 것이 일반적 견해였다.

5) 직접강제에 대한 불복

행정기본법에는 직접강제에 대한 불복절차를 규정하고 있지 않으나 직접강제에 대해서는 행정기본법 제36조의 이의신청을 할 수 있다. 그러나 행정기본법 제37조의 처분의 재심사는 허용되지 않는다(시행일: 2023.3.24.).

4. 즉시강제

(1) 법조항

> 행정기본법 제33조 【즉시강제】 ① 즉시강제는 다른 수단으로는 행정목적을 달성할 수 없는 경우에만 허용되며, 이 경우에도 최소한으로만 실시하여야 한다.
> ② 즉시강제를 실시하기 위하여 현장에 파견되는 집행책임자는 그가 집행책임자임을 표시하는 증표를 보여 주어야 하며, 즉시강제의 이유와 내용을 고지하여야 한다.
>
> [시행일: 2023.3.24.]

(2) 해설

1) 일반법

행정기본법 제33조는 즉시강제의 일반법이다.

2) 보충성원칙

즉시강제는 다른 수단으로는 행정목적을 달성할 수 없는 경우에만 보충적으로 행사될 수 있다. 따라서 즉시강제보다 개인에 대하여 보다 경미한 침해를 가져오는 다른 수단(예컨대 행정상 강제집행)이 있음에도 즉시강제를 발동하면 위법하다. 이러한 일반론을 수용하여 행정기본법도 즉시강제는 다른 수단으로는 행정목적을 달성할 수 없는 경우에만 허용된다고 규정하고 있다.

3) 비례의 원칙

즉시강제는 최소한으로만 실시하여야 한다고 규정하고 있다.

4) 즉시강제에 대한 불복

행정기본법에는 즉시강제에 대한 불복절차를 규정하고 있지 않으나, 즉시강제에 대해서는 행정기본법 제36조의 이의신청을 할 수 있다. 그러나 행정기본법 제37조의 처분의 재심사는 허용되지 않는다.

39 행정기본법의 직접강제와 즉시강제에 대한 설명으로 옳은 것은? [시행일: 2023.3.24.]

① 행정대집행이나 이행강제금 부과는 직접강제로는 행정상 의무 이행을 확보할 수 없거나 그 실현이 불가능한 경우에 실시하여야 한다.

② 직접강제하기 전에 미리 의무자에게 적절한 이행기간을 정하여 그 기한까지 행정상 의무를 이행하지 아니하면 직접강제를 부과한다는 뜻을 문서로 계고(戒告)하여야 한다.

③ 즉시강제하기 전에 미리 의무자에게 적절한 이행기간을 정하여 그 기한까지 행정상 의무를 이행하지 아니하면 직접강제를 부과한다는 뜻을 문서로 계고(戒告)하여야 한다.

④ 즉시강제는 다른 수단으로는 행정목적을 달성할 수 있는 경우에도 허용되며, 이 경우에도 최소한으로만 실시하여야 한다.

정답 및 해설

① [×]
> **행정기본법 제32조【직접강제】** ① 직접강제는 행정대집행이나 이행강제금 부과의 방법으로는 행정상 의무 이행을 확보할 수 없거나 그 실현이 불가능한 경우에 실시하여야 한다.

② [O]
> **행정기본법 제32조【직접강제】** ③ 직접강제의 계고 및 통지에 관하여는 제31조제3항 및 제4항을 준용한다.

행정기본법 제32조 제3항은 직접강제의 계고 및 통지에 관하여는 제31조 제3항 및 제4항을 준용한다고 규정하고 있으므로 직접강제하기 전에 미리 의무자에게 적절한 이행기간을 정하여 그 기한까지 행정상 의무를 이행하지 아니하면 직접강제를 부과한다는 뜻을 문서로 계고(戒告)하여야 한다. 또한 행정청은 의무자가 계고에서 정한 기한까지 행정상 의무를 이행하지 아니한 경우 직접강제의 실시사유와 시기를 문서로 명확하게 적어 의무자에게 통지하여야 한다.

③ [×] 즉시강제는 의무불이행을 요건으로 하지 않는다. 이 점에서 직접강제와 차이가 있다.

④ [×]
> **행정기본법 제33조【즉시강제】** ① 즉시강제는 다른 수단으로는 행정목적을 달성할 수 없는 경우에만 허용되며, 이 경우에도 최소한으로만 실시하여야 한다.

답 ②

제2장 새로운 행정의 실효성 확보수단

1. 과징금

(1) 법조항

> **행정기본법 제28조【과징금의 기준】** ① 행정청은 법령등에 따른 의무를 위반한 자에 대하여 법률로 정하는 바에 따라 그 위반행위에 대한 제재로서 과징금을 부과할 수 있다.
>
> ② 과징금의 근거가 되는 법률에는 과징금에 관한 다음 각 호의 사항을 명확하게 규정하여야 한다.
>
> 1. 부과·징수 주체
> 2. 부과 사유
> 3. 상한액
> 4. 가산금을 징수하려는 경우 그 사항
> 5. 과징금 또는 가산금 체납 시 강제징수를 하려는 경우 그 사항
>
> **제29조【과징금의 납부기한 연기 및 분할 납부】** 과징금은 한꺼번에 납부하는 것을 원칙으로 한다. 다만, 행정청은 과징금을 부과받은 자가 다음 각 호의 어느 하나에 해당하는 사유로 과징금 전액을 한꺼번에 내기 어렵다고 인정될 때에는 그 납부기한을 연기하거나 분할 납부하게 할 수 있으며, 이 경우 필요하다고 인정하면 담보를 제공하게 할 수 있다.
>
> 1. 재해 등으로 재산에 현저한 손실을 입은 경우
> 2. 사업 여건의 악화로 사업이 중대한 위기에 처한 경우
> 3. 과징금을 한꺼번에 내면 자금 사정에 현저한 어려움이 예상되는 경우
> 4. 그 밖에 제1호부터 제3호까지에 준하는 경우로서 대통령령으로 정하는 사유가 있는 경우
>
> [시행일: 2021.9.24.] 제29조

(2) 해설

1) 과징금 법정주의

① 행정기본법 제28조 제1항은 행정청은 법령등에 따른 의무를 위반한 자에 대하여 법률로 정하는 바에 따라 그 위반행위에 대한 제재로서 과징금을 부과할 수 있다고 규정하고 있어 과징금 법정주의를 채택하고 있다. 행정기본법 제28조 제1항의 수범자는 행정청으로서 과징금 부과의 주체가 되고, 부과 여부는 행정청의 재량이다. 과징금을 부과하려면 행정기본법 제28조만을 근거로 할 수는 없으며 개별 법률의 근거가 별도로 필요하다.

② 과징금의 근거가 되는 법률에는 과징금의 ㉠ 부과·징수 주체, ㉡ 부과 사유, ㉢ 상한액, ㉣ 가산금을 징수하려는 경우 그 사항, ㉤ 과징금 또는 가산금 체납 시 강제징수를 하려는 경우 그 사항을 명확하게 규정하여야 한다(행정기본법 제28조 제2항). 행정기본법 제28조 제2항의 수범자는 입법부이므로 이에 근거하여 과징금을 부과할 수는 없다.

2) 과징금의 대상자

행정기본법 제28조에 따르면 과징금 부과의 대상자는 법령등에 따른 의무를 위반한 자이다.

3) 과징금액

과징금의 근거가 되는 법률에는 과징금의 상한액을 명확하게 규정하여야 한다(행정기본법 제28조 제1항). 법률로 상한액을 정하도록 하고 있으므로 행정청은 상한액을 넘지 아니하는 범위 내에서 과징금액을 결정할 재량을 가진다.

4) 과징금의 납부기한 연기 및 분할납부

① 원칙 – 일시전액납부: 과징금은 한꺼번에 납부하는 것을 원칙으로 한다.

② 예외 – 분할납부: 행정청은 과징금을 부과받은 자가 행정기본법 제29조에 정한 사유로 과징금 전액을 한꺼번에 내기 어렵다고 인정될 때에는 그 납부기한을 연기하거나 분할 납부하게 할 수 있으며, 이 경우 필요하다고 인정하면 담보를 제공하게 할 수 있다.

5) 과징금 미납 시 징수

① 영업허가 취소 또는 정지: 행정기본법은 과징금 미납 시 영업허가를 취소 또는 정지할 수 있다는 규정을 두지 않고 있다. 다만, 개별법에서 이를 규정하는 경우가 있다.

② 강제징수: 행정기본법은 강제징수할 수 있다는 규정을 두지 않고 있다. 다만 개별법에서 이를 규정하는 경우가 있다.

---

40 행정기본법의 과징금에 대한 설명으로 옳은 것은?

① 과징금에 대한 일반조항을 두고 있다.

② 과징금의 근거가 되는 법률에는 부과·징수 주체, 부과 사유, 가산금을 징수하려는 경우 그 사항, 과징금 또는 가산금 체납 시 강제징수를 하려는 경우 그 사항을 정해야 하고 과 징금 액수를 정액으로 정해야 한다.

③ 과징금은 분할로 납부하는 것을 원칙으로 한다.

④ 행정청은 법령등에 따른 의무를 위반한 자에 대하여 그 위반행위에 대한 제재로서 과징금 을 부과함에 있어서는 법률유보원칙이 적용되지 않는다.

정답 및 해설

① [O]
> **행정기본법 제28조【과징금의 기준】** ① 행정청은 법령등에 따른 의무를 위반한 자에 대하여 법률로 정하는 바에 따라 그 위반행위에 대한 제재로서 과징금을 부과할 수 있다.

② [×]
> **행정기본법 제28조【과징금의 기준】** ② 과징금의 근거가 되는 법률에는 과징금에 관한 다음 각 호의 사항을 명확하게 규정하여야 한다.
> 1. 부과·징수 주체
> 2. 부과 사유
> 3. 상한액
> 4. 가산금을 징수하려는 경우 그 사항
> 5. 과징금 또는 가산금 체납 시 강제징수를 하려는 경우 그 사항

③ [×] 제29조【과징금의 납부기한 연기 및 분할 납부】과징금은 한꺼번에 납부하는 것을 원칙으로 한다. 다만, 행정청은 과징금을 부과받은 자가 다음 각 호의 어느 하나에 해당하는 사유로 과징금 전액을 한꺼번에 내기 어렵다고 인정될 때에는 그 납부기한을 연기하거나 분할 납부하게 할 수 있으며, 이 경우 필요하다고 인정하면 담보를 제공하게 할 수 있다.
　1. 재해 등으로 재산에 현저한 손실을 입은 경우
　2. 사업 여건의 악화로 사업이 중대한 위기에 처한 경우
　3. 과징금을 한꺼번에 내면 자금 사정에 현저한 어려움이 예상되는 경우
　4. 그 밖에 제1호부터 제3호까지에 준하는 경우로서 대통령령으로 정하는 사유가 있는 경우
　　　　　　　　　　　　　　　　　　　　　　　　　　　[시행일: 2021.9.24.]

④ [×] 제28조【과징금의 기준】① 행정청은 법령등에 따른 의무를 위반한 자에 대하여 법률로 정하는 바에 따라 그 위반행위에 대한 제재로서 과징금을 부과할 수 있다.

답 ①

41 행정기본법상 과징금에 대한 설명으로 옳은 것은?

① 재해 등으로 재산에 현저한 손실을 입어 과징금 전액을 한꺼번에 내기 어렵다고 인정될 때에는 그 납부기한을 연기하거나 분할 납부하게 할 수 있으며, 이 경우 필요하다고 인정하면 담보를 제공하게 할 수 있다.
② 행정기본법은 법령등 의무를 위반한 자에 대하여 과징금을 부과하도록 규정하여, 과징금 부과 여부는 행정청의 기속행위이다.
③ 고의 또는 과실이 없는 법령등에 따른 의무를 위반행위는 과징금을 부과하지 아니한다.
④ 행정기본법은 자신의 행위가 위법하지 아니한 것으로 오인하고 행한 질서위반행위는 그 오인에 정당한 이유가 있는 때에 한하여 과징금을 부과하지 아니한다고 규정하고 있다.

정답 및 해설

① [○] 행정기본법 제29조【과징금의 납부기한 연기 및 분할 납부】과징금은 한꺼번에 납부하는 것을 원칙으로 한다. 다만, 행정청은 과징금을 부과받은 자가 다음 각 호의 어느 하나에 해당하는 사유로 과징금 전액을 한꺼번에 내기 어렵다고 인정될 때에는 그 납부기한을 연기하거나 분할 납부하게 할 수 있으며, 이 경우 필요하다고 인정하면 담보를 제공하게 할 수 있다.
　1. 재해 등으로 재산에 현저한 손실을 입은 경우
　2. 사업 여건의 악화로 사업이 중대한 위기에 처한 경우
　3. 과징금을 한꺼번에 내면 자금 사정에 현저한 어려움이 예상되는 경우
　4. 그 밖에 제1호부터 제3호까지에 준하는 경우로서 대통령령으로 정하는 사유가 있는 경우
　　　　　　　　　　　　　　　　　　　　　　　　　　　[시행일: 2021.9.24.]

② [×] 행정기본법은 과징금을 부과할 수 있다고 규정하여(제28조 제1항), 과징금 부과 여부는 재량행위이다.

③ [×] 행정기본법은 과징금의 요건으로 고의·과실을 규정하지 않고 있고, 판례도 고의·과실을 요하지는 않는다고 한다.

> **☁ 관련 판례**
>
> 현실적인 행위자가 아니라도 법령상 책임자로 규정된 자에게 부과되고 원칙적으로 위반자의 고의·과실을 요하지 아니하나, 위반자의 의무 해태를 탓할 수 없는 정당한 사유가 있는 등의 특별한 사정이 있는 경우에는 이를 부과할 수 없다(대판 2014.10.15, 2013두5005).

④ [×] 행정기본법은 자신의 행위가 위법하지 아니한 것으로 오인하고 행한 질서위반행위는 그 오인에 정당한 이유가 있는 때에 한하여 과징금을 부과하지 아니한다고 규정하고 있지 않다. 다만 판례에 따르면 의무 위반자의 고의·과실을 요하지 아니하나, 위반자의 의무 해태를 탓할 수 없는 정당한 사유가 있는 등의 특별한 사정이 있는 경우에는 이를 부과할 수 없다(대판 2014.10.15, 2013두5005).

답 ①

제4편 행정구제법

제1장 이의신청

1. 법조항

> **행정기본법 제36조【처분에 대한 이의신청】** ① 행정청의 처분(행정심판법 제3조에 따라 같은 법에 따른 행정심판의 대상이 되는 처분을 말한다. 이하 이 조에서 같다)에 이의가 있는 당사자는 처분을 받은 날부터 30일 이내에 해당 행정청에 이의신청을 할 수 있다.
> ② 행정청은 제1항에 따른 이의신청을 받으면 그 신청을 받은 날부터 14일 이내에 그 이의신청에 대한 결과를 신청인에게 통지하여야 한다. 다만, 부득이한 사유로 14일 이내에 통지할 수 없는 경우에는 그 기간을 만료일 다음 날부터 기산하여 10일의 범위에서 한 차례 연장할 수 있으며, 연장 사유를 신청인에게 통지하여야 한다.
> ③ 제1항에 따라 이의신청을 한 경우에도 그 이의신청과 관계없이 행정심판법에 따른 행정심판 또는 행정소송법에 따른 행정소송을 제기할 수 있다.
> ④ 이의신청에 대한 결과를 통지받은 후 행정심판 또는 행정소송을 제기하려는 자는 그 결과를 통지받은 날(제2항에 따른 통지기간 내에 결과를 통지받지 못한 경우에는 같은 항에 따른 통지기간이 만료되는 날의 다음 날을 말한다)부터 90일 이내에 행정심판 또는 행정소송을 제기할 수 있다.
> ⑤ 다른 법률에서 이의신청과 이에 준하는 절차에 대하여 정하고 있는 경우에도 그 법률에서 규정하지 아니한 사항에 관하여는 이 조에서 정하는 바에 따른다.
> ⑥ 제1항부터 제5항까지에서 규정한 사항 외에 이의신청의 방법 및 절차 등에 관한 사항은 대통령령으로 정한다.
> ⑦ 다음 각 호의 어느 하나에 해당하는 사항에 관하여는 이 조를 적용하지 아니한다.
> 1. 공무원 인사 관계 법령에 따른 징계 등 처분에 관한 사항
> 2. 국가인권위원회법 제30조에 따른 진정에 대한 국가인권위원회의 결정
> 3. 노동위원회법 제2조의2에 따라 노동위원회의 의결을 거쳐 행하는 사항
> 4. 형사, 행형 및 보안처분 관계 법령에 따라 행하는 사항
> 5. 외국인의 출입국·난민인정·귀화·국적회복에 관한 사항
> 6. 과태료 부과 및 징수에 관한 사항
> [시행일: 2023.3.24.]

2. 해설

(1) 의의

행정청의 처분에 대하여 이의가 있는 당사자가 이의를 신청하는 절차이다.

(2) 일반법

행정기본법 제36조는 이의신청의 일반법이다.

(3) 요건

1) 이의신청대상

행정심판법 제3조에 따라 행정심판의 대상이 되는 처분이다.

2) 신청권자

이의가 있는 당사자가 신청인이며 제3자는 이의신청을 할 수 없다.

3) 이의신청기간

처분을 받은 날부터 30일 이내에 해당 행정청에 이의신청을 할 수 있다.

> 📋 **비교 조항**
>
> 민원 처리에 관한 법률 제35조 【거부처분에 대한 이의신청】 ① 법정민원에 대한 행정기관의 장의 거부처분에 불복하는 민원인은 그 거부처분을 받은 날부터 60일 이내에 그 행정기관의 장에게 문서로 이의신청을 할 수 있다.

4) 이의신청기관

해당 행정청이다.

5) 이의신청사유

행정기본법은 '이의가 있는'이라고 규정하고 있는데, 위법 또는 부당한 경우로서 행정심판법보다 넓게 해석하는 것이 타당하다.

(4) 이의신청 통지기한(행정기본법 제36조 제2항)

1) 원칙

행정청은 이의신청을 받으면 그 신청을 받은 날부터 14일 이내에 그 이의신청에 대한 결과를 신청인에게 통지하여야 한다.

2) 연장

부득이한 사유로 14일 이내에 통지할 수 없는 경우에는 그 기간을 만료일 다음 날부터 기산하여 10일의 범위에서 한 차례 연장할 수 있으며, 연장 사유를 신청인에게 통지하여야 한다.

(5) 행정심판 또는 항고소송과의 관계

1) 임의적 절차(행정기본법 제36조 제3항)

이의신청을 한 경우에도 그 이의신청과 관계없이 행정심판법에 따른 행정심판 또는 행정소송법에 따른 행정소송을 제기할 수 있다. 따라서 이의신청은 임의적 절차이다.

2) 이의신청을 거친 경우 행정심판·행정소송 제기의 기산점(행정기본법 제36조 제4항)

그동안 대법원 판례는 법률에 특별한 규정이 없는 한 이의신청 절차를 거친 경우라도 행정소송법 제20조 제1항 단서가 적용되지 못해 처분을 통지받은 날을 기산점으로 하였다. 그러나 2023년 3월 24일 시행 예정인 행정기본법 제36조 제4항에 따라 이의신청에 대한 결과를 통지받은 날이 기산점이 될 전망이며, 2023년 3월 24일 이전이라도 판례가 변경될 수 있다.

① 판례: 이의신청에 대한 결과를 통지받은 날은 기산일이 아니다.

⚖️ **관련 판례**

민원 이의신청은 행정심판법에서 정한 행정심판과는 성질을 달리하고 또한 사안의 전문성과 특수성을 살리기 위하여 특별한 필요에 따라 둔 행정심판에 대한 특별 또는 특례 절차라 할 수도 없어 행정소송법에서 정한 행정심판을 거친 경우의 제소기간의 특례가 적용된다고 할 수도 없으므로, 민원 이의신청에 대한 결과를 통지받은 날부터 취소소송의 제소기간이 기산된다고 할 수 없다. 그리고 이와 같이 민원 이의신청절차와는 별도로 그 대상이 된 거부처분에 대하여 행정심판 또는 행정소송을 제기할 수 있도록 보장하고 있는 이상, 민원 이의신청 절차에 의하여 국민의 권익 보호가 소홀하게 된다거나 헌법 제27조에서 정한 재판청구권이 침해된다고 볼 수도 없다(대판 2012.11.15, 2010두8676).

② 행정기본법(2023년 3월 24일 시행 예정): 이의신청에 대한 결과를 통지받은 날로부터 90일 이내에 행정심판 또는 행정소송을 제기할 수 있다.

> 행정기본법 제36조【처분에 대한 이의신청】④ 이의신청에 대한 결과를 통지받은 후 행정심판 또는 행정소송을 제기하려는 자는 그 결과를 통지받은 날(제2항에 따른 통지기간 내에 결과를 통지받지 못한 경우에는 같은 항에 따른 통지기간이 만료되는 날의 다음 날을 말한다)부터 90일 이내에 행정심판 또는 행정소송을 제기할 수 있다.
>
> [시행일: 2023.3.24.]

③ 국가유공자 등 예우 및 지원에 관한 법률 제74조의18 제4항: 이의신청을 하여 그 결과를 통보받은 날부터 90일 이내에 행정심판을 청구할 수 있다.

♨ 관련 판례

국가유공자 비해당결정 등 원결정에 대한 이의신청이 받아들여지지 아니한 경우에도 이의신청인으로서는 원결정을 대상으로 항고소송을 제기하여야 하고, 국가유공자 등 예우 및 지원에 관한 법률 제74조의18 제4항이 이의신청을 하여 그 결과를 통보받은 날부터 90일 이내에 행정심판법에 따른 행정심판의 청구를 허용하고 있고, 행정소송법 제18조 제1항 본문이 "취소소송은 법령의 규정에 의하여 당해 처분에 대한 행정심판을 제기할 수 있는 경우에도 이를 거치지 아니하고 제기할 수 있다."라고 규정하고 있는 점 등을 종합하면, 이의신청을 받아들이지 아니하는 결과를 통보받은 자는 통보받은 날부터 90일 이내에 행정심판법에 따른 행정심판 또는 행정소송법에 따른 취소소송을 제기할 수 있다(대판 2016.7.27, 2015두45953).

(6) 이의신청조항의 적용 제외사항(행정기본법 제36조 제7항)

다음 사항은 행정기본법의 이의신청조항을 적용하지 아니한다.
① 공무원 인사 관계 법령에 따른 징계 등 처분에 관한 사항
② 국가인권위원회법 제30조에 따른 진정에 대한 국가인권위원회의 결정
③ 노동위원회법 제2조의2에 따라 노동위원회의 의결을 거쳐 행하는 사항
④ 형사, 행형 및 보안처분 관계 법령에 따라 행하는 사항
⑤ 외국인의 출입국·난민인정·귀화·국적회복에 관한 사항
⑥ 과태료 부과 및 징수에 관한 사항

42 행정기본법상 처분에 대한 이의신청에 관한 설명으로 옳은 것은? [시행일: 2023.3.24.]

① 이의신청의 대상이 되는 처분은 행정심판법 제3조에 따라 같은 법에 따른 행정심판의 대상이 되는 처분이다.

② 행정청의 처분에 이의가 있는 당사자 또는 이해관계인인 제3자는 해당 행정청에 이의신청을 할 수 있다.

③ 행정청의 처분에 이의가 있는 당사자는 처분을 받은 날부터 60일 이내에 해당 행정청에 이의신청을 할 수 있다.

④ 행정청은 이의신청을 받으면 그 신청을 받은 날부터 10일 이내에 그 이의신청에 대한 결과를 신청인에게 통지하여야 한다.

정답 및 해설

① [O]
> **행정기본법 제36조 【처분에 대한 이의신청】** ① 행정청의 처분(행정심판법 제3조에 따라 같은 법에 따른 행정심판의 대상이 되는 처분을 말한다. 이하 이 조에서 같다)에 이의가 있는 당사자는 처분을 받은 날부터 30일 이내에 해당 행정청에 이의신청을 할 수 있다.

② [×]
> **행정기본법 제36조 【처분에 대한 이의신청】** ① 행정청의 처분(「행정심판법」 제3조에 따라 같은 법에 따른 행정심판의 대상이 되는 처분을 말한다. 이하 이 조에서 같다)에 이의가 있는 당사자는 … 이의신청을 할 수 있다.

③ [×]
> **행정기본법 제36조 【처분에 대한 이의신청】** ① … 처분을 받은 날부터 30일 이내에 해당 행정청에 이의신청을 할 수 있다.

④ [×]
> **행정기본법 제36조 【처분에 대한 이의신청】** ② 행정청은 제1항에 따른 이의신청을 받으면 그 신청을 받은 날부터 14일 이내에 그 이의신청에 대한 결과를 신청인에게 통지하여야 한다. 다만, 부득이한 사유로 14일 이내에 통지할 수 없는 경우에는 그 기간을 만료일 다음 날부터 기산하여 10일의 범위에서 한 차례 연장할 수 있으며, 연장 사유를 신청인에게 통지하여야 한다.

답 ①

43 행정기본법의 이의신청에 대한 설명으로 옳지 않은 것은? [시행일: 2023.3.24.]

① 행정청의 처분에 이의가 있는 당사자는 처분을 받은 날부터 30일 이내에 해당 행정청에 이의신청을 할 수 있고 행정청은 이의신청을 받으면 그 신청을 받은 날부터 14일 이내에 그 이의신청에 대한 결과를 신청인에게 통지하여야 한다.

② 이의신청을 한 당사자는 이의신청을 한 경우에도 그 이의신청과 관계없이 행정심판법에 따른 행정심판 또는 행정소송법에 따른 행정소송을 제기할 수 있다.

③ 이의신청에 대한 결과를 통지받은 후 행정심판 또는 행정소송을 제기하려는 자는 처분이 있음을 안 날로부터 90일 이내에 행정심판 또는 행정소송을 제기할 수 있다.

④ 공무원 인사 관계 법령에 따른 징계 등 처분에 관한 사항에는 행정기본법의 이의신청조항이 적용되지 않는다.

정답 및 해설

① [O]

> **행정기본법 제36조 【처분에 대한 이의신청】** ① 행정청의 처분(행정심판법 제3조에 따라 같은 법에 따른 행정심판의 대상이 되는 처분을 말한다. 이하 이 조에서 같다)에 이의가 있는 당사자는 처분을 받은 날부터 30일 이내에 해당 행정청에 이의신청을 할 수 있다.
> ② 행정청은 제1항에 따른 이의신청을 받으면 그 신청을 받은 날부터 14일 이내에 그 이의신청에 대한 결과를 신청인에게 통지하여야 한다. 다만, 부득이한 사유로 14일 이내에 통지할 수 없는 경우에는 그 기간을 만료일 다음 날부터 기산하여 10일의 범위에서 한 차례 연장할 수 있으며, 연장 사유를 신청인에게 통지하여야 한다.

② [O]

> **행정기본법 제36조 【처분에 대한 이의신청】** ③ 제1항에 따라 이의신청을 한 경우에도 그 이의신청과 관계없이 행정심판법에 따른 행정심판 또는 행정소송법에 따른 행정소송을 제기할 수 있다.

③ [×]

> **행정기본법 제36조 【처분에 대한 이의신청】** ④ 이의신청에 대한 결과를 통지받은 후 행정심판 또는 행정소송을 제기하려는 자는 그 결과를 통지받은 날(제2항에 따른 통지기간 내에 결과를 통지받지 못한 경우에는 같은 항에 따른 통지기간이 만료되는 날의 다음 날을 말한다)부터 90일 이내에 행정심판 또는 행정소송을 제기할 수 있다.

④ [O]

> **행정기본법 제36조 【처분에 대한 이의신청】** ⑦ 다음 각 호의 어느 하나에 해당하는 사항에 관하여는 이 조를 적용하지 아니한다.
> 1. 공무원 인사 관계 법령에 따른 징계 등 처분에 관한 사항
> 2. 국가인권위원회법 제30조에 따른 진정에 대한 국가인권위원회의 결정
> 3. 노동위원회법 제2조의2에 따라 노동위원회의 의결을 거쳐 행하는 사항
> 4. 형사, 행형 및 보안처분 관계 법령에 따라 행하는 사항
> 5. 외국인의 출입국 · 난민인정 · 귀화 · 국적회복에 관한 사항
> 6. 과태료 부과 및 징수에 관한 사항

답 ③

PART 2
행정기본법
빈칸노트

행정기본법

[시행 2021.3.23.]

제1장 총칙

제1절 목적 및 정의 등

제1조(목적) 이 법은 행정의 원칙과 기본사항을 규정하여 행정의 민주성과 적법성을 확보하고 적정성과 효율성을 향상시킴으로써 국민의 권익 보호에 이바지함을 목적으로 한다.

제2조(정의) 이 법에서 사용하는 용어의 뜻은 다음과 같다.

1. "법령등"이란 다음 각 목의 것을 말한다.

   가. 법령: 다음의 어느 하나에 해당하는 것

      1) 법률 및 대통령령·총리령·부령

      2) 국회규칙·대법원규칙·헌법재판소규칙·중앙선거관리위원회규칙 및 [1]〔감사원규칙〕

      3) 1) 또는 2)의 [2]〔위임〕을 받아 중앙행정기관(「정부조직법」 및 그 밖의 법률에 따라 설치된 중앙행정기관을 말한다. 이하 같다)의 장이 정한 [3]〔훈령·예규 및 고시〕 등 행정규칙

   나. 자치법규: 지방자치단체의 조례 및 규칙

2. "행정청"이란 다음 각 목의 자를 말한다.

   가. 행정에 관한 의사를 결정하여 표시하는 국가 또는 지방자치단체의 기관

   나. 그 밖에 법령등에 따라 행정에 관한 의사를 결정하여 표시하는 권한을 가지고 있거나 그 권한을 위임 또는 위탁받은 공공단체 또는 그 기관이나 사인(私人)

3. "당사자"란 처분의 상대방을 말한다.

4. "처분"이란 행정청이 구체적 사실에 관하여 행하는 법 집행으로서 공권력의 행사 또는 그 거부와 그 밖에 이에 준하는 행정작용을 말한다.

5. "제재처분"이란 법령등에 따른 의무를 위반하거나 이행하지 아니하였음을 이유로 당사자에게 의무를 부과하거나 권익을 제한하는 처분을 말한다. 다만, 제30조제1항 각 호에 따른 [4]〔행정상 강제〕는 제외한다.

제3조(국가와 지방자치단체의 책무) ① 국가와 지방자치단체는 국민의 삶의 질을 향상시키기 위하여 적법절차에 따라 공정하고 합리적인 행정을 수행할 책무를 진다.

② 국가와 지방자치단체는 행정의 능률과 실효성을 높이기 위하여 지속적으로 법령등과 제도를 정비·개선할 책무를 진다.

제4조(행정의 적극적 추진) ① 행정은 공공의 이익을 위하여 적극적으로 추진되어야 한다.

② 국가와 지방자치단체는 소속 공무원이 공공의 이익을 위하여 적극적으로 직무를 수행할 수 있도록 제반 여건을 조성하고, 이와 관련된 시책 및 조치를 추진하여야 한다.

③ 제1항 및 제2항에 따른 행정의 적극적 추진 및 적극행정 활성화를 위한 시책의 구체적인 사항 등은 대통령령으로 정한다.

제5조(다른 법률과의 관계) ① 행정에 관하여 다른 법률에 5 ▨▨▨▨▨▨▨▨▨▨ 이 법에서 정하는 바에 따른다.

② 행정에 관한 다른 법률을 제정하거나 개정하는 경우에는 이 법의 목적과 원칙, 기준 및 취지에 부합되도록 노력하여야 한다.

제2절 기간의 계산

제6조(행정에 관한 기간의 계산) ① 행정에 관한 기간의 계산에 관하여는 이 법 또는 다른 법령등에 특별한 규정이 있는 경우를 제외하고는 6 ▨▨▨을 준용한다.

② 법령등 또는 처분에서 7 ▨▨▨▨▨▨▨▨▨▨▨▨▨▨▨▨▨▨ 경우 권익이 제한되거나 의무가 지속되는 기간의 계산은 다음 각 호의 기준에 따른다. 다만, 다음 각 호의 기준에 따르는 것이 국민에게 불리한 경우에는 그러하지 아니하다.

1. 기간을 일, 주, 월 또는 연으로 정한 경우에는 기간의 첫날을 8 ▨▨한다.
2. 기간의 말일이 토요일 또는 공휴일인 경우에도 기간은 9 ▨▨로 만료한다.

제7조(법령등 시행일의 기간 계산) 법령등(훈령·예규·고시·지침 등을 포함한다. 이하 이 조에서 같다)의 시행일을 정하거나 계산할 때에는 다음 각 호의 기준에 따른다.

1. 법령등을 공포한 날부터 시행하는 경우에는 10 ▨▨▨▨을 시행일로 한다.
2. 법령등을 공포한 날부터 일정 기간이 경과한 날부터 시행하는 경우 법령등을 공포한 날을 첫날에 11 ▨▨▨▨▨▨한다.
3. 법령등을 공포한 날부터 일정 기간이 경과한 날부터 시행하는 경우 그 기간의 말일이 토요일 또는 공휴일인 때에는 12 ▨▨▨로 기간이 만료한다.

5 특별한 규정이 있는 경우를 제외하고는

6 「민법」

7 국민의 권익을 제한하거나 의무를 부과하는

8 산입

9 그 날로

10 공포한 날

11 산입하지 아니

12 그 말일

제2장 행정의 법 원칙

제8조(법치행정의 원칙) 행정작용은 법률에 위반되어서는 아니 되며, [13] ▨▨▨▨▨▨▨▨▨▨ 와 [14] ▨▨▨▨▨▨▨▨▨▨▨▨▨▨▨▨▨▨▨ 에는 법률에 근거하여야 한다.

제9조(평등의 원칙) 행정청은 합리적 이유 없이 국민을 차별하여서는 아니 된다.

제10조(비례의 원칙) 행정작용은 다음 각 호의 원칙에 따라야 한다.

1. 행정목적을 달성하는 데 유효하고 적절할 것
2. 행정목적을 달성하는 데 필요한 최소한도에 그칠 것
3. 행정작용으로 인한 국민의 이익 침해가 그 행정작용이 의도하는 공익보다

   [15] ▨▨▨▨▨▨

제11조(성실의무 및 권한남용금지의 원칙) ① 행정청은 법령등에 따른 의무를 성실히 수행하여야 한다.

② 행정청은 행정권한을 남용하거나 그 권한의 범위를 넘어서는 아니 된다.

제12조(신뢰보호의 원칙) ① 행정청은 [16] ▨▨▨▨▨▨▨▨▨▨▨▨▨▨▨ 를 제외하고는 행정에 대한 국민의 정당하고 합리적인 신뢰를 보호하여야 한다.

② 행정청은 권한 행사의 기회가 있음에도 불구하고 장기간 권한을 행사하지 아니하여 국민이 그 권한이 행사되지 아니할 것으로 믿을 만한 정당한 사유가 있는 경우에는 그 권한을 [17] ▨▨▨▨▨▨▨▨▨. 다만, 공익 또는 제3자의 이익을 현저히 해칠 우려가 있는 경우는 [18] ▨▨▨▨▨▨.

제13조(부당결부금지의 원칙) 행정청은 행정작용을 할 때 상대방에게 해당 행정작용과 실질적인 관련이 [19] ▨▨▨ 의무를 부과해서는 아니 된다.

제3장 행정작용

제1절 처분

제14조(법 적용의 기준) ① 새로운 법령등은 20 [법령등에 특별한 규정이 있는 경우] 를 제외하고는 그 법령등의 효력 발생 전에 21 [완성] 되거나 22 [종결된] 사실관계 또는 법률관계에 대해서는 적용되지 아니한다.

② 당사자의 신청에 따른 처분은 법령등에 특별한 규정이 있거나 처분 당시의 법령등을 적용하기 곤란한 특별한 사정이 있는 경우를 제외하고는 23 [처분 당시] 의 법령등에 따른다.

③ 법령등을 위반한 행위의 성립과 이에 대한 제재처분은 법령등에 특별한 규정이 있는 경우를 제외하고는 24 [법령등을 위반한 행위 당시] 의 법령등에 따른다. 다만, 법령등을 위반한 행위 후 법령등의 변경에 의하여 그 행위가 법령등을 위반한 행위에 해당하지 아니하거나 제재처분 기준이 가벼워진 경우로서 해당 법령등에 특별한 규정이 없는 경우에는 25 [변경된 법령] 등을 적용한다.

제15조(처분의 효력) 처분은 권한이 있는 기관이 취소 또는 철회하거나 기간의 경과 등으로 소멸되기 전까지는 26 [유효] 한 것으로 통용된다. 다만, 무효인 처분은 처음부터 그 효력이 발생하지 아니한다.

제16조(결격사유) ① 자격이나 신분 등을 취득 또는 부여할 수 없거나 인가, 허가, 지정, 승인, 영업등록, 신고 수리 등(이하 "인허가"라 한다)을 필요로 하는 영업 또는 사업 등을 할 수 없는 사유(이하 이 조에서 "결격사유"라 한다)는 27 [법률] 로 정한다.

② 결격사유를 규정할 때에는 다음 각 호의 기준에 따른다.

1. 28 [규정의 필요성이 분명할 것]
2. 29 [필요한 항목만 최소한으로 규정할 것]
3. 30 [대상이 되는 자격, 신분, 영업 또는 사업 등과 실질적인 관련이 있을 것]
4. 31 [유사한 다른 제도와 균형을 이룰 것]

제17조(부관) ① 행정청은 처분에 32 [재량이 있는 경우] 에는 부관(조건, 기한, 부담, 철회권의 유보 등을 말한다. 이하 이 조에서 같다)을 붙일 수 있다.

② 행정청은 처분에 33 [재량이 없는 경우] 에는 법률에 근거가 있는 경우에 부관을 붙일 수 있다.

③ 행정청은 부관을 붙일 수 있는 처분이 다음 각 호의 어느 하나에 해당하는 경우에는 그 처분을 한 후에도 부관을 새로 붙이거나 종전의 부관을 변경할 수 있다.

1. 34 [법률에 근거가 있는 경우]
2. 35 [당사자의 동의가 있는 경우]
3. 36 [사정이 변경되어 부관을 새로 붙이거나 종전의 부관을 변경하지 아니하면 해당 처분의 목적을 달성할 수 없다고 인정되는 경우]

④ 부관은 다음 각 호의 요건에 적합하여야 한다.

1. 37 [   ]

2. 38 [   ]

3. 39 [   ]

제18조(40 [   ]한 처분의 취소) ① 행정청은 41 [   ]한 처분의 전부나 42 [   ]를 43 [   ] 취소할 수 있다. 다만, 당사자의 신뢰를 보호할 가치가 있는 등 정당한 사유가 있는 경우에는 44 [   ] 취소할 수 있다.

② 행정청은 제1항에 따라 당사자에게 45 [   ]을 취소하려는 경우에는 취소로 인하여 당사자가 입게 될 불이익을 취소로 달성되는 공익과 비교·형량(衡量)하여야 한다. 다만, 다음 각 호의 어느 하나에 해당하는 경우에는 그러하지 아니하다.

1. 46 [   ]

2. 47 [   ]

제19조(48 [   ]한 처분의 철회) ① 행정청은 49 [   ]한 처분이 다음 각 호의 어느 하나에 해당하는 경우에는 그 처분의 전부 또는 일부를 장래를 향하여 철회할 수 있다.

1. 50 [   ]

2. 51 [   ]

3. 52 [   ]

② 행정청은 제1항에 따라 처분을 철회하려는 경우에는 철회로 인하여 당사자가 입게 될 불이익을 철회로 달성되는 공익과 비교·형량하여야 한다.

제20조(자동적 처분) 행정청은 법률로 정하는 바에 따라 완전히 자동화된 시스템(인공지능 기술을 적용한 시스템을 포함한다)으로 처분을 할 수 있다. 다만, 처분에 53 [   ] 경우는 그러하지 아니하다.

제21조(재량행사의 기준) 행정청은 재량이 있는 처분을 할 때에는 관련 이익을 정당하게 형량하여야 하며, 그 재량권의 범위를 넘어서는 아니 된다.

제22조(제재처분의 기준) ① 제재처분의 근거가 되는 법률에는 제재처분의 54 [   ], 55 [   ], 56 [   ] 및 57 [   ]을 명확하게 규정하여야 한다. 이 경우 제재처분의 유형 및 상한을 정할 때에는 해당 위반행위의 특수성 및 유사한 위반행위와의 형평성 등을 종합적으로 고려하여야 한다.

② 행정청은 재량이 있는 제재처분을 할 때에는 다음 각 호의 사항을 고려하여야 한다.

1. 58 [   ]

2. 59 [   ]

3. 60 [   ]

4. 그 밖에 제1호부터 제3호까지에 준하는 사항으로서 대통령령으로 정하는 사항

[시행일: 2021.9.24.]

제23조(제재처분의 제척기간) ① 행정청은 법령등의 위반행위가 종료된 날부터 ⁶¹ [ ]이 지나면 해당 위반행위에 대하여 제재처분(인허가의 정지·취소·철회, 등록 말소, 영업소 폐쇄와 정지를 갈음하는 과징금 부과를 말한다. 이하 이 조에서 같다)을 할 수 없다.

② 다음 각 호의 어느 하나에 해당하는 경우에는 제1항을 적용⁶² [   ].

1. 거짓이나 그 밖의 부정한 방법으로 인허가를 받거나 신고를 한 경우

2. 당사자가 인허가나 신고의 위법성을 알고 있었거나 중대한 과실로 알지 못한 경우

3. 정당한 사유 없이 행정청의 조사·출입·검사를 기피·방해·거부하여 제척기간이 지난 경우

4. 제재처분을 하지 아니하면 국민의 안전·생명 또는 환경을 심각하게 해치거나 해칠 우려가 있는 경우

③ 행정청은 제1항에도 불구하고 행정심판의 재결이나 법원의 판결에 따라 제재처분이 취소·철회된 경우에는 재결이나 판결이 확정된 날부터 ⁶³ [ ](합의제행정기관은 ⁶⁴ [ ])이 지나기 전까지는 그 취지에 따른 새로운 제재처분을 할 수 있다.

④ 다른 법률에서 제1항 및 제3항의 기간보다 짧거나 긴 기간을 규정하고 있으면 ⁶⁵ [   ]에서 정하는 바에 따른다.   [시행일: 2023.3.24.]

제2절 인허가의제

제24조(인허가의제의 기준) ① 이 절에서 "인허가의제"란 하나의 인허가(이하 "주된 인허가"라 한다)를 받으면 법률로 정하는 바에 따라 그와 관련된 여러 인허가(이하 "관련 인허가"라 한다)를 받은 것으로 보는 것을 말한다.

② 인허가의제를 받으려면 주된 인허가를 신청할 때 관련 인허가에 필요한 서류를 ⁶⁶ [ ] 제출하여야 한다. 다만, 불가피한 사유로 함께 제출할 수 없는 경우에는 주된 인허가 행정청이 별도로 정하는 기한까지 제출할 수 있다.

③ 주된 인허가 행정청은 주된 인허가를 하기 전에 관련 인허가에 관하여 미리 관련 인허가 행정청과 협의⁶⁷ [   ].

④ 관련 인허가 행정청은 제3항에 따른 협의를 요청받으면 그 요청을 받은 날부터 ⁶⁸ [ ]일 이내(제5항 단서에 따른 절차에 걸리는 기간은 제외한다)에 의견을 제출하여야 한다. 이 경우 전단에서 정한 기간(민원 처리 관련 법령에 따라 의견을 제출하여야 하는 기간을 연장한 경우에는 그 연장한 기간을 말한다) 내에 협의 여부에 관하여 의견을 제출하지 아니하면 협의가 ⁶⁹ [ ] 것으로 본다.

⑤ 제3항에 따라 협의를 요청받은 관련 인허가 행정청은 해당 법령을 위반하여 협의에 ⁷⁰ [   ]. 다만, 관련 인허가에 필요한 심의, 의견 청취 등 절차에 관하여는 법률에 인허가의제 시에도 해당 절차를 거친다는 ⁷¹ [   ]만 이를 거친다.   [시행일: 2023.3.24.]

61 5년

62 하지 아니한다

63 1년

64 2년

65 그 법률

66 함께

67 하여야 한다

68 20

69 된

70 응해서는 아니 된다

71 명시적인 규정이 있는 경우에

제25조(인허가의제의 효과) ① 제24조제3항·제4항에 따라 ⁷²   에 대해서는 ⁷³   를 받았을 때 관련 인허가를 받은 것으로 본다.

② 인허가의제의 효과는 주된 인허가의 해당 법률에 ⁷⁴   된다. [시행일: 2023.3.24.]

제26조(인허가의제의 사후관리 등) ① 인허가의제의 경우 ⁷⁵   행정청은 관련 인허가를 직접 한 것으로 보아 관계 법령에 따른 관리·감독 등 필요한 조치를 하여야 한다.

② 주된 인허가가 있은 후 이를 변경하는 경우에는 제24조·제25조 및 이 조 제1항을 준용한다.

③ 이 절에서 규정한 사항 외에 인허가의제의 방법, 그 밖에 필요한 세부 사항은 대통령령으로 정한다. [시행일: 2023.3.24.]

제3절 공법상 계약

제27조(공법상 계약의 체결) ① ⁷⁶   은 ⁷⁷   범위에서 행정목적을 달성하기 위하여 필요한 경우에는 공법상 법률관계에 관한 계약(이하 "공법상 계약"이라 한다)을 체결할 수 있다. 이 경우 계약의 목적 및 내용을 명확하게 적은 ⁷⁸   하여야 한다.

② 행정청은 공법상 계약의 상대방을 선정하고 계약 내용을 정할 때 공법상 계약의 ⁷⁹   .

제4절 과징금

제28조(과징금의 기준) ① 행정청은 법령등에 따른 ⁸⁰   에 대하여 ⁸¹   로 정하는 바에 따라 그 위반행위에 대한 제재로서 과징금을 부과할 수 있다.

② 과징금의 근거가 되는 법률에는 과징금에 관한 다음 각 호의 사항을 명확하게 규정하여야 한다.

1. 부과·징수 주체

2. 부과 사유

3. ⁸²

4. 가산금을 징수하려는 경우 그 사항

5. 과징금 또는 가산금 체납 시 강제징수를 하려는 경우 그 사항

제29조(과징금의 납부기한 연기 및 분할 납부) 과징금은 ⁸³   에 납부하는 것을 원칙으로 한다. 다만, 행정청은 과징금을 부과받은 자가 다음 각 호의 어느 하나에 해당하는 사유로 과징금 전액을 한꺼번에 내기 어렵다고 인정될 때에는 그 납부기한을 연기하거나 분할 납부하게 할 수 있으며, 이 경우 필요하다고 인정하면 담보를 제공하게 할 수 ⁸⁴   .

1. 재해 등으로 재산에 현저한 손실을 입은 경우
2. 사업 여건의 악화로 사업이 중대한 위기에 처한 경우
3. 과징금을 한꺼번에 내면 자금 사정에 현저한 어려움이 예상되는 경우
4. 그 밖에 제1호부터 제3호까지에 준하는 경우로서 대통령령으로 정하는 사유가 있는 경우

[시행일: 2021.9.24.]

제5절 행정상 강제

제30조(행정상 강제) ① 행정청은 행정목적을 달성하기 위하여 필요한 경우에는 ⁸⁵ 로 정하는 바에 따라 필요한 최소한의 범위에서 다음 각 호의 어느 하나에 해당하는 조치를 할 수 있다.

85 법률

1. 행정대집행: 의무자가 행정상 의무(법령등에서 직접 부과하거나 행정청이 법령등에 따라 부과한 의무를 말한다. 이하 이 절에서 같다)로서 타인이 대신하여 행할 수 있는 의무를 이행하지 아니하는 경우 법률로 정하는 다른 수단으로는 그 이행을 확보하기 곤란하고 그 불이행을 방치하면 공익을 크게 해칠 것으로 인정될 때에 행정청이 의무자가 하여야 할 행위를 스스로 하거나 제3자에게 하게 하고 그 비용을 의무자로부터 징수하는 것
2. 이행강제금의 부과: 의무자가 행정상 의무를 이행하지 아니하는 경우 행정청이 적절한 이행기간을 부여하고, 그 기한까지 행정상 의무를 이행하지 아니하면 금전급부의무를 부과하는 것
3. 직접강제: 의무자가 행정상 의무를 이행하지 아니하는 경우 행정청이 의무자의 신체나 재산에 실력을 행사하여 그 행정상 의무의 이행이 있었던 것과 같은 상태를 실현하는 것
4. 강제징수: 의무자가 행정상 의무 중 금전급부의무를 이행하지 아니하는 경우 행정청이 의무자의 재산에 실력을 행사하여 그 행정상 의무가 실현된 것과 같은 상태를 실현하는 것
5. 즉시강제: 현재의 급박한 행정상의 장해를 제거하기 위한 경우로서 다음 각 목의 어느 하나에 해당하는 경우에 행정청이 곧바로 국민의 신체 또는 재산에 실력을 행사하여 행정목적을 달성하는 것
   가. 행정청이 미리 행정상 의무 이행을 명할 시간적 여유가 없는 경우
   나. 그 성질상 행정상 의무의 이행을 명하는 것만으로는 행정목적 달성이 곤란한 경우

② 행정상 강제 조치에 관하여 이 법에서 정한 사항 외에 필요한 사항은 따로 법률로 정한다.

③ 형사(刑事), 행형(行刑) 및 보안처분 관계 법령에 따라 행하는 사항이나 외국인의 출입국·난민인정·귀화·국적회복에 관한 사항에 관하여는 이 절을 적용하지 아니한다.

[시행일: 2023.3.24.]

제31조(이행강제금의 부과) ① 이행강제금 부과의 근거가 되는 [86]　　에는 이행강제금에 관한 다음 각 호의 사항을 명확하게 규정하여야 한다. 다만, 제[87]　호 또는 제[88]　호를 규정할 경우 입법목적이나 입법취지를 훼손할 우려가 크다고 인정되는 경우로서 [89]　　　　으로 정하는 경우는 제외한다.

1. 부과·징수 주체

2. 부과 요건

3. 부과 금액

4. 부과 금액 산정기준

5. 연간 부과 횟수나 횟수의 상한

② 행정청은 다음 각 호의 사항을 고려하여 이행강제금의 부과 금액을 가중하거나 감경할 수 있다.

1. [90]　　　　　　　

2. [91]　　　　　　

3. 그 밖에 행정목적을 달성하는 데 필요하다고 인정되는 사유

③ 행정청은 이행강제금을 부과하기 전에 미리 의무자에게 적절한 이행기간을 정하여 그 기한까지 행정상 의무를 이행하지 아니하면 이행강제금을 부과한다는 뜻을 [92]　　로 계고(戒告)하여야 한다.

④ 행정청은 의무자가 제3항에 따른 계고에서 정한 기한까지 행정상 의무를 이행하지 아니한 경우 이행강제금의 부과 금액·사유·시기를 [93]　　로 명확하게 적어 의무자에게 통지하여야 한다.

⑤ 행정청은 의무자가 행정상 의무를 이행할 때까지 이행강제금을 반복하여 부과할 수 있다. 다만, 의무자가 의무를 이행하면 새로운 이행강제금의 [94]　　　를 즉시 중지하되, [95]　　　　　　　　　은 징수하여야 한다.

⑥ 행정청은 이행강제금을 부과받은 자가 납부기한까지 이행강제금을 내지 아니하면 [96]　　　　　　의 예 또는 「지방행정제재·부과금의 징수 등에 관한 법률」에 따라 징수한다.
[시행일: 2023.3.24.]

제32조(직접강제) ① 직접강제는 [97]　　　　　　　　　　　　의 방법으로는 행정상 의무 이행을 확보할 수 없거나 그 실현이 불가능한 경우에 실시하여야 한다.

② 직접강제를 실시하기 위하여 현장에 파견되는 집행책임자는 그가 집행책임자임을 표시하는 증표를 보여 주어야 한다.

③ 직접강제의 계고 및 통지에 관하여는 제31조제3항 및 제4항을 준용한다.
[시행일: 2023.3.24.]

제33조(즉시강제) ① 즉시강제는 [98]　　　　　　　　에만 허용되며, 이 경우에도 최소한으로만 실시하여야 한다.

② 즉시강제를 실시하기 위하여 현장에 파견되는 집행책임자는 그가 집행책임자임을 표시하는 증표를 보여 주어야 하며, 즉시강제의 이유와 내용을 고지하여야 한다.
[시행일: 2023.3.24.]

제6절 그 밖의 행정작용

제34조(수리 여부에 따른 신고의 효력) 법령등으로 정하는 바에 따라 행정청에 일정한 사항을 통지하여야 하는 신고로서 ⁹⁹ ▨▨▨▨▨▨▨▨▨▨▨▨▨▨ 경우(행정기관의 내부 업무 처리 절차로서 수리를 규정한 경우는 ¹⁰⁰ ▨▨▨ 한다)에는 ¹⁰¹ ▨▨▨▨▨▨▨▨ 효력이 발생한다.

[시행일: 2023.3.24.]

99 법률에 신고의 수리가 필요하다고 명시되어 있는
100 제외
101 행정청이 수리하여야

제35조(수수료 및 사용료) ① 행정청은 특정인을 위한 행정서비스를 제공받는 자에게 ¹⁰² ▨▨▨으로 정하는 바에 따라 ¹⁰³ ▨▨▨를 받을 수 있다.
② 행정청은 공공시설 및 재산 등의 이용 또는 사용에 대하여 사전에 공개된 금액이나 기준에 따라 ¹⁰⁴ ▨▨▨를 받을 수 있다.
③ 제1항 및 제2항에도 불구하고 지방자치단체의 경우에는 「지방자치법」에 따른다.

102 법령
103 수수료
104 사용료

제7절 처분에 대한 이의신청 및 재심사

제36조(처분에 대한 이의신청) ① 행정청의 처분(「행정심판법」 제3조에 따라 같은 법에 따른 행정심판의 대상이 되는 처분을 말한다. 이하 이 조에서 같다)에 이의가 있는 ¹⁰⁵ ▨▨▨는 처분을 받은 날부터 ¹⁰⁶ ▨▨일 이내에 ¹⁰⁷ ▨▨ 행정청에 이의신청을 할 수 있다.
② 행정청은 제1항에 따른 이의신청을 받으면 그 신청을 받은 날부터 ¹⁰⁸ ▨▨일 이내에 그 이의신청에 대한 결과를 신청인에게 통지하여야 한다. 다만, 부득이한 사유로 ¹⁰⁹ ▨▨일 이내에 통지할 수 없는 경우에는 그 기간을 만료일 다음 날부터 기산하여 ¹¹⁰ ▨▨일의 범위에서 한 차례 연장할 수 있으며, 연장 사유를 신청인에게 통지하여야 한다.
③ 제1항에 따라 이의신청을 한 경우에도 그 이의신청과 관계없이 「행정심판법」에 따른 행정심판 또는 「행정소송법」에 따른 행정소송을 제기¹¹¹ ▨▨▨▨▨.
④ 이의신청에 대한 결과를 통지받은 후 행정심판 또는 행정소송을 제기하려는 자는 ¹¹² ▨▨▨▨▨▨▨▨▨▨▨(제2항에 따른 통지기간 내에 결과를 통지받지 못한 경우에는 같은 항에 따른 통지기간이 만료되는 날의 다음 날을 말한다)부터 ¹¹³ ▨▨일 이내에 행정심판 또는 행정소송을 제기할 수 있다.
⑤ 다른 법률에서 이의신청과 이에 준하는 절차에 대하여 정하고 있는 경우에도 그 법률에서 규정하지 아니한 사항에 관하여는 이 조에서 정하는 바에 따른다.
⑥ 제1항부터 제5항까지에서 규정한 사항 외에 이의신청의 방법 및 절차 등에 관한 사항은 대통령령으로 정한다.

105 당사자
106 30
107 해당
108 14
109 14
110 10
111 할 수 있다
112 그 결과를 통지받은 날
113 90

⑦ 다음 각 호의 어느 하나에 해당하는 사항에 관하여는 이 조를 적용하지 아니한다.

1. ¹¹⁴ ▨▨▨▨▨
2. ¹¹⁵ ▨▨▨▨▨▨▨▨▨
3. ¹¹⁶ ▨▨▨▨▨▨▨▨▨
4. ¹¹⁷ ▨▨▨▨▨▨
5. ¹¹⁸ ▨▨▨▨▨▨
6. ¹¹⁹ ▨▨▨▨ [시행일: 2023.3.24.]

제37조(처분의 재심사) ① 당사자는 처분(¹²⁰ ▨▨▨ 및 ¹²¹ ▨▨▨▨는 제외한다. 이하 이 조에서 같다)이 ¹²² ▨▨▨▨▨▨▨ 된 경우(¹²³ ▨▨▨▨▨이 있는 경우는 제외한다)라도 다음 각 호의 어느 하나에 해당하는 경우에는 ¹²⁴ ▨▨▨▨▨ 행정청에 처분을 ¹²⁵ ▨▨▨▨▨▨▨ 하여 줄 것을 신청할 수 있다.

1. 처분의 근거가 된 사실관계 또는 법률관계가 추후에 당사자에게 ¹²⁶ ▨▨ 바뀐 경우
2. 당사자에게 ¹²⁷ ▨▨ 결정을 가져다주었을 새로운 증거가 있는 경우
3. 「민사소송법」 제451조에 따른 재심사유에 준하는 사유가 발생한 경우 등 대통령령으로 정하는 경우

② 제1항에 따른 신청은 해당 처분의 절차, 행정심판, 행정소송 및 그 밖의 쟁송에서 당사자가 ¹²⁸ ▨▨▨▨ 없이 제1항 각 호의 사유를 주장하지 못한 경우에만 할 수 있다.

③ 제1항에 따른 신청은 당사자가 제1항 각 호의 사유를 안 날부터 ¹²⁹ ▨▨일 이내에 하여야 한다. 다만, 처분이 있는 날부터 ¹³⁰ ▨년이 지나면 신청할 수 없다.

④ 제1항에 따른 신청을 받은 행정청은 특별한 사정이 없으면 신청을 받은 날부터 ¹³¹ ▨▨일(합의제행정기관은 ¹³² ▨▨일) 이내에 처분의 재심사 결과(재심사 여부와 처분의 유지ㆍ취소ㆍ철회ㆍ변경 등에 대한 결정을 포함한다)를 신청인에게 통지하여야 한다. 다만, 부득이한 사유로 ¹³¹ ▨▨일(합의제행정기관은 ¹³² ▨▨일) 이내에 통지할 수 없는 경우에는 그 기간을 만료일 다음 날부터 기산하여 ¹³¹ ▨▨일(합의제행정기관은 ¹³² ▨▨일)의 범위에서 한 차례 연장할 수 있으며, 연장 사유를 신청인에게 통지하여야 한다.

⑤ 제4항에 따른 처분의 재심사 결과 중 처분을 ¹³³ ▨▨하는 결과에 대해서는 행정심판, 행정소송 및 그 밖의 쟁송수단을 통하여 불복할 수 ¹³⁴ ▨▨.

⑥ 행정청의 제18조에 따른 취소와 제19조에 따른 철회는 처분의 재심사에 의하여 영향을 ¹³⁵ ▨▨▨▨▨.

⑦ 제1항부터 제6항까지에서 규정한 사항 외에 처분의 재심사의 방법 및 절차 등에 관한 사항은 대통령령으로 정한다.

⑧ 다음 각 호의 어느 하나에 해당하는 사항에 관하여는 이 조를 적용하지 아니한다.

1. [136]

2. [137]

3. [138]

4. [139]

5. [140]

6. 개별 법률에서 그 적용을 배제하고 있는 경우   [시행일: 2023.3.24.]

136 공무원 인사 관계 법령에 따른 징계 등 처분에 관한 사항

137 「노동위원회법」 제2조의2에 따라 노동위원회의 의결을 거쳐 행하는 사항

138 형사, 행형 및 보안처분 관계 법령에 따라 행하는 사항

139 외국인의 출입국·난민인정·귀화·국적회복에 관한 사항

140 과태료 부과 및 징수에 관한 사항

제4장 행정의 입법활동 등

제38조(행정의 입법활동) ① 국가나 지방자치단체가 법령등을 [141] ▨▨▨▨▨ 하고자 하거나 그와 관련된 활동([142] ▨▨▨▨▨▨▨ 제출을 포함하며, 이하 이 장에서 "행정의 입법활동"이라 한다)을 할 때에는 헌법과 상위 법령을 위반해서는 아니 되며, 헌법과 법령등에서 정한 절차를 준수하여야 한다.

② 행정의 입법활동은 다음 각 호의 기준에 따라야 한다.

1. 일반 국민 및 이해관계자로부터 의견을 수렴하고 관계 기관과 충분한 협의를 거쳐 책임 있게 추진되어야 한다.

2. 법령등의 내용과 규정은 다른 법령등과 조화를 이루어야 하고, 법령등 상호 간에 중복되거나 상충되지 아니하여야 한다.

3. 법령등은 일반 국민이 그 내용을 쉽고 명확하게 이해할 수 있도록 알기 쉽게 만들어져야 한다.

③ 정부는 매년 해당 연도에 추진할 법령안 입법계획(이하 "정부입법계획"이라 한다)을 수립하여야 한다.

④ 행정의 입법활동의 절차 및 정부입법계획의 수립에 관하여 필요한 사항은 정부의 법제업무에 관한 사항을 규율하는 대통령령으로 정한다.

[시행일: 2021.9.24.]

제39조(행정법제의 개선) ① 정부는 권한 있는 기관에 의하여 위헌으로 결정되어 법령이 헌법에 위반되거나 법률에 위반되는 것이 [143] ▨▨▨▨▨ [144] ▨▨▨▨▨으로 정하는 경우에는 해당 법령을 개선하여야 한다.

② 정부는 행정 분야의 법제도 개선 및 일관된 법 적용 기준 마련 등을 위하여 필요한 경우 대통령령으로 정하는 바에 따라 관계 기관 협의 및 관계 전문가 의견 수렴을 거쳐 개선조치를 할 수 있으며, 이를 위하여 현행 법령에 관한 분석을 실시할 수 있다.

[시행일: 2021.9.24.]

제40조(법령해석) ① [145] ▨▨▨▨ 법령등의 내용에 의문이 있으면 [146] ▨▨▨▨▨▨▨▨▨▨▨(이하 "법령소관기관"이라 한다)과 자치법규를 소관하는 지방자치단체의 장에게 법령해석을 요청할 수 있다.

② 법령소관기관과 자치법규를 소관하는 지방자치단체의 장은 각각 소관 법령등을 헌법과 해당 법령등의 취지에 부합되게 해석·집행할 책임을 진다.

③ 법령소관기관이나 법령소관기관의 해석에 이의가 있는 자는 대통령령으로 정하는 바에 따라 [147] ▨▨▨▨▨▨▨▨▨▨▨▨▨▨▨▨에 법령해석을 요청할 수 있다.

④ 법령해석의 절차에 관하여 필요한 사항은 대통령령으로 정한다.

[시행일: 2021.9.24.]

부칙

<법률 제17979호, 2021.3.23.>

제1조(시행일) 이 법은 공포한 날부터 시행한다. 다만, 제22조, 제29조, 제38조부터 제40조까지는 공포 후 6개월이 경과한 날부터 시행하고, 제23조부터 제26조까지, 제30조부터 제34조까지, 제36조 및 제37조는 공포 후 2년이 경과한 날부터 시행한다.

제2조(제재처분에 관한 법령등 변경에 관한 적용례) 제14조제3항 단서의 규정은 이 법 시행일 이후 제재처분에 관한 법령등이 변경된 경우부터 적용한다.

제3조(제재처분의 제척기간에 관한 적용례) 제23조는 부칙 제1조 단서에 따른 시행일 이후 발생하는 위반행위부터 적용한다.

제4조(공법상 계약에 관한 적용례) 제27조는 이 법 시행 이후 공법상 계약을 체결하는 경우부터 적용한다.

제5조(행정상 강제 조치에 관한 적용례) ① 제31조는 부칙 제1조 단서에 따른 시행일 이후 이행강제금을 부과하는 경우부터 적용한다.
② 제32조 및 제33조는 부칙 제1조 단서에 따른 시행일 이후 직접강제나 즉시강제를 하는 경우부터 적용한다.

제6조(처분에 대한 이의신청에 관한 적용례) 제36조는 부칙 제1조 단서에 따른 시행일 이후에 하는 처분부터 적용한다.

제7조(처분의 재심사에 관한 적용례) 제37조는 부칙 제1조 단서에 따른 시행일 이후에 하는 처분부터 적용한다.

PART 3
행정기본법
모의고사

문 1. 법령등 시행일의 기간 계산에 대한 설명으로 옳은 것은?

① 법령등을 공포한 날부터 시행하는 경우에는 초일불산입원칙이 적용되지 않는다.

② 법령등을 공포한 날부터 일정 기간이 경과한 날부터 시행하는 경우 법령등을 공포한 날을 첫날에 산입하므로 초일불산입원칙이 적용되지 않는다.

③ 법령등을 공포한 날부터 일정 기간이 경과한 날부터 시행하는 경우 그 기간의 말일이 토요일 또는 공휴일인 때에는 그 다음 날로 만료하는 민법이 적용된다.

④ 법령등 시행일 계산을 규정하고 있는 행정기본법 제7조는 법률이나 법규명령, 법령보충적 행정규칙에 적용되나 훈령·예규·고시·지침과 같은 단순행정규칙에는 적용되지 않는다.

문 2. 행정기본법에 규정된 법원칙에 대한 설명으로 옳은 것은?

① 법령우위원칙과 법률유보원칙, 평등의 원칙, 비례의 원칙, 성실의무 및 권한남용금지의 원칙, 신뢰보호의 원칙, 실권의 법리, 부당결부금지의 원칙을 규정하고 있으나 자기구속의 법리는 규정하고 있지 않다.

② 행정작용은 법률에 위반되어서는 아니 되며, 국민의 권리를 제한하거나 의무를 부과하는 경우와 급부를 주는 경우에는 법률에 근거하여야 한다.

③ 행정작용은 행정작용으로 인한 국민의 이익 침해가 그 행정작용이 의도하는 공익보다 커야 비례의 원칙에 위반되지 않는다.

④ 행정청은 권한 행사의 기회가 있음에도 불구하고 장기간 권한을 행사하지 아니하여 국민이 그 권한이 행사되지 아니할 것으로 믿을 만한 정당한 사유가 있는 경우에는 그 권한을 행사해서는 아니 된다. 공익 또는 제3자의 이익을 현저히 해칠 우려가 있는 경우도 또한 같다.

문 3. 다음 중 행정기본법의 처분에 대한 설명 중 옳지 않은 것은 몇 개인가?

> 가. 처분의 공정력에 대한 규정을 두고 있다.
> 나. 처분시 행정청의 이유제시의무, 의무를 과하거나 권익을 제한하는 처분에 앞서 통지의무와 의견청취의무를 규정하고 있다.
> 다. 처분은 권한이 있는 기관이 취소 또는 철회하거나 기간의 경과 등으로 소멸되기 전까지는 유효한 것으로 통용된다. 무효인 처분도 또한 같다.
> 라. 자격이나 신분 등을 취득 또는 부여할 수 없거나 인가, 허가, 지정, 승인, 영업등록, 신고 수리 등을 필요로 하는 영업 또는 사업 등을 할 수 없는 사유는 법률로 정한다.
> 마. 행정청의 처분에 대한 취소·철회 사유를 규정하고 있다.
> 바. 기속행위인 경우 부관 가능성을 규정하고 있다.
> 사. 결격사유를 규정할 때 유사한 다른 제도와 균형을 이루어야 한다.

① 1개   ② 2개
③ 3개   ④ 4개

문 4. 행정기본법에 대한 설명으로 옳은 것은?

① 행정주체인 국가기관과 공공단체를 공법상 계약의 주체로 규정하고 있다.

② 거짓이나 그 밖의 부정한 방법으로 처분을 받은 경우 처분을 한 후에도 부관을 새로 붙이거나 종전의 부관을 변경할 수 있다.

③ 법률에서 정한 철회 사유에 해당하게 된 경우 행정청은 처분을 철회하려는 경우에는 철회로 인하여 당사자가 입게 될 불이익을 철회로 달성되는 공익과 비교·형량하여야 한다.

④ 행정청은 공공시설 및 재산 등의 이용 또는 사용에 대하여 법령으로 정하는 바에 따라 사용료를 받을 수 있다.

문 5. 행정기본법상 법 적용의 기준에 대한 설명으로 옳은 것은?

① 새로운 법령등은 법령등에 특별한 규정이 있는 경우를 제외하고는 그 법령등의 효력 발생 전에 이미 시작을 했으나 진행 중인 사실관계 또는 법률관계에 대해서는 적용되지 아니한다.

② 법령등의 부진정소급적용은 금지하고 있지 않다.

③ 새로운 법령등은 법령은 그 법령등의 효력 발생 전에 완성되거나 종결된 사실관계 또는 법률관계에 대해서는 적용하는 것은 예외적으로도 인정될 수 없다.

④ 새로운 법령등은 법령등에 특별한 규정이 있는 경우를 제외하고는 그 법령등의 효력 발생 전에 완성되거나 종결된 사실관계 또는 법률관계에 대해서 적용한다.

문 6. 행정기본법의 규정에 대한 설명으로 옳은 것은?

① 행정작용은 법률에 위반되어서는 아니 되며, 국민의 권리를 제한하거나 의무를 부과하는 경우에 한해 법률에 근거하여야 한다.

② 처분이 위법하거나 부당한 경우 당사자는 행정청에 취소 신청을 할 수 있도록 하였다.

③ 대법원은 건설업면허수첩 대여행위가 법령 개정으로 취소사유에서 삭제된 경우 구법 적용에 의한 면허취소를 할 수 있다고 하였으며, 행정기본법도 이를 수용하고 있다.

④ 공법상 계약의 체결, 철회와 변경에 대한 규정에 대해 규정하고 있지 않다.

⑤ 공법상 계약의 체결은 법률에 근거가 있어야 한다고 규정하고 있다.

문 7. 행정기본법상 기간계산에 대한 설명으로 옳은 것은?

① 행정에 관한 기간의 계산에 관하여는 이 법 또는 다른 법령등에 특별한 규정이 있는 경우를 제외하고는 민법을 준용한다.

② 법령등 또는 처분에서 국민의 권익을 제한하거나 의무를 부과하는 경우 권익이 제한되거나 의무가 지속되는 기간의 계산에서 기간을 일, 주, 월 또는 연으로 정한 경우에는 기간의 첫날을 산입하지 않는다.

③ 법령등 또는 처분에서 국민의 권익을 제한하거나 의무를 부과하는 경우 권익이 제한되거나 의무가 지속되는 기간의 계산에서 국민에게 불리한 경우에도 기간을 일, 주, 월 또는 연으로 정한 경우에는 기간의 첫날을 산입한다.

④ 법령등 또는 처분에서 국민의 권익을 제한하거나 의무를 부과하는 경우 권익이 제한되거나 의무가 지속되는 기간의 계산에서 기간의 말일이 토요일 또는 공휴일인 경우에 기간은 익일(그 다음 날)로 만료한다.

문 8. 행정기본법상 부관에 대한 설명으로 옳은 것은?

① 행정청은 처분에 재량이 없는 경우에는 부관(조건, 기한, 부담, 철회권의 유보 등을 말한다)을 붙일 수 있다.

② 해당 처분의 목적에 위배되지 아니할 것, 해당 처분과 실질적인 관련이 있을 것, 해당 처분의 목적을 달성하기 위하여 필요한 최소한의 범위일 것을 부관의 요건으로 규정하고 있다.

③ 행정청은 부관을 붙일 수 있는 처분이 법률에 근거가 있는 경우에 한해 그 처분을 한 후에도 부관을 새로 붙이거나 종전의 부관을 변경할 수 있다.

④ 기속행위에 대해서도 법규에서 허용하고 있는 경우와 부관을 붙임으로써 행정행위의 법률상 요건이 충족되는 경우에는 부관을 붙일 수 있다고 규정하고 있다.

⑤ 행정기본법 제17조는 부관의 일반법이므로 공법상 계약에 붙이는 부관에도 적용된다.

문 9. 행정기본법의 취소와 철회에 대한 설명으로 옳은 것은?

① 행정청은 적법한 처분의 전부나 일부를 소급하여 취소할 수 있다. 다만, 당사자의 신뢰를 보호할 가치가 있는 등 정당한 사유가 있는 경우에는 장래를 향하여 취소할 수 있다.

② 행정청은 당사자에게 당사자에게 권리나 이익을 부여하는 처분을 처분을 취소하려는 경우에는 취소로 인하여 당사자가 입게 될 불이익을 취소로 달성되는 공익과 비교·형량(衡量)하여야 한다.

③ 거짓이나 그 밖의 부정한 방법으로 처분을 받은 경우, 당사자가 처분의 위법성을 알고 있었거나 중대한 과실로 알지 못한 경우는 행정청은 당사자에게 권리나 이익을 부여하는 처분을 취소하려는 경우에는 취소로 인하여 당사자가 입게 될 불이익을 취소로 달성되는 공익과 비교·형량하여야 한다.

④ 행정청은 위법 또는 부당한 처분이 법률에서 정한 철회 사유에 해당하게 된 경우 처분을 더 이상 존속시킬 필요가 없게 된 경우에 그 처분의 전부 또는 일부를 장래를 향하여 철회할 수 있다.

문 10. 행정기본법의 처분에 대한 설명으로 옳지 않은 것은?

① 행정청은 처분에 재량이 있는 경우 법률로 정하는 바에 따라 완전히 자동화된 시스템(인공지능 기술을 적용한 시스템을 포함한다)으로 처분을 할 수 있다.

② 행정기본법은 행정청의 재량권 행사의 한계를 규정하고 있다.

③ 제재처분의 근거가 되는 법률에는 제재처분의 주체, 사유, 유형 및 상한을 명확하게 규정하여야 한다.

④ 행정청은 재량이 있는 제재처분을 할 때에는 위반행위의 동기, 목적 및 방법, 위반행위의 결과, 위반행위의 횟수 등을 고려하여야 한다.

문 11. 행정기본법의 인허가의제에 대한 설명으로 옳지 않은 것은? (단, 시행일 2023.3.24. 기준)

① 인허가의제를 받으려면 주된 인허가를 신청할 때 관련 인허가에 필요한 서류를 함께 제출하여야 한다.

② 주된 인허가 행정청은 주된 인허가를 하기 전에 관련 인허가에 관하여 미리 관련 인허가 행정청과 협의할 수 있다.

③ 관련 인허가 행정청은 협의를 요청받으면 그 요청을 받은 날부터 30일 이내에 의견을 제출하여야 한다. 이 경우 전단에서 정한 기간 내에 협의 여부에 관하여 의견을 제출하지 아니하면 협의가 된 것으로 본다.

④ 관련 인허가에 필요한 심의, 의견 청취 등 절차에 관하여는 법률에 인허가의제 시에도 해당 절차를 거친다는 명시적인 규정이 있는 경우에만 이를 거친다.

⑤ 협의가 된 사항에 대해서는 주된 인허가를 받았을 때 관련 인허가를 받은 것으로 보며 인허가의제의 효과는 주된 인허가의 해당 법률에 규정된 관련 인허가에 한정된다.

문 12. 행정기본법에 대한 설명으로 옳지 않은 것은?

① 공법상 법률관계에 관한 계약에 대한 명시적 규정을 두고 있다.

② 행정기본법은 이행강제금, 직접강제, 즉시강제에 대한 일반조항을 규정하고 있다.

③ 행정기본법은 수리를 요하는 신고에 대하여 규정하고 있다.

④ 행정청은 특정인을 위한 행정서비스를 제공받은 자에게 사전에 공개된 금액이나 기준에 따라 사용료를 받을 수 있다.

문 13. 행정기본법상 과징금에 대한 설명으로 옳은 것은?

① 행정청은 법령등에 따른 의무를 위반한 자에 대하여 법률 또는 대통령령으로 정하는 바에 따라 그 위반행위에 대한 제재로서 과징금을 부과할 수 있다.

② 과징금의 근거가 되는 법률에는 과징금에 부과 · 징수 주체, 부과 사유, 상한액, 가산금을 징수하려는 경우 그 사항, 과징금 또는 가산금 체납 시 강제징수를 하려는 경우 그 사항을 명확하게 규정하도록 한 행정기본법 제28조 제2항에 근거하여 행정청은 과징금을 부과할 수 있다.

③ 과징금 부과의 대상자는 법령등에 따른 의무를 위반한 자이다.

④ 과징금의 근거가 되는 법률에는 과징금에 부과 · 징수 주체, 부과 사유, 하한액, 가산금을 징수하려는 경우 그 사항, 과징금 또는 가산금 체납 시 강제징수를 하려는 경우 그 사항을 명확하게 규정하여야 한다.

문 14. 행정기본법상 처분의 재심사에 대한 설명으로 옳은 것은? (단, 시행일 2023.3.24. 기준)

① 행정절차법과 행정기본법은 불복기간의 도과로 인해 불가쟁력이 발생한 경우 행정청에 재심사를 청구할 수 있는 규정을 두고 있다.

② 처분의 재심사가 되는 처분으로서 불가쟁력이 발생한 처분이고 제재처분과 행정상 강제는 포함되나 법원의 확정판결이 있는 처분은 제외된다.

③ 해당 처분의 절차, 행정심판, 행정소송 및 그 밖의 쟁송에서 당사자가 경과실이 있었다면 재심사를 신청할 수 있다.

④ 처분의 재심사 결과 중 처분을 유지하는 결과에 대해서는 행정심판, 행정소송 및 그 밖의 쟁송수단을 통하여 불복할 수 있다.

⑤ 행정청은 재심사 신청이 있으면 재심사 대상이 된 처분을 직권 취소 또는 철회할 수 없다.

문 15. 행정기본법의 입법활동 등에 대한 설명으로 옳지 않은 것은? (단, 시행일 2021.9.24. 기준)

① 국가나 지방자치단체가 법령등을 제정 · 개정 · 폐지하고자 하거나 그와 관련된 활동(법률안의 국회 제출과 조례안의 지방의회 제출을 포함하며, 이하 이 장에서 "행정의 입법활동"이라 한다)을 할 때에는 헌법과 상위 법령을 위반해서는 아니 되며, 헌법과 법령등에서 정한 절차를 준수하여야 한다.

② 행정의 입법활동은 일반 국민 및 이해관계자로부터 의견을 수렴하고 관계 기관과 충분한 협의를 거쳐 책임 있게 추진되어야 한다.

③ 정부는 권한 있는 기관에 의하여 위헌으로 결정되어 법령이 헌법에 위반되거나 법률에 위반되는 것이 명백한 경우 등 대통령령으로 정하는 경우에는 해당 법령을 개선하여야 한다.

④ 법령소관기관의 법령해석에 이의가 있는 자는 법령소관기관에 법령재해석을 요청할 수 있다.

문 16. 행정기본법에 대한 설명으로 옳지 않은 것은?

① 헌법 원칙 및 그동안 학설과 판례에 따라 확립된 원칙인 법치행정 · 평등 · 비례 · 권한남용금지 · 신뢰보호 · 부당결부금지의 원칙 등을 행정의 법 원칙으로 규정하고 있다.

② 당사자의 신청에 따른 처분은 처분 당시의 법령등을 따르고, 제재처분은 위반행위 당시의 법령등을 따르도록 하되, 제재처분 기준이 가벼워진 경우에는 변경된 법령등을 적용하도록 하였다.

③ 행정청은 위법한 경우 처분의 전부나 일부를 소급하여 취소할 수 있도록 하였으나 처분이 부당한 경우 장래를 향하여 취소할 수 있도록 하였다.

④ 행정청은 적법하게 성립된 처분이라도 법률에서 정한 철회 사유에 해당하거나 법령등의 변경으로 처분을 더 이상 존속시킬 필요가 없게 된 경우 등에는 그 처분의 전부 또는 일부를 장래를 향하여 철회할 수 있도록 하였다.

문 17. 행정기본법에 대한 설명으로 옳은 것은?

① 인공지능 시대를 맞아 미래 행정 수요에 대비하기 위하여, 행정청은 처분에 재량이 있는 경우를 포함하여 법률로 정하는 바에 따라 완전히 자동화된 시스템으로 처분을 할 수 있도록 하고 있다.

② 행정청은 법령 등의 위반행위가 종료된 날부터 3년이 지나면 원칙적으로 해당 위반행위에 대하여 인가·허가 등의 정지·취소·철회, 등록 말소, 영업소 폐쇄와 정지를 갈음하는 과징금 부과처분을 할 수 없도록 하고 있다.

③ 인허가의제 시 관련 인허가 행정청과의 협의 기간 및 협의 간주 규정 등 인허가의제에 필요한 공통적인 사항을 규정하고 있다.

④ 인허가의제의 효과는 관련 인허가의 해당 법률에 규정된 모든 조항에 효력을 인정하면서 주된 인허가로 의제된 관련 인허가는 관련 인허가 행정청이 직접 행하는 것으로 보아 관계 법령에 따른 관리·감독 등을 하도록 하였다.

문 18. 행정기본법에 대한 설명으로 옳지 않은 것은?

① 행정의 전문화·다양화에 대응하여 공법상 법률관계에 관한 계약을 통해서도 행정이 이루어질 수 있도록 공법상 계약의 법적 근거를 마련하고, 공법상 계약의 체결 방법, 체결 시 고려사항 등에 관한 일반적 사항을 규정하고 있다.

② 신고가 요건을 갖춘 경우에는 신고서가 접수기관에 도달된 때에 신고 의무가 이행된 것으로 본다고 규정하고 있다.

③ 일부 개별법에 도입되어 있는 처분에 대한 이의신청 제도를 확대하기 위하여, 행정청의 처분에 대해 이의가 있는 당사자는 행정청에 이의신청을 할 수 있도록 일반적 근거를 마련하고 있다.

④ 제재처분 및 행정상 강제를 제외한 처분에 대해서는 쟁송을 통하여 더 이상 다툴 수 없게 된 경우에도 처분의 근거가 된 사실관계 또는 법률관계가 추후에 당사자에게 유리하게 바뀐 경우 등 일정한 요건에 해당하면 그 사유를 안 날부터 60일 이내에 행정청에 대하여 처분을 취소·철회하거나 변경하여 줄 것을 신청할 수 있도록 하되, 처분이 있은 날부터 5년이 지나면 재심사를 신청할 수 없도록 하고 있다.

문 19. 행정기본법상 처분에 대한 이의신청에 관한 설명으로 옳은 것은? (단, 시행일 2023.3.24. 기준)

① 이의신청을 거치지 아니하고는 행정심판법에 따른 행정심판 또는 행정소송법에 따른 행정소송을 제기할 수 없다.

② 이의신청에 대한 결과를 통지받은 후 행정심판 또는 행정소송을 제기하려는 자는 그 결과를 통지받은 날을 기산점으로 하는 대법원 판례를 수용하여 행정기본법은 이의신청에 대한 결과를 통지받은 날을 기산점으로 하여 90일 이내에 행정심판 또는 행정소송을 제기할 수 있도록 하였다.

③ 부득이한 사유로 이의신청에 대한 결정을 14일 이내에 통지할 수 없는 경우에는 그 기간을 만료일 다음 날부터 기산하여 10일의 범위에서 한 차례 연장할 수 있으며, 연장 사유를 신청인에게 통지하여야 한다.

④ 공무원 인사 관계 법령에 따른 징계 등 처분에 대해서도 행정기본법상 이의신청이 가능하다.

문 20. 직권취소에 대한 설명으로 옳지 않은 것은?

① 거짓이나 그 밖의 부정한 방법으로 처분을 받은 경우, 당사자가 처분의 위법성을 알고 있었거나 중대한 과실로 알지 못한 경우라도 행정청은 당사자에게 권리나 이익을 부여하는 처분을 취소하려는 경우에는 취소로 인하여 당사자가 입게 될 불이익을 취소로 달성되는 공익과 비교·형량(衡量)하여야 한다.

② 위법·부당한 영업허가를 취소한 경우 당사자의 신뢰를 해할 수 있다면 행정청의 직권취소는 장래효를 가질 수 있다.

③ 위법한 영업허가가 거짓이나 그 밖의 부정한 방법으로 인한 것이라면 위법한 영업허가는 소급하여 취소할 수 있다.

④ 행정기본법은 직권취소기간을 언제까지 할 수 있는지에 대해서는 규정하고 있지 않다.

문 1. 행정법의 법원(法源)에 대한 설명으로 옳지 않은 것은? (다툼이 있는 경우 판례에 의함)

① 법률 및 대통령령·총리령·부령은 행정법의 법원이 된다.

② 국회규칙·대법원규칙·헌법재판소규칙·중앙선거관리위원회규칙 및 감사원규칙은 행정법의 법원이 아니다.

③ 지방자치단체의 조례 및 규칙은 행정법의 법원이 된다.

④ 법령의 위임을 받은 중앙행정기관(정부조직법 및 그 밖의 법률에 따라 설치된 중앙행정기관)의 장이 정한 훈령·예규 및 고시 등 행정규칙은 행정법의 법원이 된다.

문 2. 행정법령의 적용에 대한 설명으로 옳은 것은? (다툼이 있는 경우 행정기본법에 의함)

① 과거에 완성된 사실에 대하여 당사자에게 불리하게 제정 또는 개정된 신법을 적용하는 것은 당사자의 법적 안정성을 해치는 것이므로 어떠한 경우에도 허용될 수 없다.

② 행정처분은 신청 후 그 근거 법령이 개정된 경우에도 경과규정에서 달리 정함이 없는 한 처분 당시 시행되는 개정 법령과 그에 정한 기준에 의하는 것이 원칙이다.

③ 법령의 소급적용금지의 원칙은 부진정소급적용에도 적용된다.

④ 법령이 변경된 경우 신법령이 피적용자에게 유리하여 이를 적용하도록 하는 경과규정을 두는 등의 특별한 규정이 없는 한 그 변경 전에 발생한 사항에 대하여는 변경 후의 신법령이 아니라 변경 전의 구법령이 적용되어야 한다.

문 3. 법치행정의 원리에 대한 설명으로 가장 옳은 것은? (다툼이 있는 경우 판례에 의함)

① 법우위의 원칙에서 법은 형식적 법률뿐 아니라 법규명령과 관습법 등을 포함하는 넓은 의미의 법이다.

② 모든 행정작용은 법률에 근거하여야 하며, 국민의 권리를 제한하거나 의무를 부과하는 경우와 그 밖에 국민생활에 중요한 영향을 미치는 경우에는 법률에 위반해서는 아니 된다.

③ 법률유보원칙에서 '법률의 유보'라고 하는 경우의 '법률'에는 국회에서 법률제정의 절차에 따라 만들어진 형식적 의미의 법률뿐만 아니라 국회의 의결을 거치지 않은 명령이나 불문법원으로서의 관습법이나 판례법도 포함된다.

④ 행정기본법은 국민의 권리를 제한하거나 의무를 부과하는 경우와 급부에 관한 중요사항은 법률에 근거하도록 하여 급부유보설을 취하고 있다.

문 4. 행정기본법과 행정절차법이 정하고 있는 행정법의 원칙에 대한 설명으로 옳지 않은 것은?

① 행정기본법과 행정절차법 모두 행정청의 성실의무를 규정하고 있다.

② 행정기본법은 권한남용금지의 원칙을 규정하고 있으나 행정절차법은 권한남용금지의 원칙을 규정하고 있지 않다.

③ 행정기본법과 행정절차법 모두 공익 또는 제3자의 이익을 현저히 해칠 우려가 있는 경우를 제외하고 신뢰보호가 가능하다고 규정하고 있다.

④ 행정기본법과 행정절차법 모두 행정청은 권한 행사의 기회가 있음에도 불구하고 장기간 권한을 행사하지 아니하여 국민이 그 권한이 행사되지 아니할 것으로 믿을 만한 정당한 사유가 있는 경우에는 그 권한을 행사해서는 아니 된다고 규정하고 있다.

문 5. 다음 설명에 적용될 원칙이 행정기본법에 규정된 원칙이 아닌 것은?

① 자동차를 이용하여 범죄행위를 한 경우 범죄의 경중에 상관없이 반드시 운전면허를 취소하도록 한 규정은 이 원칙을 위반한 것이다.

② 반복적으로 행하여진 행정처분이 위법한 것일 경우 행정청은 이 원칙에 구속되지 않는다.

③ 고속국도 관리청이 고속도로 부지와 접도구역에 송유관 매설을 허가하면서 상대방과 체결한 협약에 따라 송유관 시설을 이전하게 될 경우 그 비용을 상대방에게 부담하도록 한 부관은 이 원칙에 반하지 않는다.

④ 선행조치의 상대방에 대한 신뢰보호의 이익과 제3자의 이익이 충돌하는 경우에 이 원칙은 공익 또는 제3자의 정당한 이익을 현저히 해할 우려가 있는 경우가 아니어야 적용된다.

문 6. 행정기본법상 신고에 대한 설명으로 옳은 것은? (행정기본법 신고 조항 제34조의 시행을 전제로 함)

① 법령등에서 행정청에 대하여 일정한 사항을 통지함으로써 의무가 끝나는 신고는 그 기재사항에 흠이 없고, 필요한 구비서류가 첨부되어 있으며, 기타 법령 등에 규정된 형식상의 요건에 적합할 때에는 신고서가 접수기관에 도달된 때에 신고의 의무가 이행된 것으로 본다.

② 요건을 갖춘 적법한 신고가 행정청에 도달된 때에 신고의 법적 효력이 발생한다.

③ 유통산업발전법상 대규모 점포의 개설 등록에 행정기본법의 신고조항이 적용된다.

④ 납골당설치신고에는 행정기본법의 신고조항이 적용되기 어렵다.

문 7. 행정입법에 대한 통제에 관한 설명으로 옳지 않은 것은?

① 행정입법활동을 할 때에는 헌법과 상위 법령을 위반해서는 아니 되며, 헌법과 법령등에서 정한 절차를 준수하여야 하며 법률안의 국회 제출과 조례안의 지방의회 제출은 행정입법에 포함되지 않는다.

② 정부는 권한 있는 기관에 의하여 위헌으로 결정되어 법령이 헌법에 위반되거나 법률에 위반되는 것이 명백한 경우 등 대통령령으로 정하는 경우에는 해당 법령을 개선하여야 한다.

③ 행정소송에 대한 대법원 판결에 의하여 명령·규칙이 헌법 또는 법률에 위반된다는 것이 확정된 경우에는 대법원은 지체 없이 그 사유를 행정안전부장관에게 통보하여야 한다.

④ 중앙행정심판위원회는 심판청구를 심리·재결할 때에 처분 또는 부작위의 근거가 되는 명령 등(대통령령·총리령·부령·훈령·예규·고시·조례·규칙 등을 말한다. 이하 같다)이 법령에 근거가 없거나 상위 법령에 위배되거나 국민에게 과도한 부담을 주는 등 크게 불합리하면 관계 행정기관에 그 명령 등의 개정·폐지 등 적절한 시정조치를 요청할 수 있다. 이 경우 중앙행정심판위원회는 시정조치를 요청한 사실을 법제처장에게 통보하여야 한다.

문 8. 법령해석에 대한 설명으로 옳지 않은 것은?

① 해석준칙(규범해석행정규칙)은 계쟁처분의 판단에 있어 법원을 구속한다.

② 행정청 내부에서의 사무처리지침이 단순히 하급행정기관을 지도하고 통일적 법해석을 기하기 위하여 상위법규 해석의 준거기준을 제시하는 규범해석규칙의 성격을 가지는 것에 불과하다면 그러한 해석기준이 상위법규의 해석상 타당하다고 보여지는 한 그에 따랐다는 이유만으로 행정처분이 위법하게 되는 것은 아니다.

③ 누구든지 법령등의 내용에 의문이 있으면 법령을 소관하는 중앙행정기관의 장과 자치법규를 소관하는 지방자치단체의 장에게 법령해석을 요청할 수 있다.

④ 법령과 자치법규에 대한 합헌적 해석을 법령소관 기관등의 의무로 규정하고 있다.

문 9. 인허가 의제제도에 대한 설명으로 옳지 않은 것은?

① 인허가 의제제도는 행정기관의 권한에 변경을 가져오는 것이므로 법률의 명시적인 근거가 있어야 한다는 것이 통설이었고 행정기본법도 이를 수용하고 있다.

② 인허가 의제제도가 인정되는 경우 민원인은 하나의 인허가 신청과 더불어 의제를 원하는 인허가 신청을 각각의 해당 기관에 제출하여야 한다.

③ 인허가 의제제도의 경우 다른 관계인이나 허가기관의 인허가를 받지 않는 대신 다른 관계인이나 인허가기관의 협의를 거치도록 하는 경우가 보통이고 행정기본법도 이를 수용하고 있다.

④ 주된 인허가처분이 관계 기관의 장과 협의를 거쳐 발령된 이상 의제되는 인허가에 법령상 요구되는 주민의 의견 청취 등의 절차는 거칠 필요가 없다.

문 10. 인허가 의제제도에 대한 설명으로 옳은 것은?

① 판례는 주무행정기관에 신청되거나 의제되는 인허가요건의 판단방식에 관하여 절차집중설을 취하고 있으나 행정기본법은 실체집중설을 취하고 있다.

② 주된 인허가에 관한 사항을 규정하고 있는 법률에서 주된 인허가가 있으면 다른 법률에 의한 인허가를 받은 것으로 의제한다는 규정을 둔 경우, 주된 인허가가 있으면 다른 법률에 의하여 인허가를 받았음을 전제로 하는 그 다른 법률의 모든 규정들까지 적용되는 것은 아니라는 것이 판례 입장이고 행정기본법은 이를 수용하고 있다.

③ 행정기본법은 관계 행정기관과의 협의와 주민·이해관계인의 참여에 관한 일반적인 규정을 두고 있다.

④ 인허가의제에서 계획확정기관이 의제되는 인허가의 실체적 및 절차적 요건에 기속되는지 여부가 문제되는데, 인허가의 실체적 요건 및 절차적 요건 모두에 기속된다고 보는 것이 판례와 행정기본법의 입장이다.

문 11. 행정기본법 제15조는 처분은 권한이 있는 기관이 취소 또는 철회하거나 기간의 경과 등으로 소멸되기 전까지는 유효한 것으로 통용된다고 규정하고 있다. 이에 대한 설명으로 옳은 것은?

① 행정기본법 제15조가 규정하고 있는 처분의 효력은 행정행위의 위법이 중대·명백하여 당연무효가 아닌 한 권한 있는 기관에 의해 취소되기까지는 행정의 상대방이나 이해관계자에게 적법하게 통용되는 힘을 말한다.

② 모든 행정행위에 공통되는 것이 아니라 행정심판의 재결 등과 같이 예외적이고 특별한 경우에 처분청 등 행정청에 대한 구속으로 인정되는 실체법적 효력을 의미한다.

③ 과세처분의 하자가 취소할 수 있는 사유인 경우 과세관청이 이를 스스로 취소하거나 항고소송절차에 의하여 취소되지 아니하여도 해당 조세의 납부는 부당이득이 되지 않는데 이는 행정기본법 제15조가 규정하고 있는 효력과 관련된다.

④ 행정기본법 제15조의 효력으로 인해 행정처분이 위법임을 이유로 국가배상을 청구하기 위한 전제로서 그 처분이 취소되어야 한다.

문 12. 행정기본법에 대한 설명으로 옳은 것은?

① 판례와 행정기본법에 따르면 행정처분을 한 행정청은 그 처분의 성립에 하자가 있는 경우 이를 취소할 별도의 법적 근거가 있어야 직권으로 취소할 수 있다.

② 행정기본법은 확약이 있은 후에 사실적·법률적 상태가 변경되었다면, 그와 같은 확약은 행정청의 별다른 의사표시를 기다리지 않고 실효된다고 규정하고 있다.

③ 행정기본법은 행정계획의 확정절차에 대한 일반법이다.

④ 행정기본법은 행정기관이 행정목적을 실현하기 위하여 특정인에게 일정한 행위를 하거나 하지 아니하도록 지도·권고·조언 등을 하는 행정작용을 규정하고 있지 않다.

문 13. 행정행위의 부관에 대한 설명으로 옳지 않은 것은? (다툼이 있는 경우 판례에 의함)

① 판례와 행정기본법 모두 당사자의 동의가 있는 경우 사후부관을 인정하고 있다.

② 판례와 행정기본법에 따르면 재량행위에는 법령상 근거가 없더라도 부관을 붙일 수 있다고 본다.

③ 행정기본법에 따르면 기속행위도 법률에서 명시적으로 부관을 허용하고 있으면 부관을 붙일 수 있다.

④ 판례는 사정변경으로 인하여 당초의 부담을 부과한 목적을 달성할 수 없게 된 경우에도 사후부관의 가능성을 인정하지 않았으나 행정기본법은 사정변경을 사후부관 사유로 규정하고 있다.

문 14. 행정행위의 직권취소에 대한 설명으로 옳지 않은 것은? (다툼이 있는 경우 판례에 의함)

① 처분청이라도 자신이 행한 수익적 행정행위를 위법 또는 부당을 이유로 취소하려면 취소에 대한 법적 근거가 있어야 한다.

② 행정기본법과 판례에 따르면 수익적 행정처분의 하자가 당사자의 사실은폐에 의한 신청행위에 기인한 것이라면 행정청이 당사자의 신뢰이익을 고려하지 않고 취소하였다 하더라도 재량권의 남용이 되지 않는다.

③ 행정행위의 철회권은 처분청만이 가진다.

④ 행정기본법과 판례 모두 사정변경을 철회의 사유로 인정하고 있다.

문 15. 다음 방송법 규정에 따른 허가취소에 관한 설명 중 옳지 않은 것은? (다툼이 있는 경우 행정기본법에 의함)

> 방송법 제18조 【허가·승인·등록의 취소 등】① 방송사업자·중계유선방송사업자·음악유선방송사업자·전광판방송사업자 또는 전송망사업자가 다음 각 호의 어느 하나에 해당하는 때에는 미래창조과학부장관 또는 방송통신위원회가 소관 업무에 따라 허가·승인 또는 등록을 취소하거나 6월 이내의 기간을 정하여 그 업무의 전부 또는 일부를 정지하거나 광고의 중단 또는 제16조에 따른 허가·승인의 유효기간 단축을 명할 수 있다. 〈단서 생략〉
> 1. 허위 기타 부정한 방법으로 허가·변경허가·재허가를 받거나 승인·변경승인·재승인을 얻거나 등록·변경등록을 한때
> 2. ~ 8. 〈생략〉
> 9. 제99조 제1항에 따른 시정명령을 이행하지 아니하거나 같은 조 제2항에 따른 시설개선명령을 이행하지 아니한 때

① 허위 기타 부정한 방법으로 허가·변경허가·재허가를 받거나 승인·변경승인·재승인을 얻거나 등록·변경등록을 한때 행정청은 허가 등을 소급하여 취소할 수 있다.

② 방송사가 방송법에 따른 시정명령을 이행하지 아니한 경우 행정청은 장래를 향하여 방송허가를 철회할 수 있다.

③ 위 제9호에 따라 허가를 취소하는 경우 허가를 취소할 공익상 필요와 허가취소로 인하여 상대방에게 가해지는 불이익을 형량하여야 한다.

④ 위 제1호에 따른 허가취소의 경우 사업자는 허가의 존속에 관한 신뢰이익을 원용할 수 있고, 주무관청은 이러한 신뢰이익을 보호하여야 한다.

문 16. 행정행위의 직권취소 및 철회에 대한 설명으로 옳은 것은? (다툼이 있는 경우 행정기본법에 의함)

① 행정행위의 철회의 효과는 공익을 위하여 행위시로 소급하는 것이 원칙이다.
② 직권취소는 처분의 성격을 가지므로, 이유제시절차 등의 행정기본법상 처분절차에 따라야 하며, 특히 수익적 행정행위의 직권취소는 상대방에게 침해적 효과를 발생시키므로 행정기본법에 따른 사전통지, 의견청취의 절차를 거쳐야 한다.
③ 판례는 사인(私人)이 적법한 침익적 행위에 대한 철회의 신청권을 가지지 않는다고 보았으나 행정기본법은 사인의 철회신청권을 인정하고 있다.
④ 영유아보육법에 따라 보건복지부장관의 평가인증을 받아 어린이집을 설치·운영하고 있는 甲은 어린이집을 운영하면서 부정한 방법으로 보조금을 교부받아 사용하였고, 보건복지부장관은 이를 근거로 관련 법령에 따라 평가인증을 취소한 경우, 행정청은 평가인증취소처분을 하면서 별도의 법적 근거 없이는 평가인증의 효력을 취소사유 발생일로 소급하여 상실시킬 수 없다.

문 17. 甲은 A 구청장으로부터 식품위생법 관련 규정에 따라 적법하게 유흥접객업 영업허가를 받아 영업을 시작하였다. 영업을 시작한 지 1년이 지난 후에 甲의 영업장을 포함한 일부 지역이 새로이 적법한 절차에 따라 학교환경위생정화구역으로 설정되었고, A 구청장은 甲의 영업이 관할 학교환경위생정화위원회의 심의에 따라 금지되는 행위로 결정되었다는 이유로 청문을 거친 후에 甲의 영업허가를 취소하였다. 甲이 A 구청장의 취소처분이 위법하다고 주장하면서 영업허가취소처분에 대하여 취소소송을 제기한 경우, 이에 대한 설명으로 옳지 않은 것은? (다툼이 있는 경우 행정기본법에 의함)

① A 구청장의 甲에 대한 영업허가 취소는 소급효가 인정된다.
② A 구청장은 행정기본법상 허가 철회권을 갖고 있다.
③ 甲에 대한 영업허가철회는 행정기본법상 허용될 수 있다.
④ 甲에 대한 영업허가를 철회하기 위해서는 법적 근거와 이유를 제시하여야 한다.

문 18. 공법상 계약에 대한 설명으로 옳지 않은 것은?

① 공법상 계약에 관한 통칙적 규정이 있다.
② 행정절차법은 공법상 계약의 체결절차에 대해서는 규율하고 있지 않다.
③ 행정기본법에 따르면 공법상 계약에는 원칙적으로 법령우위의 원칙이 적용되지 않는다.
④ 공법상 계약에 대해서는 행정절차법이 적용되지 않으나 행정기본법은 적용된다.

문 19. 공법상 계약에 대한 설명으로 옳은 것은?

① 계약직공무원에 대한 계약을 해지할 때에는 행정기본법에 의하여 근거와 이유를 제시하여야 한다.
② 위법한 공법상 계약은 무효이므로 공법상 계약에는 원칙적으로 공정력이 인정되지 않는다.
③ 행정기본법에 따르면 공법상 계약은 구두나 문서로 할 수 있다.
④ 행정기본법에 따르면 공법상 계약에 의한 의무의 불이행에 대해서는 공익의 실현을 보장하기 위하여 행정대집행법에 의한 대집행이 허용된다.

문 20. 다음 설명 중 행정기본법에 규정된 것은?

① 행정청은 재량이 있는 처분을 할 때에는 관련 이익을 정당하게 형량하여야 하며, 그 재량권의 범위를 넘어서는 아니 된다.
② 처분, 신고, 행정상 입법예고, 행정예고 및 행정지도의 절차(이하 "행정절차"라 한다)에 관하여 다른 법률에 특별한 규정이 있는 경우를 제외하고는 이 법에서 정하는 바에 따른다.
③ 행정청이 그 관할에 속하지 아니하는 사안을 접수하였거나 이송받은 경우에는 지체 없이 이를 관할 행정청에 이송하여야 하고 그 사실을 신청인에게 통지하여야 한다. 행정청이 접수하거나 이송받은 후 관할이 변경된 경우에도 또한 같다.
④ 당사자등이 사망하였을 때의 상속인과 다른 법령 등에 따라 당사자등의 권리 또는 이익을 승계한 자는 당사자등의 지위를 승계한다.

문 1. 다음 설명 중 행정기본법에 규정된 것은?

① 다수의 당사자등이 공동으로 행정절차에 관한 행위를 할 때에는 대표자를 선정할 수 있다.

② 국가와 지방자치단체는 국민의 삶의 질을 향상시키기 위하여 적법절차에 따라 공정하고 합리적인 행정을 수행할 책무를 진다.

③ 송달은 우편, 교부 또는 정보통신망 이용 등의 방법으로 하되, 송달받을 자(대표자 또는 대리인을 포함한다. 이하 같다)의 주소·거소(居所)·영업소·사무소 또는 전자우편주소(이하 "주소등"이라 한다)로 한다. 다만, 송달받을 자가 동의하는 경우에는 그를 만나는 장소에서 송달할 수 있다.

④ 송달은 다른 법령등에 특별한 규정이 있는 경우를 제외하고는 해당 문서가 송달받을 자에게 도달됨으로써 그 효력이 발생한다.

문 2. 다음 설명 중 행정기본법에 규정된 것은?

① 행정청은 필요한 처분기준을 해당 처분의 성질에 비추어 되도록 구체적으로 정하여 공표하여야 하며, 처분기준을 변경하는 경우에도 또한 같다.

② 행정청에 처분을 구하는 신청은 문서로 하여야 한다. 다만, 다른 법령등에 특별한 규정이 있는 경우와 행정청이 미리 다른 방법을 정하여 공시한 경우에는 그러하지 아니하다.

③ 국가와 지방자치단체는 소속 공무원이 공공의 이익을 위하여 적극적으로 직무를 수행할 수 있도록 제반 여건을 조성하고, 이와 관련된 시책 및 조치를 추진하여야 한다.

④ 행정청은 신청인의 편의를 위하여 처분의 처리기간을 종류별로 미리 정하여 공표하여야 한다.

문 3. 다음 설명 중 행정기본법에 규정되지 않은 것은?

① 행정청은 당사자에게 의무를 부과하거나 권익을 제한하는 처분을 하는 경우에는 처분하려는 원인이 되는 사실과 처분의 내용 및 법적 근거를 당사자등에게 통지하여야 한다.

② 법령등 또는 처분에서 국민의 권익을 제한하거나 의무를 부과하는 경우 권익이 제한되거나 의무가 지속되는 기간의 계산은 기간을 일, 주, 월 또는 연으로 정한 경우에 기간의 첫날을 산입한다.

③ 새로운 법령등은 법령등에 특별한 규정이 있는 경우를 제외하고는 그 법령등의 효력 발생 전에 완성되거나 종결된 사실관계 또는 법률관계에 대해서는 적용되지 아니한다.

④ 처분은 권한이 있는 기관이 취소 또는 철회하거나 기간의 경과 등으로 소멸되기 전까지는 유효한 것으로 통용된다. 다만, 무효인 처분은 처음부터 그 효력이 발생하지 아니한다.

문 4. 다음 설명 중 행정기본법에 규정되지 않은 것은?

① 자격이나 신분 등을 취득 또는 부여할 수 없거나 인가, 허가, 지정, 승인, 영업등록, 신고 수리 등을 필요로 하는 영업 또는 사업 등을 할 수 없는 사유는 법률로 정한다.

② 다른 법령등에서 청문을 하도록 규정하고 있는 경우 행정청이 처분을 할 때 청문을 한다.

③ 행정청은 처분에 재량이 있는 경우에는 부관(조건, 기한, 부담, 철회권의 유보 등을 말한다. 이하 이 조에서 같다)을 붙일 수 있다.

④ 행정청은 위법 또는 부당한 처분의 전부나 일부를 소급하여 취소할 수 있다.

문 5. 다음 설명 중 행정기본법에 규정되지 않은 것은?

① 행정청은 적법한 처분이 법률에서 정한 철회사유에 해당하게 된 경우 그 처분의 전부 또는 일부를 장래를 향하여 철회할 수 있다.

② 행정청은 법률로 정하는 바에 따라 완전히 자동화된 시스템(인공지능 기술을 적용한 시스템을 포함한다)으로 처분을 할 수 있다.

③ 제재처분의 근거가 되는 법률에는 제재처분의 주체, 사유, 유형 및 상한을 명확하게 규정하여야 한다.

④ 행정청은 처분을 할 때에는 당사자에게 그 근거와 이유를 제시하여야 한다.

문 6. 다음 중 우리나라의 행정기본법이 규정하고 있는 것은 모두 몇 개인가?

> ㉠ 행정확약절차
> ㉡ 행정예고절차
> ㉢ 행정계획절차
> ㉣ 공법상 계약
> ㉤ 행정상 입법예고절차
> ㉥ 행정조사절차
> ㉦ 행정집행절차
> ㉧ 의견제출 및 청문절차

① 1개   ② 2개
③ 3개   ④ 4개

문 7. 행정기본법과 행정절차법에 대한 설명으로 옳은 것은?

① 행정기본법과 행정절차법은 행정계획의 확정절차에 관한 일반적 규정을 두고 있지 않다.

② 우리나라의 행정절차법은 순수한 절차규정만으로 이루어졌으나 행정기본법은 실체적 규정을 두고 있다.

③ 법령등에서 행정청에 일정한 사항을 통지함으로써 의무가 끝나는 신고를 규정하고 있는 경우 신고가 행정절차법 제40조 제2항 각 호의 요건을 갖춘 경우에는 신고서가 접수기관에 발송된 때에 신고의무가 이행된 것으로 본다.

④ 법령등으로 정하는 바에 따라 행정청에 일정한 사항을 통지하여야 하는 신고로서 법률에 신고의 수리가 필요하다고 명시되어 있는 경우에는 신고서가 접수기관에 도달된 때에 신고의무가 이행된 것으로 본다.

문 8. 행정기본법과 행정절차법에 대한 설명으로 옳은 것은?

① 거짓이나 그 밖의 부정한 방법으로 처분을 받은 경우 행정청이 당사자에게 권리나 이익을 부여하는 처분을 취소하려는 경우에는 취소로 인하여 당사자가 입게 될 불이익을 고려하지 않아도 된다.

② 거짓이나 그 밖의 부정한 방법으로 처분을 받은 경우 행정청이 당사자에게 권리나 이익을 부여하는 처분을 취소하려는 경우에는 사전통지를 하지 아니할 수 있다.

③ 공공의 안전 또는 복리를 위하여 긴급히 처분을 할 필요가 있는 경우 행정청이 당사자에게 권리나 이익을 부여하는 처분을 취소하려는 경우에는 취소로 인하여 당사자가 입게 될 불이익을 고려하지 않아도 된다.

④ 당사자가 처분의 위법성을 알고 있었거나 중대한 과실로 알지 못한 경우 행정청이 당사자에게 권리나 이익을 부여하는 처분을 취소하려는 경우에는 사전통지를 하지 아니할 수 있다.

문 9. 행정기본법과 행정절차법에 대한 설명으로 옳은 것은?

① 행정청은 당사자등에게 의무를 부과하거나 권익을 제한하는 처분을 취소하는 경우에는 취소로 인하여 당사자가 입게 될 불이익을 취소로 달성되는 공익과 비교·형량(衡量)하여야 한다.

② 지방의회의 동의를 얻어 행하는 처분에 대해서는 행정절차법이 적용된다.

③ 국가공무원법상 직위해제처분은 성질상 행정절차를 거치기 곤란하거나 불필요하다고 인정되는 사항 또는 행정절차에 준하는 절차를 거친 사항에 해당하므로, 처분의 사전통지 및 의견청취 등에 관한 행정절차법의 규정이 적용되지 않는다.

④ 유흥주점허가취소에는 행정기본법의 직권취소조항이 적용되지 않는다.

문 10. 행정기본법과 행정절차법에 대한 설명으로 옳지 않은 것은?

① 당사자의 신청에는 귀책사유가 없었는데 행정청이 영업허가를 한 후 행정청이 위법하다는 이유로 영업허가를 취소한 경우 영업허가는 소급하여 그 효력을 상실한다.

② 운전면허취소가 행정절차법의 이유제시의무에 위반하여 행정기본법에 따라 직권취소한 경우 운전면허 취소처분의 취소는 소급효가 인정될 수 있다.

③ 수익적 행정행위의 신청에 대해서 이를 거부하면서 사전통지 및 의견제출 절차를 거치지 않은 것은 취소사유에 해당하지 아니한다.

④ 불이익처분의 직접 상대방인 당사자 또는 행정청이 참여하게 한 이해관계인이 아닌 제3자에 대하여는 의견제출에 관한 행정절차법의 규정이 적용되지 아니한다.

문 11. 제재처분에 대한 설명으로 옳은 것은?

① 법령등을 위반한 행위의 성립과 이에 대한 제재처분은 법령등에 특별한 규정이 있는 경우를 제외하고는 법령등을 위반한 행위 당시의 법령등에 따른다.

② 행정기본법은 양도인의 위법행위로 양도인에게 이미 제재처분이 내려진 경우에 영업정지 등 그 제재처분의 효력은 양수인에게 이전된다고 규정하였다.

③ 행정기본법은 명문규정으로 책임의 승계를 인정하고 있는데, 양수인이 양수할 때에 양도인에 대한 제재처분이나 위반사실을 알지 못하였음을 입증하였을 때에는 책임의 승계를 부인하고 있다.

④ 제재처분에 대한 임의적 감경규정이 있는 경우 감경 여부는 행정청의 재량에 속하므로 존재하는 감경사유를 고려하지 않았거나 일부 누락시켰다 하더라도 이를 위법하다고 할 수 없다.

문 12. 제재처분에 대한 설명으로 옳지 않은 것은?

① 제재처분의 근거가 되는 법률에는 제재처분의 주체, 사유, 유형 및 상한을 명확하게 규정하여야 한다.

② 자동차운수사업면허조건 등을 위반한 사업자에 대하여 행정청이 행정제재수단으로 사업정지를 명할 것인지, 과징금을 부과할 것인지, 과징금을 부과키로 한다면 그 금액은 얼마로 할 것인지에 관하여 재량권이 부여되었다.

③ 판례는 종래부터 법령의 위임을 받아 부령으로 정한 제재적 행정처분의 기준을 법규명령으로 보는 경향이 있다.

④ 제재적 행정처분에서 정한 제재기간의 경과로 그 효과가 소멸되었으나, 부령인 시행규칙의 형식으로 정한 처분기준에서 제재적 행정처분을 받은 것을 가중사유나 전제요건으로 삼아 장래의 제재적 행정처분을 하도록 정하고 있는 경우, 선행처분인 제재적 행정처분을 받은 상대방이 그 처분에서 정한 제재기간이 경과하였더라도 그 처분의 취소를 구할 법률상 이익이 존재한다.

문 13. 이행강제금에 대한 설명으로 옳지 않은 것은?

① 이행강제금은 처벌이 아니므로 반복하여 부과·징수할 수 있도록 한 건축법과 동일한 내용을 행정기본법에 반영하였다.

② 행정기본법은 이행강제금 부과처분에 대한 불복소송은 비송사건절차법에 따른 재판에 의한다고 규정하고 있다.

③ 판례는 이행강제금은 침익적 강제수단이므로 법적 근거를 요한다는 입장이었고 행정기본법은 이를 수용하고 있다.

④ 건축법 제79조 제1항에 따른 위반 건축물 등에 대한 시정명령을 받은 자가 이를 이행하면, 허가권자는 새로운 이행강제금의 부과를 즉시 중지하되 이미 부과된 이행강제금은 징수하도록 한 건축법의 내용을 행정기본법은 수용하고 있다.

문 14. 이행강제금에 대한 설명으로 옳은 것은?

① 이행강제금은 이행강제금이 부과되기 전에 의무를 이행한 경우에 시정명령에서 정한 기간을 지나서 이행한 경우라면 이행강제금을 부과할 수 없다는 것이 판례의 입장이었으나 행정기본법은 부과할 수 있다고 규정하고 있다.

② 건축법상 허가권자는 이행강제금을 부과하기 전에 이행강제금을 부과·징수한다는 뜻을 미리 문서로써 계고하여야 하는데 행정기본법도 동일한 취지를 수용하고 있다.

③ 행정기본법은 이행강제금을 부과하기 전에 당사자의 의견진술의 기회를 부여하도록 규정하고 있다.

④ 행정기본법은 대체적 작위의무 불이행을 전제로 이행강제금 부과를 허용하고 있다.

문 15. 행정의 실효성 확보수단에 대한 판례의 입장으로 옳은 것은?

① 이행강제금은 심리적 압박을 통하여 간접적으로 의무이행을 확보하는 수단인 행정벌과는 달리 의무이행의 강제를 직접적인 목적으로 하므로, 강학상 직접강제에 해당한다.

② 행정기본법에 의하면 고의 또는 과실이 없는 질서위반행위에 대해서도 과태료를 부과할 수 있다.

③ 행정강제는 행정상 강제집행을 원칙으로 하고, 행정상 즉시강제는 예외적으로 인정되는 강제수단이라는 것이 판례의 입장이었고 행정기본법은 이를 수용하고 있다.

④ 행정상 즉시강제는 다른 수단으로는 행정목적을 달성할 수 없는 경우이어야 하며, 이러한 경우에도 그 행사는 필요 최소한도에 그쳐야 함을 내용으로 하는 조리상 한계가 있었으나 행정기본법은 이를 수용하지는 않았다.

문 16. 행정상 즉시강제에 대한 설명으로 옳지 않은 것은?

① 즉시강제는 예측가능성을 부정하는 행정작용이므로 행정청의 권한에 대해 명확한 근거법이 요구된다.

② 행정상 즉시강제는 의무불이행을 전제로 하지 않는다.

③ 불법음반을 수거하기에 앞서 사전통지나 의견제출의 기회를 부여하지 않았다고 하여 적법절차원칙에 위반되는 것으로는 볼 수 없다.

④ 행정기본법은 손실발생의 원인에 대하여 책임이 없는 자가 행정상 즉시강제로 재산상의 손실을 입은 경우, 국가는 손실을 입은 자에 대하여 정당한 보상을 하여야 한다는 규정을 두었다.

문 17. 행정기본법상 행정의 실효성 확보수단에 대한 설명으로 옳은 것은?

① 행정범의 경우에는 법인의 대표자 또는 종업원 등의 행위자뿐 아니라 법인도 아울러 처벌하는 규정을 두고 있다.
② 통고처분이란 범칙자에 대하여 형사소송상의 정식재판에 갈음하여 행정청이 벌금 또는 과료에 상당하는 금액(범칙금)의 납부를 통고하는 것으로 규정하고 있다.
③ 행정기본법은 과태료 부과에 대해 이의가 제기된 경우에는 행정청의 과태료 부과처분은 그 효력을 상실한다고 규정하고 있다.
④ 행정청은 법령등에 따른 의무를 위반한 자에 대하여 법률로 정하는 바에 따라 그 위반행위에 대한 제재로서 과징금을 부과할 수 있다고 규정하고 있다.

문 18. 행정기본법상 과징금에 대한 설명으로 옳은 것은?

① 고의 또는 과실이 없는 질서위반행위는 과징금를 부과하지 아니한다.
② 과징금 부과처분의 경우 위반자의 의무 해태를 탓할 수 없는 정당한 사유가 있는 등의 특별한 사정이 있는 경우에는 이를 부과할 수 없다는 것이 판례의 입장이고 행정기본법도 이를 수용하는 규정을 두고 있다.
③ 과징금처분기준이 만약 일정액으로 정해진 것이라면 그 수액은 정액이 아니라 과징금의 최고한도액이라는 것이 판례의 입장이고 행정기본법도 법률에 과징금 상한액을 규정하도록 하고 있다.
④ 과징금을 분할 납부하는 것을 허용하고 있지 않다.

문 19. 행정기본법에 대한 설명으로 옳은 것은?

① 무효인 처분은 권한이 있는 기관이 취소 또는 철회하거나 기간의 경과 등으로 소멸되기 전까지는 유효한 것으로 통용된다.
② 행정청은 처분에 재량이 없는 경우에는 어떠한 경우에도 부관을 붙일 수 없다.
③ 행정청은 법률로 정하는 바에 따라 완전히 자동화된 시스템(인공지능 기술을 적용한 시스템을 포함한다)으로 처분을 할 수 있다. 다만, 처분에 재량이 있는 경우는 그러하지 아니하다.
④ 행정청은 공법상 계약의 상대방을 선정하고 계약 내용을 정할 때 공법상 계약의 공공성과 제3자의 이해관계를 고려하여야 하는 것은 아니다.

문 20. 행정기본법에 대한 설명으로 옳은 것은?

① 법령상 의무 위반자에 대한 명단공개에 대한 일반 규정을 두고 있다.
② 공무원의 불법행위에 대한 배상제도를 두고 있다.
③ 재산상 손실보상에 대한 일반 조항을 두고 있다.
④ 처분에 대한 이의신청 조항을 두고 있다.

제1회 모의고사 p.114

문 1. ①	문 6. ④	문 11. ②	문 16. ③
문 2. ①	문 7. ①	문 12. ④	문 17. ③
문 3. ②	문 8. ②	문 13. ③	문 18. ②
문 4. ③	문 9. ②	문 14. ③	문 19. ③
문 5. ②	문 10. ①	문 15. ④	문 20. ①

문 1. 답 ①

① [○] 법령등을 공포한 날부터 시행하는 경우에는 공포한 날을 시행일로 한다(행정기본법 제7조 제1호).
② [×] 법령등을 공포한 날부터 일정 기간이 경과한 날부터 시행하는 경우 법령등을 공포한 날을 첫날에 산입하지 아니한다(행정기본법 제7조 제2호).
③ [×] 법령등을 공포한 날부터 일정 기간이 경과한 날부터 시행하는 경우 그 기간의 말일이 토요일 또는 공휴일인 때에는 그 말일로 기간이 만료한다(행정기본법 제7조 제3호).
④ [×]

> **행정기본법 제7조【법령등 시행일의 기간 계산】** 법령등(훈령·예규·고시·지침 등을 포함한다. 이하 이 조에서 같다)의 시행일을 정하거나 계산할 때에는 다음 각 호의 기준에 따른다.

문 2. 답 ①

① [○] 자기구속의 법리는 따로 규정하지 않고 있고 평등원칙에서 도출할 수 있다.

> **행정기본법 제12조【신뢰보호의 원칙】** ② 행정청은 권한 행사의 기회가 있음에도 불구하고 장기간 권한을 행사하지 아니하여 국민이 그 권한이 행사되지 아니할 것으로 믿을 만한 정당한 사유가 있는 경우에는 그 권한을 행사해서는 아니 된다. 다만, 공익 또는 제3자의 이익을 현저히 해칠 우려가 있는 경우는 예외로 한다.

② [×]

> **행정기본법 제8조【법치행정의 원칙】** 행정작용은 법률에 위반되어서는 아니 되며, 국민의 권리를 제한하거나 의무를 부과하는 경우와 그 밖에 국민생활에 중요한 영향을 미치는 경우에는 법률에 근거하여야 한다.

③ [×]

> **행정기본법 제10조【비례의 원칙】** 행정작용은 다음 각 호의 원칙에 따라야 한다.
> 1. 행정목적을 달성하는 데 유효하고 적절할 것
> 2. 행정목적을 달성하는 데 필요한 최소한도에 그칠 것
> 3. 행정작용으로 인한 국민의 이익 침해가 그 행정작용이 의도하는 공익보다 크지 아니할 것

④ [×]

> **행정기본법 제12조【신뢰보호의 원칙】** ② 행정청은 권한 행사의 기회가 있음에도 불구하고 장기간 권한을 행사하지 아니하여 국민이 그 권한이 행사되지 아니할 것으로 믿을 만한 정당한 사유가 있는 경우에는 그 권한을 행사해서는 아니 된다. 다만, 공익 또는 제3자의 이익을 현저히 해칠 우려가 있는 경우는 예외로 한다.

문 3. 답 ②

가. [○]

> **행정기본법 제15조【처분의 효력】** 처분은 권한이 있는 기관이 취소 또는 철회하거나 기간의 경과 등으로 소멸되기 전까지는 유효한 것으로 통용된다. 다만, 무효인 처분은 처음부터 그 효력이 발생하지 아니한다.

나. [×] 처분시 이유제시의무, 의무를 과하거나 권익을 제한하는 처분에 앞서 통지의무와 의견청취의무는 행정기본법이 아니라 행정절차법에서 규정하고 있다.

다. [×]

> **행정기본법 제15조 【처분의 효력】** 처분은 권한이 있는 기관이 취소 또는 철회하거나 기간의 경과 등으로 소멸되기 전까지는 유효한 것으로 통용된다. 다만, 무효인 처분은 처음부터 그 효력이 발생하지 아니한다.

라. [○]

> **행정기본법 제16조 【결격사유】** ① 자격이나 신분 등을 취득 또는 부여할 수 없거나 인가, 허가, 지정, 승인, 영업등록, 신고 수리 등(이하 "인허가"라 한다)을 필요로 하는 영업 또는 사업 등을 할 수 없는 사유(이하 이 조에서 "결격사유"라 한다)는 법률로 정한다.

마. [○]

> **행정기본법 제18조 【위법 또는 부당한 처분의 취소】** ① 행정청은 위법 또는 부당한 처분의 전부나 일부를 소급하여 취소할 수 있다. 다만, 당사자의 신뢰를 보호할 가치가 있는 등 정당한 사유가 있는 경우에는 장래를 향하여 취소할 수 있다.
> **제19조 【적법한 처분의 철회】** ① 행정청은 적법한 처분이 다음 각 호의 어느 하나에 해당하는 경우에는 그 처분의 전부 또는 일부를 장래를 향하여 철회할 수 있다.

바. [○]

> **행정기본법 제17조 【부관】** ① 행정청은 처분에 재량이 있는 경우에는 부관(조건, 기한, 부담, 철회권의 유보 등을 말한다. 이하 이 조에서 같다)을 붙일 수 있다.
> ② 행정청은 처분에 재량이 없는 경우에는 법률에 근거가 있는 경우에 부관을 붙일 수 있다.

사. [○]

> **행정기본법 제16조 【결격사유】** ② 결격사유를 규정할 때에는 다음 각 호의 기준에 따른다.
> 1. 규정의 필요성이 분명할 것
> 2. 필요한 항목만 최소한으로 규정할 것
> 3. 대상이 되는 자격, 신분, 영업 또는 사업 등과 실질적인 관련이 있을 것
> 4. 유사한 다른 제도와 균형을 이룰 것

문 4. 답 ③

① [×]

> **행정기본법 제27조 【공법상 계약의 체결】** ① 행정청은 법령등을 위반하지 아니하는 범위에서 행정목적을 달성하기 위하여 필요한 경우에는 공법상 법률관계에 관한 계약(이하 "공법상 계약"이라 한다)을 체결할 수 있다. 이 경우 계약의 목적 및 내용을 명확하게 적은 계약서를 작성하여야 한다.

② [×]

> **행정기본법 제17조 【부관】** ③ 행정청은 부관을 붙일 수 있는 처분이 다음 각 호의 어느 하나에 해당하는 경우에는 그 처분을 한 후에도 부관을 새로 붙이거나 종전의 부관을 변경할 수 있다.
> 1. 법률에 근거가 있는 경우
> 2. 당사자의 동의가 있는 경우
> 3. 사정이 변경되어 부관을 새로 붙이거나 종전의 부관을 변경하지 아니하면 해당 처분의 목적을 달성할 수 없다고 인정되는 경우

③ [○]

> **행정기본법 제19조 【적법한 처분의 철회】** ① 행정청은 적법한 처분이 다음 각 호의 어느 하나에 해당하는 경우에는 그 처분의 전부 또는 일부를 장래를 향하여 철회할 수 있다.
> 1. 법률에서 정한 철회 사유에 해당하게 된 경우
> 2. 법령등의 변경이나 사정변경으로 처분을 더 이상 존속시킬 필요가 없게 된 경우
> 3. 중대한 공익을 위하여 필요한 경우
> ② 행정청은 제1항에 따라 처분을 철회하려는 경우에는 철회로 인하여 당사자가 입게 될 불이익을 철회로 달성되는 공익과 비교·형량하여야 한다.

④ [×]

> **제35조 【수수료 및 사용료】** ① 행정청은 특정인을 위한 행정서비스를 제공받는 자에게 법령으로 정하는 바에 따라 수수료를 받을 수 있다.
> ② 행정청은 공공시설 및 재산 등의 이용 또는 사용에 대하여 사전에 공개된 금액이나 기준에 따라 사용료를 받을 수 있다.

문 5.　　　　　　　　　　　　　　　　**답 ②**

① [×]

> **행정기본법 제14조 【법 적용의 기준】** ① 새로운 법령등은 법령등에 특별한 규정이 있는 경우를 제외하고는 그 법령등의 효력 발생 전에 완성되거나 종결된 사실관계 또는 법률관계에 대해서는 적용되지 아니한다.

② [○] 법령등의 효력 발생 전에 완성되거나 종결된 사실관계 또는 법률관계에 대하여 소급적용을 금지하고 있으므로 진정소급적용만 금지하고 있다.

③ [×]

> **행정기본법 제14조 【법 적용의 기준】** ① 새로운 법령등은 법령등에 특별한 규정이 있는 경우를 제외하고는 그 법령등의 효력 발생 전에 완성되거나 종결된 사실관계 또는 법률관계에 대해서는 적용되지 아니한다.

④ [×]

> **행정기본법 제14조 【법 적용의 기준】** ① 새로운 법령등은 법령등에 특별한 규정이 있는 경우를 제외하고는 그 법령등의 효력 발생 전에 완성되거나 종결된 사실관계 또는 법률관계에 대해서는 적용되지 아니한다.

문 6.　　　　　　　　　　　　　　　　**답 ④**

① [×]

> **행정기본법 제8조 【법치행정의 원칙】** 행정작용은 법률에 위반되어서는 아니 되며, 국민의 권리를 제한하거나 의무를 부과하는 경우와 그 밖에 국민생활에 중요한 영향을 미치는 경우에는 법률에 근거하여야 한다.

② [×] 행정기본법은 직권취소권을 규정하고 있지 않다.

③ [×] 건설업면허수첩 대여행위가 법령 개정으로 취소사유에서 삭제된 경우 행정기본법 제14조 제3항 단서에 따라 변경된 법령을 적용해야 하므로 구법에 따라 면허를 취소해야 한다는 대법원 판례와 모순된다.

> **행정기본법 제14조 【법 적용의 기준】** ③ 법령등을 위반한 행위의 성립과 이에 대한 제재처분은 법령등에 특별한 규정이 있는 경우를 제외하고는 법령등을 위반한 행위 당시의 법령등에 따른다. 다만, 법령등을 위반한 행위 후 법령등의 변경에 의하여 그 행위가 법령등을 위반한 행위에 해당하지 아니하거나 제재처분 기준이 가벼워진 경우로서 해당 법령등에 특별한 규정이 없는 경우에는 변경된 법령등을 적용한다.

♣ 관련 판례

법령이 변경된 경우 명문의 다른 규정이나 특별한 사정이 없는 한 그 변경 전에 발생한 사항에 대하여는 변경 후의 신 법령이 아니라 변경 전의 구 법령이 적용되므로, 건설업자인 원고가 1973.12.31. 소외인에게 면허수첩을 대여한 것이 그 당시 시행된 건설업법 제38조 제1항 제8호 소정의 건설업면허 취소사유에 해당된다면 그 후 동법 시행령 제3조 제1항이 개정되어 건설업면허 취소사유에 해당하지 아니하게 되었다 하더라도 건설부장관은 동 면허수첩 대여행위 당시 시행된 건설업법 제38조 제1항 제8호를 적용하여 원고의 건설업면허를 취소하여야 할 것이다(대판 1982.12.28, 82누1).

④ [○] 공법상 계약의 철회나 변경에 대한 규정은 없다.

> **행정기본법 제27조 【공법상 계약의 체결】** ① 행정청은 법령등을 위반하지 아니하는 범위에서 행정목적을 달성하기 위하여 필요한 경우에는 공법상 법률관계에 관한 계약(이하 "공법상 계약"이라 한다)을 체결할 수 있다. 이 경우 계약의 목적 및 내용을 명확하게 적은 계약서를 작성하여야 한다.
> ② 행정청은 공법상 계약의 상대방을 선정하고 계약 내용을 정할 때 공법상 계약의 공공성과 제3자의 이해관계를 고려하여야 한다.

⑤ [×] 공법상 계약의 체결의 한계로서 법령우위원칙은 규정을 하고 있으나 법률유보원칙을 규정하고 있지 않다. 다만 행정기본법이 공법상 계약의 일반적인 법률의 근거가 된다.

> **행정기본법 제27조【공법상 계약의 체결】** ① 행정청은 법령등을 위반하지 아니하는 범위에서 행정목적을 달성하기 위하여 필요한 경우에는 공법상 법률관계에 관한 계약(이하 "공법상 계약"이라 한다)을 체결할 수 있다. 이 경우 계약의 목적 및 내용을 명확하게 적은 계약서를 작성하여야 한다.
> ② 행정청은 공법상 계약의 상대방을 선정하고 계약 내용을 정할 때 공법상 계약의 공공성과 제3자의 이해관계를 고려하여야 한다.

문 7. 답 ①

① [○]

> **행정기본법 제6조【행정에 관한 기간의 계산】** ① 행정에 관한 기간의 계산에 관하여는 이 법 또는 다른 법령등에 특별한 규정이 있는 경우를 제외하고는 민법을 준용한다.

② [×]

> **행정기본법 제6조【행정에 관한 기간의 계산】** ② 법령등 또는 처분에서 국민의 권익을 제한하거나 의무를 부과하는 경우 권익이 제한되거나 의무가 지속되는 기간의 계산은 다음 각 호의 기준에 따른다. 다만, 다음 각 호의 기준에 따르는 것이 국민에게 불리한 경우에는 그러하지 아니하다.
> 1. 기간을 일, 주, 월 또는 연으로 정한 경우에는 기간의 첫날을 산입한다.

③ [×]

> **행정기본법 제6조【행정에 관한 기간의 계산】** ② 법령등 또는 처분에서 국민의 권익을 제한하거나 의무를 부과하는 경우 권익이 제한되거나 의무가 지속되는 기간의 계산은 다음 각 호의 기준에 따른다. 다만, 다음 각 호의 기준에 따르는 것이 국민에게 불리한 경우에는 그러하지 아니하다.
> 1. 기간을 일, 주, 월 또는 연으로 정한 경우에는 기간의 첫날을 산입한다.

④ [×]

> **행정기본법 제6조【행정에 관한 기간의 계산】** ② 법령등 또는 처분에서 국민의 권익을 제한하거나 의무를 부과하는 경우 권익이 제한되거나 의무가 지속되는 기간의 계산은 다음 각 호의 기준에 따른다. 다만, 다음 각 호의 기준에 따르는 것이 국민에게 불리한 경우에는 그러하지 아니하다.
> 2. 기간의 말일이 토요일 또는 공휴일인 경우에도 기간은 그 날로 만료한다.

문 8. 답 ②

① [×]

> **행정기본법 제17조【부관】** ① 행정청은 처분에 재량이 있는 경우에는 부관(조건, 기한, 부담, 철회권의 유보 등을 말한다. 이하 이 조에서 같다)을 붙일 수 있다.

② [○]

> **행정기본법 제17조【부관】** ④ 부관은 다음 각 호의 요건에 적합하여야 한다.
> 1. 해당 처분의 목적에 위배되지 아니할 것
> 2. 해당 처분과 실질적인 관련이 있을 것
> 3. 해당 처분의 목적을 달성하기 위하여 필요한 최소한의 범위일 것

③ [×]

> **행정기본법 제17조【부관】** ③ 행정청은 부관을 붙일 수 있는 처분이 다음 각 호의 어느 하나에 해당하는 경우에는 그 처분을 한 후에도 부관을 새로 붙이거나 종전의 부관을 변경할 수 있다.
> 1. 법률에 근거가 있는 경우
> 2. 당사자의 동의가 있는 경우
> 3. 사정이 변경되어 부관을 새로 붙이거나 종전의 부관을 변경하지 아니하면 해당 처분의 목적을 달성할 수 없다고 인정되는 경우

④ [×] 행정기본법은 "행정청은 처분에 재량이 없는 경우에는 법률에 근거가 있는 경우에 부관을 붙일 수 있다."고 규정하고 있어 법률에 근거가 있다면 부관을 붙일 수 있다. 그러나 기속행위에 부관을 붙일 수 있는 경우로서 우리나라 행정기본법은 요건충족적 부관을 규정하고 있지 않다.

⑤ [×] 행정기본법 제17조는 처분의 부관에 대한 일반법이다. 부관은 공법상 계약에도 붙일 수 있으나 행정기본법 제17조는 처분의 부관에만 적용된다.

문 9. 답 ②

① [×]

> **행정기본법 제18조【위법 또는 부당한 처분의 취소】①** 행정청은 위법 또는 부당한 처분의 전부나 일부를 소급하여 취소할 수 있다. 다만, 당사자의 신뢰를 보호할 가치가 있는 등 정당한 사유가 있는 경우에는 장래를 향하여 취소할 수 있다.

② [○]

> **행정기본법 제18조【위법 또는 부당한 처분의 취소】②** 행정청은 제1항에 따라 당사자에게 권리나 이익을 부여하는 처분을 취소하려는 경우에는 취소로 인하여 당사자가 입게 될 불이익을 취소로 달성되는 공익과 비교·형량(衡量)하여야 한다. 다만, 다음 각 호의 어느 하나에 해당하는 경우에는 그러하지 아니하다.
> 1. 거짓이나 그 밖의 부정한 방법으로 처분을 받은 경우
> 2. 당사자가 처분의 위법성을 알고 있었거나 중대한 과실로 알지 못한 경우

③ [×]

> **행정기본법 제18조【위법 또는 부당한 처분의 취소】②** 행정청은 제1항에 따라 당사자에게 권리나 이익을 부여하는 처분을 취소하려는 경우에는 취소로 인하여 당사자가 입게 될 불이익을 취소로 달성되는 공익과 비교·형량(衡量)하여야 한다. 다만, 다음 각 호의 어느 하나에 해당하는 경우에는 그러하지 아니하다.
> 1. 거짓이나 그 밖의 부정한 방법으로 처분을 받은 경우
> 2. 당사자가 처분의 위법성을 알고 있었거나 중대한 과실로 알지 못한 경우

④ [×]

> **행정기본법 제19조【적법한 처분의 철회】①** 행정청은 적법한 처분이 다음 각 호의 어느 하나에 해당하는 경우에는 그 처분의 전부 또는 일부를 장래를 향하여 철회할 수 있다.

> 1. 법률에서 정한 철회 사유에 해당하게 된 경우
> 2. 법령등의 변경이나 사정변경으로 처분을 더 이상 존속시킬 필요가 없게 된 경우
> 3. 중대한 공익을 위하여 필요한 경우

문 10. 답 ①

① [×]

> **행정기본법 제20조【자동적 처분】** 행정청은 법률로 정하는 바에 따라 완전히 자동화된 시스템(인공지능 기술을 적용한 시스템을 포함한다)으로 처분을 할 수 있다. 다만, 처분에 재량이 있는 경우는 그러하지 아니하다.

② [○]

> **행정기본법 제21조【재량행사의 기준】** 행정청은 재량이 있는 처분을 할 때에는 관련 이익을 정당하게 형량하여야 하며, 그 재량권의 범위를 넘어서는 아니 된다.

③ [○]

> **행정기본법 제22조【제재처분의 기준】①** 제재처분의 근거가 되는 법률에는 제재처분의 주체, 사유, 유형 및 상한을 명확하게 규정하여야 한다. 이 경우 제재처분의 유형 및 상한을 정할 때에는 해당 위반행위의 특수성 및 유사한 위반행위와의 형평성 등을 종합적으로 고려하여야 한다. [시행일: 2021.9.24.]

④ [○]

> **행정기본법 제22조【제재처분의 기준】②** 행정청은 재량이 있는 제재처분을 할 때에는 다음 각 호의 사항을 고려하여야 한다.
> 1. 위반행위의 동기, 목적 및 방법
> 2. 위반행위의 결과
> 3. 위반행위의 횟수
> 4. 그 밖에 제1호부터 제3호까지에 준하는 사항으로서 대통령령으로 정하는 사항
> [시행일: 2021.9.24.]

① [○]

> **행정기본법 제24조【인허가의제의 기준】②** 인허가의제를 받으려면 주된 인허가를 신청할 때 관련 인허가에 필요한 서류를 함께 제출하여야 한다. 다만, 불가피한 사유로 함께 제출할 수 없는 경우에는 주된 인허가 행정청이 별도로 정하는 기한까지 제출할 수 있다.
> [시행일: 2023.3.24.]

② [×]

> **행정기본법 제24조【인허가의제의 기준】③** 주된 인허가 행정청은 주된 인허가를 하기 전에 관련 인허가에 관하여 미리 관련 인허가 행정청과 협의하여야 한다.
> [시행일: 2023.3.24.]

③ [○]

> **행정기본법 제24조【인허가의제의 기준】④** 관련 인허가 행정청은 제3항에 따른 협의를 요청받으면 그 요청을 받은 날부터 20일 이내(제5항 단서에 따른 절차에 걸리는 기간은 제외한다)에 의견을 제출하여야 한다. 이 경우 전단에서 정한 기간(민원 처리 관련 법령에 따라 의견을 제출하여야 하는 기간을 연장한 경우에는 그 연장한 기간을 말한다) 내에 협의 여부에 관하여 의견을 제출하지 아니하면 협의가 된 것으로 본다. [시행일: 2023.3.24.]

④ [○]

> **행정기본법 제24조【인허가의제의 기준】⑤** 제3항에 따라 협의를 요청받은 관련 인허가 행정청은 해당 법령을 위반하여 협의에 응해서는 아니 된다. 다만, 관련 인허가에 필요한 심의, 의견 청취 등 절차에 관하여는 법률에 인허가의제 시에도 해당 절차를 거친다는 명시적인 규정이 있는 경우에만 이를 거친다.
> [시행일: 2023.3.24.]

⑤ [○]

> **행정기본법 제25조【인허가의제의 효과】①** 제24조 제3항·제4항에 따라 협의가 된 사항에 대해서는 주된 인허가를 받았을 때 관련 인허가를 받은 것으로 본다.

> **②** 인허가의제의 효과는 주된 인허가의 해당 법률에 규정된 관련 인허가에 한정된다.
> [시행일: 2023.3.24.]

① [○]

> **행정기본법 제27조【공법상 계약의 체결】①** 행정청은 법령등을 위반하지 아니하는 범위에서 행정목적을 달성하기 위하여 필요한 경우에는 공법상 법률관계에 관한 계약(이하 "공법상 계약"이라 한다)을 체결할 수 있다. 이 경우 계약의 목적 및 내용을 명확하게 적은 계약서를 작성하여야 한다.
> **②** 행정청은 공법상 계약의 상대방을 선정하고 계약 내용을 정할 때 공법상 계약의 공공성과 제3자의 이해관계를 고려하여야 한다.

② [○]

> **행정기본법 제30조【행정상 강제】①** 행정청은 행정목적을 달성하기 위하여 필요한 경우에는 법률로 정하는 바에 따라 필요한 최소한의 범위에서 다음 각 호의 어느 하나에 해당하는 조치를 할 수 있다.
> 1. 행정대집행: 의무자가 행정상 의무(법령등에서 직접 부과하거나 행정청이 법령등에 따라 부과한 의무를 말한다. 이하 이 절에서 같다)로서 타인이 대신하여 행할 수 있는 의무를 이행하지 아니하는 경우 법률로 정하는 다른 수단으로는 그 이행을 확보하기 곤란하고 그 불이행을 방치하면 공익을 크게 해칠 것으로 인정될 때에 행정청이 의무자가 하여야 할 행위를 스스로 하거나 제3자에게 하게 하고 그 비용을 의무자로부터 징수하는 것
> 2. 이행강제금의 부과: 의무자가 행정상 의무를 이행하지 아니하는 경우 행정청이 적절한 이행기간을 부여하고, 그 기한까지 행정상 의무를 이행하지 아니하면 금전급부의무를 부과하는 것
> 3. 직접강제: 의무자가 행정상 의무를 이행하지 아니하는 경우 행정청이 의무자의 신체나 재산에 실력을 행사하여 그 행정상 의무의 이행이 있었던 것과 같은 상태를 실현하는 것

4. 강제징수: 의무자가 행정상 의무 중 금전 급부의무를 이행하지 아니하는 경우 행정청이 의무자의 재산에 실력을 행사하여 그 행정상 의무가 실현된 것과 같은 상태를 실현하는 것

5. 즉시강제: 현재의 급박한 행정상의 장해를 제거하기 위한 경우로서 다음 각 목의 어느 하나에 해당하는 경우에 행정청이 곧바로 국민의 신체 또는 재산에 실력을 행사하여 행정목적을 달성하는 것

가. 행정청이 미리 행정상 의무 이행을 명할 시간적 여유가 없는 경우

나. 그 성질상 행정상 의무의 이행을 명하는 것만으로는 행정목적 달성이 곤란한 경우 [시행일: 2023.3.24.]

③ [O] 행정절차법은 수리를 요하지 않은 신고에 대하여 규정하고 있으나 행정기본법은 수리를 요하는 신고에 대하여 규정하고 있다.

> **행정기본법 제34조【수리 여부에 따른 신고의 효력】** 법령등으로 정하는 바에 따라 행정청에 일정한 사항을 통지하여야 하는 신고로서 법률에 신고의 수리가 필요하다고 명시되어 있는 경우(행정기관의 내부 업무 처리 절차로서 수리를 규정한 경우는 제외한다)에는 행정청이 수리하여야 효력이 발생한다.
>
> [시행일: 2023.3.24.]
>
> **행정절차법 제40조【신고】** ① 법령등에서 행정청에 일정한 사항을 통지함으로써 의무가 끝나는 신고를 규정하고 있는 경우 신고를 관장하는 행정청은 신고에 필요한 구비서류, 접수기관, 그 밖에 법령등에 따른 신고에 필요한 사항을 게시(인터넷 등을 통한 게시를 포함한다)하거나 이에 대한 편람을 갖추어 두고 누구나 열람할 수 있도록 하여야 한다.
>
> ② 제1항에 따른 신고가 다음 각 호의 요건을 갖춘 경우에는 신고서가 접수기관에 도달된 때에 신고 의무가 이행된 것으로 본다.
>
> 1. 신고서의 기재사항에 흠이 없을 것
> 2. 필요한 구비서류가 첨부되어 있을 것
> 3. 그 밖에 법령등에 규정된 형식상의 요건에 적합할 것

④ [×] 행정서비스를 제공받은 자에게 법령으로 정하는 바에 따라 수수료를 받을 수 있다.

> **행정기본법 제35조【수수료 및 사용료】** ① 행정청은 특정인을 위한 행정서비스를 제공받는 자에게 법령으로 정하는 바에 따라 수수료를 받을 수 있다.
>
> ② 행정청은 공공시설 및 재산 등의 이용 또는 사용에 대하여 사전에 공개된 금액이나 기준에 따라 사용료를 받을 수 있다.

문 13. 답 ③

① [×] 행정기본법 제28조에 따라 법률에 근거를 두어야 한다. 다만 법률에 근거를 둔 법규명령으로도 가능하다.

> **행정기본법 제28조【과징금의 기준】** ① 행정청은 법령등에 따른 의무를 위반한 자에 대하여 법률로 정하는 바에 따라 그 위반행위에 대한 제재로서 과징금을 부과할 수 있다.

② [×] 행정기본법 제28조 제2항의 수범자는 입법부이므로 이에 근거하여 과징금을 부과할 수는 없다.

③ [O] 행정기본법 제28조에 따르면 과징금 부과의 대상자는 법령등에 따른 의무를 위반한 자이다.

> 🦌 **관련 판례**
>
> 현실적인 행위자가 아니라도 법령상 책임자로 규정된 자에게 부과된다(대판 2014.10.15, 2013두5005).

④ [×] 과징금의 근거가 되는 법률에는 과징금에 부과·징수 주체, 부과 사유, 상한액, 가산금을 징수하려는 경우 그 사항, 과징금 또는 가산금 체납 시 강제징수를 하려는 경우 그 사항을 명확하게 규정하여야 한다(행정기본법 제28조 제1항).

문 14. 답 ③

① [×] 우리나라 행정절차법은 불복기간의 도과로 인해 불가쟁력이 발생한 경우 행정청에 재심사를 청구할 수 있는 규정을 두고 있지 않다. 다만 행정기본법 제37조는 재심사 규정을 두고 있다. 시행일은 2023년 3월 24일이다.

② [×]

> **행정기본법 제37조【처분의 재심사】** ① 당사자는 처분(제재처분 및 행정상 강제는 제외한다. 이하 이 조에서 같다)이 행정심판, 행정소송 및 그 밖의 쟁송을 통하여 다툴 수 없게 된 경우(법원의 확정판결이 있는 경우는 제외한다)라도 다음 각 호의 어느 하나에 해당하는 경우에는 해당 처분을 한 행정청에 처분을 취소·철회하거나 변경하여 줄 것을 신청할 수 있다.   [시행일: 2023.3.24.]

③ [O]

> **행정기본법 제37조【처분의 재심사】** ② 제1항에 따른 신청은 해당 처분의 절차, 행정심판, 행정소송 및 그 밖의 쟁송에서 당사자가 중대한 과실 없이 제1항 각 호의 사유를 주장하지 못한 경우에만 할 수 있다.
> [시행일: 2023.3.24.]

④ [×]

> **행정기본법 제37조【처분의 재심사】** ⑤ 제4항에 따른 처분의 재심사 결과 중 처분을 유지하는 결과에 대해서는 행정심판, 행정소송 및 그 밖의 쟁송수단을 통하여 불복할 수 없다.
> [시행일: 2023.3.24.]

⑤ [×]

> **행정기본법 제37조【처분의 재심사】** ⑥ 행정청의 제18조에 따른 취소와 제19조에 따른 철회는 처분의 재심사에 의하여 영향을 받지 아니한다.   [시행일: 2023.3.24.]

문 15.	답 ④

① [O]

> **행정기본법 제38조【행정의 입법활동】** ① 국가나 지방자치단체가 법령등을 제정·개정·폐지하고자 하거나 그와 관련된 활동(법률안의 국회 제출과 조례안의 지방의회 제출을 포함하며, 이하 이 장에서 "행정의 입법활동"이라 한다)을 할 때에는 헌법과 상위 법령을 위반해서는 아니 되며, 헌법과 법령등에서 정한 절차를 준수하여야 한다.
> [시행일: 2021.9.24.]

② [O]

> **행정기본법 제38조【행정의 입법활동】** ② 행정의 입법활동은 다음 각 호의 기준에 따라야 한다.
> 1. 일반 국민 및 이해관계자로부터 의견을 수렴하고 관계 기관과 충분한 협의를 거쳐 책임 있게 추진되어야 한다.
> 2. 법령등의 내용과 규정은 다른 법령등과 조화를 이루어야 하고, 법령등 상호 간에 중복되거나 상충되지 아니하여야 한다.
> 3. 법령등은 일반 국민이 그 내용을 쉽고 명확하게 이해할 수 있도록 알기 쉽게 만들어져야 한다.   [시행일: 2021.9.24.]

③ [O]

> **행정기본법 제39조【행정법제의 개선】** ① 정부는 권한 있는 기관에 의하여 위헌으로 결정되어 법령이 헌법에 위반되거나 법률에 위반되는 것이 명백한 경우 등 대통령령으로 정하는 경우에는 해당 법령을 개선하여야 한다.
> [시행일: 2021.9.24.]

④ [×]

> **행정기본법 제40조【법령해석】** ① 누구든지 법령등의 내용에 의문이 있으면 법령을 소관하는 중앙행정기관의 장과 자치법규를 소관하는 지방자치단체의 장에게 법령해석을 요청할 수 있다.
> ③ 법령소관기관이나 법령소관기관의 해석에 이의가 있는 자는 대통령령으로 정하는 바에 따라 법령해석업무를 전문으로 하는 기관에 법령해석을 요청할 수 있다.
> [시행일: 2021.9.24.]

문 16.	답 ③

① [O] 행정의 법 원칙 명문화(제8조~제13조)
② [O] 법령 등 개정 시 신법과 구법의 적용 기준(제14조)

> **행정기본법 제14조【법 적용의 기준】** ③ 법령등을 위반한 행위의 성립과 이에 대한 제재처분은 법령등에 특별한 규정이 있는 경우를 제외하고는 법령등을 위반한 행위 당시의 법령등에 따른다. 다만, 법령등을 위반한 행위

후 법령등의 변경에 의하여 그 행위가 법령 등을 위반한 행위에 해당하지 아니하거나 제재처분 기준이 가벼워진 경우로서 해당 법령등에 특별한 규정이 없는 경우에는 변경된 법령등을 적용한다.

③ [×]

> **행정기본법 제18조【위법 또는 부당한 처분의 취소】**① 행정청은 위법 또는 부당한 처분의 전부나 일부를 소급하여 취소할 수 있다. 다만, 당사자의 신뢰를 보호할 가치가 있는 등 정당한 사유가 있는 경우에는 장래를 향하여 취소할 수 있다.

④ [○]

> **행정기본법 제19조【적법한 처분의 철회】**① 행정청은 적법한 처분이 다음 각 호의 어느 하나에 해당하는 경우에는 그 처분의 전부 또는 일부를 장래를 향하여 철회할 수 있다.
> 1. 법률에서 정한 철회 사유에 해당하게 된 경우
> 2. 법령등의 변경이나 사정변경으로 처분을 더 이상 존속시킬 필요가 없게 된 경우
> 3. 중대한 공익을 위하여 필요한 경우

문 17. 답 ③

① [×]

> **행정기본법 제20조【자동적 처분】**행정청은 법률로 정하는 바에 따라 완전히 자동화된 시스템(인공지능 기술을 적용한 시스템을 포함한다)으로 처분을 할 수 있다. 다만, 처분에 재량이 있는 경우는 그러하지 아니하다.

② [×]

> **행정기본법 제23조【제재처분의 제척기간】**① 행정청은 법령등의 위반행위가 종료된 날부터 5년이 지나면 해당 위반행위에 대하여 제재처분(인허가의 정지·취소·철회, 등록 말소, 영업소 폐쇄와 정지를 갈음하는 과징금 부과를 말한다. 이하 이 조에서 같다)을 할 수 없다. [시행일: 2023.3.24.]

③ [○]

> **행정기본법 제24조【인허가의제의 기준】**③ 주된 인허가 행정청은 주된 인허가를 하기 전에 관련 인허가에 관하여 미리 관련 인허가 행정청과 협의하여야 한다.
> ④ 관련 인허가 행정청은 제3항에 따른 협의를 요청받으면 그 요청을 받은 날부터 20일 이내(제5항 단서에 따른 절차에 걸리는 기간은 제외한다)에 의견을 제출하여야 한다. 이 경우 전단에서 정한 기간(민원 처리 관련 법령에 따라 의견을 제출하여야 하는 기간을 연장한 경우에는 그 연장한 기간을 말한다) 내에 협의 여부에 관하여 의견을 제출하지 아니하면 협의가 된 것으로 본다. [시행일: 2023.3.24.]

④ [×]

> **행정기본법 제25조【인허가의제의 효과】**② 인허가의제의 효과는 주된 인허가의 해당 법률에 규정된 관련 인허가에 한정된다. [시행일: 2023.3.24.]
>
> **제26조【인허가의제의 사후관리 등】**① 인허가의제의 경우 관련 인허가 행정청은 관련 인허가를 직접 한 것으로 보아 관계 법령에 따른 관리·감독 등 필요한 조치를 하여야 한다. [시행일: 2023.3.24.]

문 18. 답 ②

① [○]

> **행정기본법 제27조【공법상 계약의 체결】**① 행정청은 법령등을 위반하지 아니하는 범위에서 행정목적을 달성하기 위하여 필요한 경우에는 공법상 법률관계에 관한 계약(이하 "공법상 계약"이라 한다)을 체결할 수 있다. 이 경우 계약의 목적 및 내용을 명확하게 적은 계약서를 작성하여야 한다.
> ② 행정청은 공법상 계약의 상대방을 선정하고 계약 내용을 정할 때 공법상 계약의 공공성과 제3자의 이해관계를 고려하여야 한다.

② [×] 접수기관에 도달한 때 효력이 발생하는 신고
는 행정기본법이 아니라 행정절차법에 규정이 있다.

> 행정기본법 제34조【수리 여부에 따른 신고의
> 효력】 법령등으로 정하는 바에 따라 행정청
> 에 일정한 사항을 통지하여야 하는 신고로서
> 법률에 신고의 수리가 필요하다고 명시되어
> 있는 경우(행정기관의 내부 업무 처리 절차
> 로서 수리를 규정한 경우는 제외한다)에는
> 행정청이 수리하여야 효력이 발생한다.
> [시행일: 2023.3.24.]

> (비교)
> 행정절차법 제40조【신고】 ② 제1항에 따른 신
> 고가 다음 각 호의 요건을 갖춘 경우에는 신
> 고서가 접수기관에 도달된 때에 신고 의무가
> 이행된 것으로 본다.

③ [○]

> 행정기본법 제36조【처분에 대한 이의신청】 ①
> 행정청의 처분(행정심판법 제3조에 따라 같
> 은 법에 따른 행정심판의 대상이 되는 처분
> 을 말한다. 이하 이 조에서 같다)에 이의가
> 있는 당사자는 처분을 받은 날부터 30일 이
> 내에 해당 행정청에 이의신청을 할 수 있다.
> [시행일: 2023.3.24.]

④ [○]

> 행정기본법 제37조【처분의 재심사】 ① 당사자
> 는 처분(제재처분 및 행정상 강제는 제외한
> 다. 이하 이 조에서 같다)이 행정심판, 행정소
> 송 및 그 밖의 쟁송을 통하여 다툴 수 없게
> 된 경우(법원의 확정판결이 있는 경우는 제
> 외한다)라도 다음 각 호의 어느 하나에 해당
> 하는 경우에는 해당 처분을 한 행정청에 처
> 분을 취소·철회하거나 변경하여 줄 것을 신
> 청할 수 있다.
> 1. 처분의 근거가 된 사실관계 또는 법률관계
>   가 추후에 당사자에게 유리하게 바뀐 경우
> 2. 당사자에게 유리한 결정을 가져다주었을
>   새로운 증거가 있는 경우
> 3. 민사소송법 제451조에 따른 재심사유에
>   준하는 사유가 발생한 경우 등 대통령령
>   으로 정하는 경우

> ② 제1항에 따른 신청은 해당 처분의 절차,
> 행정심판, 행정소송 및 그 밖의 쟁송에서 당
> 사자가 중대한 과실 없이 제1항 각 호의 사유
> 를 주장하지 못한 경우에만 할 수 있다.
> ③ 제1항에 따른 신청은 당사자가 제1항 각
> 호의 사유를 안 날부터 60일 이내에 하여야
> 한다. 다만, 처분이 있는 날부터 5년이 지나
> 면 신청할 수 없다. [시행일: 2023.3.24.]

문 19. 답 ③

① [×] 이의신청은 임의적 절차이다.

> 행정기본법 제36조【처분에 대한 이의신청】
> ③ 제1항에 따라 이의신청을 한 경우에도 그
> 이의신청과 관계없이 「행정심판법」에 따른
> 행정심판 또는 「행정소송법」에 따른 행정소
> 송을 제기할 수 있다. [시행일: 2023.3.24.]

② [×] 대법원은 행정소송법에서 정한 행정심판을
거친 경우의 제소기간의 특례가 적용된다고 할 수
도 없으므로, 민원 이의신청에 대한 결과를 통지받
은 날부터 취소소송의 제소기간이 기산된다고 할
수 없다는 입장이었으나(대판 2012.11.15, 2010두
8676), 행정기본법은 이의신청에 대한 결과를 통
지받은 날을 기산점으로 하여 90일 이내에 행정심
판 또는 행정소송을 제기할 수 있도록 하였다.

> 행정기본법 제36조【처분에 대한 이의신청】 ④
> 이의신청에 대한 결과를 통지받은 후 행정심
> 판 또는 행정소송을 제기하려는 자는 그 결과
> 를 통지받은 날(제2항에 따른 통지기간 내에
> 결과를 통지받지 못한 경우에는 같은 항에 따
> 른 통지기간이 만료되는 날의 다음 날을 말한
> 다)부터 90일 이내에 행정심판 또는 행정소
> 송을 제기할 수 있다. [시행일: 2023.3.24.]

③ [○]

> 행정기본법 제36조【처분에 대한 이의신청】 ②
> 행정청은 제1항에 따른 이의신청을 받으면
> 그 신청을 받은 날부터 14일 이내에 그 이의
> 신청에 대한 결과를 신청인에게 통지하여야
> 한다. 다만, 부득이한 사유로 14일 이내에 통
> 지할 수 없는 경우에는 그 기간을 만료일 다
> 음 날부터 기산하여 10일의 범위에서 한 차
> 례 연장할 수 있으며, 연장 사유를 신청인에
> 게 통지하여야 한다. [시행일: 2023.3.24.]

④ [×] 행정기본법 제36조 제7항에 따라 공무원 인사 관계 법령에 따른 징계 등 처분에 관한 사항은 행정기본법의 이의신청조항을 적용하지 아니한다.

문 20. 답 ①

① [×]

> **행정기본법 제18조【위법 또는 부당한 처분의 취소】**② 행정청은 제1항에 따라 당사자에게 권리나 이익을 부여하는 처분을 취소하려는 경우에는 취소로 인하여 당사자가 입게 될 불이익을 취소로 달성되는 공익과 비교·형량(衡量)하여야 한다. 다만, 다음 각 호의 어느 하나에 해당하는 경우에는 그러하지 아니하다.
> 1. 거짓이나 그 밖의 부정한 방법으로 처분을 받은 경우
> 2. 당사자가 처분의 위법성을 알고 있었거나 중대한 과실로 알지 못한 경우

② [○]

> **행정기본법 제18조【위법 또는 부당한 처분의 취소】**① 행정청은 위법 또는 부당한 처분의 전부나 일부를 소급하여 취소할 수 있다. 다만, 당사자의 신뢰를 보호할 가치가 있는 등 정당한 사유가 있는 경우에는 장래를 향하여 취소할 수 있다.

③ [○] 영업허가가 거짓이나 그 밖의 부정한 방법으로 인한 것이라면 신뢰가 보호될 수 없어 행정기본법 제18조 제1항 단서가 적용되지 않는다.

④ [○] 행정기본법은 직권취소기간을 언제까지 할 수 있는지에 대해서는 규정하고 있지 않으며 판례는 실권의 법리에 따라 해결하고 있다.

문 1.	②	문 6.	③	문 11.	③	문 16.	④
문 2.	②	문 7.	①	문 12.	④	문 17.	①
문 3.	①	문 8.	①	문 13.	④	문 18.	③
문 4.	④	문 9.	②	문 14.	①	문 19.	②
문 5.	②	문 10.	②	문 15.	④	문 20.	①

문 1. 답 ②

① [○]

> **행정기본법 제2조【정의】**이 법에서 사용하는 용어의 뜻은 다음과 같다.
> 1. "법령등"이란 다음 각 목의 것을 말한다.
>   가. 법령: 다음의 어느 하나에 해당하는 것
>   1) 법률 및 대통령령·총리령·부령

② [×]

> **행정기본법 제2조【정의】**이 법에서 사용하는 용어의 뜻은 다음과 같다.
> 1. "법령등"이란 다음 각 목의 것을 말한다.
>   가. 법령: 다음의 어느 하나에 해당하는 것
>   2) 국회규칙·대법원규칙·헌법재판소규칙·중앙선거관리위원회규칙 및 감사원규칙

③ [○]

> **행정기본법 제2조【정의】**이 법에서 사용하는 용어의 뜻은 다음과 같다.
> 1. "법령등"이란 다음 각 목의 것을 말한다.
>   가. 법령: 다음의 어느 하나에 해당하는 것
>   〈생략〉
>   나. 자치법규: 지방자치단체의 조례 및 규칙

④ [○]

> **행정기본법 제2조【정의】**이 법에서 사용하는 용어의 뜻은 다음과 같다.
> 1. "법령등"이란 다음 각 목의 것을 말한다.
>   가. 법령: 다음의 어느 하나에 해당하는 것
>   3) 1) 또는 2)의 위임을 받아 중앙행정기관(정부조직법 및 그 밖의 법률에 따라 설치된 중앙행정기관을

말한다. 이하 같다)의 장이 정한 훈
령·예규 및 고시 등 행정규칙
나. 자치법규: 지방자치단체의 조례 및 규칙

문 2.　　　　　　　　　　　　　답 ②

① [×]

> **행정기본법 제14조【법 적용의 기준】①** 새로
> 운 법령등은 법령등에 특별한 규정이 있는
> 경우를 제외하고는 그 법령등의 효력 발생
> 전에 완성되거나 종결된 사실관계 또는 법률
> 관계에 대해서는 적용되지 아니한다.

② [○]

> **행정기본법 제14조【법 적용의 기준】②** 당사
> 자의 신청에 따른 처분은 법령등에 특별한 규
> 정이 있거나 처분 당시의 법령등을 적용하
> 기 곤란한 특별한 사정이 있는 경우를 제외
> 하고는 처분 당시의 법령등에 따른다.

③ [×] 법령의 소급적용금지의 원칙은 진정소급적용
에만 적용된다.

> **행정기본법 제14조【법 적용의 기준】①** 새로
> 운 법령등은 법령등에 특별한 규정이 있는
> 경우를 제외하고는 그 법령등의 효력 발생
> 전에 완성되거나 종결된 사실관계 또는 법률
> 관계에 대해서는 적용되지 아니한다.

④ [×]

> **행정기본법 제14조【법 적용의 기준】③** 법령
> 등을 위반한 행위의 성립과 이에 대한 제재
> 처분은 법령등에 특별한 규정이 있는 경우를
> 제외하고는 법령등을 위반한 행위 당시의 법
> 령등에 따른다. 다만, 법령등을 위반한 행위
> 후 법령등의 변경에 의하여 그 행위가 법령
> 등을 위반한 행위에 해당하지 아니하거나 제
> 재처분 기준이 가벼워진 경우로서 해당 법령
> 등에 특별한 규정이 없는 경우에는 변경된
> 법령등을 적용한다.

문 3.　　　　　　　　　　　　　답 ①

① [○] 법률우위의 원칙에서의 '법률'은 성문법(헌
법·법률·법규명령 등)과 관습법과 같은 불문법
을 모두 포함하는 광의의 법규를 의미한다. 즉 행
정법의 법원에 속하는 모든 법규를 말한다. 그러나
단순행정규칙은 포함되지 않는 것이 원칙이다.

② [×] 법률우위원칙은 모든 행정작용에 적용되나 법
률유보는 모든 행정작용에 적용되는 것은 아니다.

> **행정기본법 제8조【법치행정의 원칙】** 행정작용
> 은 법률에 위반되어서는 아니 되며, 국민의
> 권리를 제한하거나 의무를 부과하는 경우와
> 그 밖에 국민생활에 중요한 영향을 미치는
> 경우에는 법률에 근거하여야 한다.

③ [×] 법률유보의 원칙에서의 '법률'에는 국회가 제
정한 형식적 의미의 법률은 물론 법률의 위임을 받
은 법규명령도 포함되나, 단순행정규칙과 불문법원
인 관습법이나 판례는 이에 포함되지 않는다.

④ [×] 행정기본법은 제8조는 국민생활에 중요한 영
향을 미치는 경우 법률에 유보하도록 하여 중요사
항유보설을 취하고 있다.

문 4.　　　　　　　　　　　　　답 ④

① [○]

> **행정절차법 제4조【신의성실 및 신뢰보호】①**
> 행정청은 직무를 수행할 때 신의(信義)에 따
> 라 성실히 하여야 한다.
> **행정기본법 제11조【성실의무 및 권한남용금지**
> **의 원칙】①** 행정청은 법령등에 따른 의무를
> 성실히 수행하여야 한다.

② [○] 행정절차법은 권한남용금지의 원칙을 규정하
고 있지 않다.

> **행정기본법 제11조【성실의무 및 권한남용금지**
> **의 원칙】②** 행정청은 행정권한을 남용하거
> 나 그 권한의 범위를 넘어서는 아니 된다.

③ [○]

> **행정기본법 제12조【신뢰보호의 원칙】①** 행정
> 청은 공익 또는 제3자의 이익을 현저히 해칠
> 우려가 있는 경우를 제외하고는 행정에 대한
> 국민의 정당하고 합리적인 신뢰를 보호하여
> 야 한다.

행정절차법 제4조 【신의성실 및 신뢰보호】②
행정청은 법령등의 해석 또는 행정청의 관행
이 일반적으로 국민들에게 받아들여졌을 때
에는 공익 또는 제3자의 정당한 이익을 현저
히 해칠 우려가 있는 경우를 제외하고는 새
로운 해석 또는 관행에 따라 소급하여 불리
하게 처리하여서는 아니 된다.

④ [×] 행정기본법은 실권의 법리를 규정하고 있으나
행정절차법은 실권의 법리를 규정하고 있지 않다.

행정기본법 제12조 【신뢰보호의 원칙】② 행정
청은 권한 행사의 기회가 있음에도 불구하고
장기간 권한을 행사하지 아니하여 국민이 그
권한이 행사되지 아니할 것으로 믿을 만한
정당한 사유가 있는 경우에는 그 권한을 행
사해서는 아니 된다. 다만, 공익 또는 제3자
의 이익을 현저히 해칠 우려가 있는 경우는
예외로 한다.

문 5. 답 ②

① [○] 비례원칙을 말한다.
⇨ 자동차 등을 이용하여 범죄행위를 하기만 하면
그 범죄행위가 얼마나 중한 것인지, 그러한 범죄행
위를 행함에 있어 자동차 등이 당해 범죄행위에 어
느 정도로 기여했는지 등에 대한 아무런 고려 없이
무조건 운전면허를 취소하도록 규정하고 있는 도
로교통법 제78조 제1항 제5호는 구체적 사안의 개
별성과 특수성을 고려할 수 있는 여지를 일체 배제
하고 그 위법의 정도나 비난의 정도가 극히 미약한
경우까지도 운전면허를 취소할 수밖에 없도록 하
는 것으로 최소침해성의 원칙에 위반된다 할 것이
다(헌재 2005.11.24, 2004헌가28).

행정기본법 제10조 【비례의 원칙】행정작용은
다음 각 호의 원칙에 따라야 한다.
1. 행정목적을 달성하는 데 유효하고 적절할 것
2. 행정목적을 달성하는 데 필요한 최소한도
에 그칠 것
3. 행정작용으로 인한 국민의 이익 침해가
그 행정작용이 의도하는 공익보다 크지
아니할 것

② [×] 행정의 자기구속원칙을 말한다.
⇨ 위법한 행정처분이 수차례에 걸쳐 반복적으로
행하여졌다 하더라도 그러한 처분이 위법한 것인
때에는 행정청에 대하여 자기구속력을 갖게 된다
고 할 수 없다(대판 2009.6.25, 2008두13132).
⇨ 행정기본법은 자기구속의 법리를 규정하고 있
지 않다.

③ [○] 부당결부금지원칙을 말한다.
⇨ 고속국도 관리청이 고속도로 부지와 접도구역
에 송유관 매설을 허가하면서 상대방과 체결한 협
약에 따라 송유관 시설을 이전하게 될 경우 그 비
용을 상대방에게 부담하도록 하였고, 그 후 도로법
시행규칙이 개정되어 접도구역에는 관리청의 허가
없이도 송유관을 매설할 수 있게 된 경우, 위 협약은
효력을 상실하지 않을 뿐만 아니라 위 협약에 포함된
부관은 부당결부금지의 원칙에도 반하지 않는다(대판
2009.2.12, 2005다65500).

행정기본법 제13조 【부당결부금지의 원칙】행
정청은 행정작용을 할 때 상대방에게 해당
행정작용과 실질적인 관련이 없는 의무를 부
과해서는 아니 된다.

④ [○] 신뢰보호원칙을 말한다.
⇨ 일반적으로 행정상의 법률관계에 있어서 행정
청의 행위에 대하여 신뢰보호의 원칙이 적용되기
위하여는, 행정청이 공적인 견해표명에 따른 행정
처분을 할 경우 이로 인하여 공익 또는 제3자의 정
당한 이익을 현저히 해할 우려가 있는 경우가 아니
어야 한다(대판 2008.1.17, 2006두10931 ; 대판
2017.4.7, 2014두1925 등).

행정기본법 제12조 【신뢰보호의 원칙】① 행정
청은 공익 또는 제3자의 이익을 현저히 해칠
우려가 있는 경우를 제외하고는 행정에 대한
국민의 정당하고 합리적인 신뢰를 보호하여
야 한다.

문 6.　　　　　　　　　답 ③

① [×] 행정절차법 제40조 제2항에 규정된 수리를 요하지 않은 신고에 대한 설명이다. 행정기본법은 수리를 요하는 신고를 규정하고 있다.

> **행정기본법 제34조 【수리 여부에 따른 신고의 효력】** 법령등으로 정하는 바에 따라 행정청에 일정한 사항을 통지하여야 하는 신고로서 법률에 신고의 수리가 필요하다고 명시되어 있는 경우(행정기관의 내부 업무 처리 절차로서 수리를 규정한 경우는 제외한다)에는 행정청이 수리하여야 효력이 발생한다.
> [시행일: 2023.3.24.]

② [×] 수리를 요하지 않는 신고가 요건을 갖춘 경우에는 신고서가 접수기관에 도달된 때에 신고 의무가 이행된 것으로 본다(행정절차법 제40조 제1항·제2항). 그러나, 행정절차법과 달리 행정기본법은 수리를 요하는 신고를 규정하고 있다.

③ [○] 구 유통산업발전법상 대규모점포의 개설 등록은 이른바 '수리를 요하는 신고'로서 행정처분에 해당하고 등록은 구체적 유형 구분에 따라 이루어지므로, 등록의 효력은 대규모점포가 구체적으로 어떠한 유형에 속하는지에 관하여도 미친다(대판 2015.11.19, 2015두295 전합).

④ [×] 구 장사 등에 관한 법률 제14조 제1항, 구 장사 등에 관한 법률 시행규칙 제7조 제1항 [별지 제7호 서식]을 종합하면, 납골당설치신고는 이른바 '수리를 요하는 신고'라 할 것이므로, 납골당설치신고가 구 장사 등에 관한 법률 관련 규정의 모든 요건에 맞는 신고라 하더라도 신고인은 곧바로 납골당을 설치할 수는 없고, 이에 대한 행정청의 수리처분이 있어야만 신고한 대로 납골당을 설치할 수 있다(대판 2011.9.8, 2009두6766). 행정기본법 제34조는 수리를 요하지 않는 신고에 적용된다.

문 7.　　　　　　　　　답 ①

① [×]

> **행정기본법 제38조 【행정의 입법활동】** ① 국가나 지방자치단체가 법령등을 제정·개정·폐지하고자 하거나 그와 관련된 활동(법률안의 국회 제출과 조례안의 지방의회 제출을 포함하며, 이하 이 장에서 "행정의 입법활동"이라 한다)을 할 때에는 헌법과 상위 법령을 위반

해서는 아니 되며, 헌법과 법령등에서 정한 절차를 준수하여야 한다.
[시행일: 2021.9.24.]

② [○]

> **행정기본법 제39조 【행정법제의 개선】** ① 정부는 권한 있는 기관에 의하여 위헌으로 결정되어 법령이 헌법에 위반되거나 법률에 위반되는 것이 명백한 경우 등 대통령령으로 정하는 경우에는 해당 법령을 개선하여야 한다.
> [시행일: 2021.9.24.]

③ [○]

> **행정소송법 제6조 【명령·규칙의 위헌판결등 공고】** ① 행정소송에 대한 대법원 판결에 의하여 명령·규칙이 헌법 또는 법률에 위반된다는 것이 확정된 경우에는 대법원은 지체 없이 그 사유를 행정안전부장관에게 통보하여야 한다.

④ [○]

> **행정심판법 제59조 【불합리한 법령 등의 개선】** ① 중앙행정심판위원회는 심판청구를 심리·재결할 때에 처분 또는 부작위의 근거가 되는 명령 등(대통령령·총리령·부령·훈령·예규·고시·조례·규칙 등을 말한다. 이하 같다)이 법령에 근거가 없거나 상위 법령에 위배되거나 국민에게 과도한 부담을 주는 등 크게 불합리하면 관계 행정기관에 그 명령 등의 개정·폐지 등 적절한 시정조치를 요청할 수 있다. 이 경우 중앙행정심판위원회는 시정조치를 요청한 사실을 법제처장에게 통보하여야 한다.

문 8.　　　　　　　　　답 ①

① [×] 해석준칙(규범해석행정규칙)은 법령, 특히 불확정개념을 해석하고 적용함에 있어서의 일정한 준거기준으로서, 하급행정기관에 의한 법해석·적용에 통일을 기하기 위해 발하는 규칙이다. 그런데 법령을 구속적으로 해석할 수 있는 권한은 법원이 가지므로 행정기관이 제정한 규범해석규칙은 대외적 효력이 없으므로 법원을 구속하지 않는다.

② [○] 행정청 내부에서의 사무처리지침이 행정부가 독자적으로 제정한 행정규칙으로서 상위법규의 규

정내용을 벗어나 국민에게 새로운 제한을 가한 것이라면 그 효력을 인정할 수 없겠으나, 단순히 행정규칙 중 하급행정기관을 지도하고 통일적 법해석을 기하기 위하여 상위법규 해석의 준거기준을 제시하는 규범해석규칙의 성격을 가지는 것에 불과하다면 그러한 해석기준이 상위법규의 해석상 타당하다고 보여지는 한 그에 따랐다는 이유만으로 행정처분이 위법하게 되는 것은 아니라 할 것이다(대판 1992.5.12, 91누8128).

③ [○]

> **행정기본법 제40조【법령해석】①** 누구든지 법령등의 내용에 의문이 있으면 법령을 소관하는 중앙행정기관의 장(이하 "법령소관기관"이라 한다)과 자치법규를 소관하는 지방자치단체의 장에게 법령해석을 요청할 수 있다.
> [시행일: 2021.9.24.]

④ [○]

> **행정기본법 제40조【법령해석】②** 법령소관기관과 자치법규를 소관하는 지방자치단체의 장은 각각 소관 법령등을 헌법과 해당 법령등의 취지에 부합되게 해석·집행할 책임을 진다.
> [시행일: 2021.9.24.]

문 9. 　　　　　　　　　　　　　　　　답 ②

① [○] 인허가의제는 법률에서 부여한 권한의 변경을 야기하므로 법률에 근거가 있어야 한다는 것이 통설이었다.

> **행정기본법 제24조【인허가의제의 기준】①** 이 절에서 "인허가의제"란 하나의 인허가(이하 "주된 인허가"라 한다)를 받으면 법률로 정하는 바에 따라 그와 관련된 여러 인허가(이하 "관련 인허가"라 한다)를 받은 것으로 보는 것을 말한다. [시행일: 2023.3.24.]

② [×]

> **행정기본법 제24조【인허가의제의 기준】②** 인허가의제를 받으려면 주된 인허가를 신청할 때 관련 인허가에 필요한 서류를 함께 제출하여야 한다. 다만, 불가피한 사유로 함께 제출할 수 없는 경우에는 주된 인허가 행정청이 별도로 정하는 기한까지 제출할 수 있다.
> [시행일: 2023.3.24.]

③ [○]

> **행정기본법 제24조【인허가의제의 기준】③** 주된 인허가 행정청은 주된 인허가를 하기 전에 관련 인허가에 관하여 미리 관련 인허가 행정청과 협의하여야 한다.
> [시행일: 2023.3.24.]

④ [○] 구 건설부장관이 구 주택건설촉진법 제33조에 따라 관계기관의 장과의 협의를 거쳐 사업계획승인을 한 이상 같은 조 제4항의 허가·인가·결정·승인 등이 있는 것으로 볼 것이고, 그 절차와 별도로 구 도시계획법 제12조 등 소정의 중앙도시계획위원회의 의결이나 주민의 의견청취 등 절차를 거칠 필요는 없다(대판 1992.11.10, 92누1162).

문 10. 　　　　　　　　　　　　　　　답 ②

① [×] 행정기본법 제24조 제2항 본문은 관련 인허가 절차는 따로 거치지 않는 것을 원칙으로 하고 있고, 제24조 제5항은 협의를 요청받은 관련 인허가 행정청은 해당 법령을 위반하여 협의에 응해서는 아니 된다고 규정하여 관련 인허가 법령의 실체적 요건을 준수하여야 하므로, 판례와 동일하게 절차집중설을 취하고 있다.

> **행정기본법 제24조【인허가의제의 기준】②** 인허가의제를 받으려면 주된 인허가를 신청할 때 관련 인허가에 필요한 서류를 함께 제출하여야 한다. 다만, 불가피한 사유로 함께 제출할 수 없는 경우에는 주된 인허가 행정청이 별도로 정하는 기한까지 제출할 수 있다. ⑤ 제3항에 따라 협의를 요청받은 관련 인허가 행정청은 해당 법령을 위반하여 협의에 응해서는 아니 된다. 다만, 관련 인허가에 필요한 심의, 의견 청취 등 절차에 관하여는 법률에 인허가의제 시에도 해당 절차를 거친다는 명시적인 규정이 있는 경우에만 이를 거친다. [시행일: 2023.3.24.]

의제되는 인·허가의 절차적 요건에는 구속되지 않으므로 그 절차를 거칠 필요가 없으나, 실체적 요건에는 전면적으로 구속되므로 의제되는 인·허가의 실체적 요건을 모두 구비하여야 주된 인·허가를 한다는 절차집중설이 다수설, 판례(대판 2000. 11.24, 2000두2341)의 입장이다.

② [○] 주된 인·허가에 관한 사항을 규정하고 있는 법률에서 주된 인·허가가 있으면 다른 법률에 의한 인·허가를 받은 것으로 의제한다는 규정을 둔 경우, 주된 인·허가가 있으면 다른 법률에 의한 인·허가가 있는 것으로 보는 데 그치고, 거기에서 더 나아가 다른 법률에 의하여 인·허가를 받았음을 전제로 하는 그 다른 법률의 모든 규정들까지 적용되는 것은 아니다(대판 2016.11.24, 2014두47686 ; 대판 2015.4.23, 2014두2409).

> **행정기본법 제25조 【인허가의제의 효과】 ②** 인허가의제의 효과는 주된 인허가의 해당 법률에 규정된 관련 인허가에 한정된다.
> [시행일: 2023.3.24.]

③ [×] 행정기본법은 관계 행정기관과의 협의에 대한 일반적인 규정을 두고 있다(제24조 제3항). 그러나 주민·이해관계인의 참여에 관한 일반적인 규정을 두고 있지 않다.

④ [×] 판례와 행정기본법 모두 절차집중설을 취하고 있어 절차적 요건은 기속되지 않고 의제되는 인·허가의 실체적 요건에만 기속된다.
판례는 "국토교통부장관이 구 주택건설촉진법 제33조에 따라 관계 기관의 장과의 협의를 거쳐 사업계획승인을 한 이상 같은 조 제4항의 허가·인가·결정·승인 등이 있는 것으로 볼 것이고, 그 절차와 별도로 구 도시계획법 제12조 등 소정의 중앙도시계획위원회의 의결이나 주민의 의견청취 등 절차를 거칠 필요는 없다."고 판시하여 절차집중설의 입장을 취하고 있다(대판 1992.11.10, 92누1162).

문 11. 답 ③

① [×] 행정행위의 공정력이란 행정행위가 비록 흠이 있더라도 중대하고 명백하여 당연무효가 아닌 한 권한 있는 기관에 의해 취소될 때까지 잠정적으로 '유효'하게 통용되는 힘을 말한다. 즉 공정력은 취소될 때까지 잠정적으로 행정행위의 유효성을 통용시켜 주는 효력이지 그 적법성을 추정해 주는 것이 아니다. 또한 구성요건적 효력과 공정력을 구별하는 견해에 따르면, 다른 국가기관에 대한 효력인 구성요건적 효력과 달리 공정력은 상대방과 이해관계인에 대한 효력이다.

② [×] 모든 행정행위에 공통되는 것이 아니라 행정심판의 재결 등과 같이 예외적이고 특별한 경우에 처분청 등 행정청에 대한 구속으로 인정되는 실체법적 효력은 불가변력이다. 행정기본법 제15조의 공정력은 무효가 아니라면 모든 행정행위에 적용된다.

③ [○] 과세처분의 하자가 단지 취소할 수 있는 정도에 불과할 때에는 과세관청이 이를 스스로 취소하거나 항고소송절차에 의하여 취소되지 않는 한 그로 인한 조세의 납부가 부당이득이 된다고 할 수 없는데 이는 처분의 공정력 때문이다.

④ [×] 행정처분이 위법임을 이유로 국가배상을 청구하는 것과 같이 행정행위의 위법 여부가 선결문제인 경우, 민사법원은 행정행위의 위법 여부를 판단할 수 있고, 따라서 행정처분에 대한 취소판결이 없어도 손해배상을 청구할 수 있다(대판 1972.4.28, 72다337 ; 대판 1979.4.10, 79다262 등).

문 12. 답 ④

① [×] 행정기본법은 직권취소의 법적 근거를 요한다고 규정하고 있지 않아 법적 근거를 요하지 않는다고 해석되며 판례도 별도의 법적 근거를 요하지 않는다고 한다.

> **행정기본법 제18조 【위법 또는 부당한 처분의 취소】 ①** 행정청은 위법 또는 부당한 처분의 전부나 일부를 소급하여 취소할 수 있다. 다만, 당사자의 신뢰를 보호할 가치가 있는 등 정당한 사유가 있는 경우에는 장래를 향하여 취소할 수 있다.

② [×] 행정기본법은 확약에 대한 규정을 두고 있지 않다. 다만, 판례에 따르면 확약이 있은 후에 사실적·법률적 상태가 변경되었다면, 그와 같은 확약은 행정청의 별다른 의사표시를 기다리지 않고 실효된다.

③ [×] 행정기본법은 행정계획에 대한 규정을 두고 있지 않다.

④ [○] 행정기관이 행정목적을 실현하기 위하여 특정인에게 일정한 행위를 하거나 하지 아니하도록 지도·권고·조언 등을 하는 행정작용은 행정지도인데 행정지도는 행정절차법이 규정하고 있다.

> **행정절차법 제2조 【정의】** 이 법에서 사용하는 용어의 뜻은 다음과 같다.
> 3. "행정지도"란 행정기관이 그 소관 사무의 범위에서 일정한 행정목적을 실현하기 위하여 특정인에게 일정한 행위를 하거나 하지 아니하도록 지도, 권고, 조언 등을 하는 행정작용을 말한다.

① [○]

> **행정기본법 제17조【부관】**③ 행정청은 부관을 붙일 수 있는 처분이 다음 각 호의 어느 하나에 해당하는 경우에는 그 처분을 한 후에도 부관을 새로 붙이거나 종전의 부관을 변경할 수 있다.
> 1. 법률에 근거가 있는 경우
> 2. 당사자의 동의가 있는 경우
> 3. 사정이 변경되어 부관을 새로 붙이거나 종전의 부관을 변경하지 아니하면 해당 처분의 목적을 달성할 수 없다고 인정되는 경우

🔎 관련 판례

> 행정처분이 발하여진 후 새로운 부담을 부가하거나 이미 부가되어 있는 부담의 범위 또는 내용 등을 변경하는 이른바 사후부담은, 법률에 명문의 규정이 있거나 그것이 미리 유보되어 있는 경우 또는 상대방의 동의가 있는 경우에 허용되는 것이 원칙이다(대판 2009.11.12, 2008다98006 ; 대판 2007.12.28, 2005다72300).

② [○]

판례는 재량행위에 있어서는 법령상의 근거가 없다고 하더라도 부관을 붙일 수 있다고 한다(대판 1997.3.14, 96누16698).

> **행정기본법 제17조【부관】**① 행정청은 처분에 재량이 있는 경우에는 부관(조건, 기한, 부담, 철회권의 유보 등을 말한다. 이하 이 조에서 같다)을 붙일 수 있다.
> ② 행정청은 처분에 재량이 없는 경우에는 법률에 근거가 있는 경우에 부관을 붙일 수 있다.

③ [○]

> **행정기본법 제17조【부관】**② 행정청은 처분에 재량이 없는 경우에는 법률에 근거가 있는 경우에 부관을 붙일 수 있다.

④ [×] 판례와 행정기본법은 사정변경을 사후부관 사유로 인정하고 있다.

🔎 관련 판례

> 부관의 사후변경은, 법률에 명문의 규정이 있거나 그 변경이 미리 유보되어 있는 경우 또는 상대방의 동의가 있는 경우에 한하여 허용되는 것이 원칙이지만, 사정변경으로 인하여 당초에 부담을 부가한 목적을 달성할 수 없게 된 경우에도 그 목적달성에 필요한 범위 내에서 예외적으로 허용된다(대판 2007.9.21, 2006두7973 ; 대판 1997.5.30, 97누2627).

> **행정기본법 제17조【부관】**③ 행정청은 부관을 붙일 수 있는 처분이 다음 각 호의 어느 하나에 해당하는 경우에는 그 처분을 한 후에도 부관을 새로 붙이거나 종전의 부관을 변경할 수 있다.
> 3. 사정이 변경되어 부관을 새로 붙이거나 종전의 부관을 변경하지 아니하면 해당 처분의 목적을 달성할 수 없다고 인정되는 경우

문 14.　　　　　　　　　　　　답 ①

① [×] 행정행위를 한 처분청은 그 행위에 흠(하자)이 있는 경우 별도의 법적 근거가 없더라도 스스로 이를 취소할 수 있고, 다만 수익적 행정처분을 취소할 때에는 이를 취소하여야 할 공익상의 필요와 그 취소로 인하여 당사자가 입게 될 기득권과 신뢰보호 및 법률생활 안정의 침해 등 불이익을 비교·교량한 후 공익상의 필요가 당사자가 입을 불이익을 정당화할 만큼 강한 경우에 한하여 취소할 수 있다(대판 2010.11.11, 2009두14934).

② [○]

> **행정기본법 제18조【위법 또는 부당한 처분의 취소】**② 행정청은 제1항에 따라 당사자에게 권리나 이익을 부여하는 처분을 취소하려는 경우에는 취소로 인하여 당사자가 입게 될 불이익을 취소로 달성되는 공익과 비교·형량(衡量)하여야 한다. 다만, 다음 각 호의 어느 하나에 해당하는 경우에는 그러하지 아니하다.
> 1. 거짓이나 그 밖의 부정한 방법으로 처분을 받은 경우
> 2. 당사자가 처분의 위법성을 알고 있었거나 중대한 과실로 알지 못한 경우

🎵 관련 판례

수익적 행정처분의 하자가 당사자의 사실은 폐나 기타 사위의 방법에 의한 신청행위에 기인한 것이라면 당사자는 처분에 의한 이익이 위법하게 취득되었음을 알아 취소가능성도 예상하고 있었다 할 것이므로, 그 자신이 처분에 관한 신뢰이익을 원용할 수 없음은 물론 행정청이 이를 고려하지 아니하였더라도 재량권의 남용이 되지 아니한다(대판 2014.11.27, 2013두16111).

③ [O] 철회는 특별한 규정이 없는 한 처분청만이 행사할 수 있다.

④ [O]

> **행정기본법 제19조【적법한 처분의 철회】①** 행정청은 적법한 처분이 다음 각 호의 어느 하나에 해당하는 경우에는 그 처분의 전부 또는 일부를 장래를 향하여 철회할 수 있다.
> 1. 법률에서 정한 철회 사유에 해당하게 된 경우
> 2. 법령등의 변경이나 사정변경으로 처분을 더 이상 존속시킬 필요가 없게 된 경우
> 3. 중대한 공익을 위하여 필요한 경우

🎵 관련 판례

행정행위를 한 처분청은 비록 그 처분 당시에 별다른 하자가 없었고, 또 그 처분 후에 이를 철회할 별도의 법적 근거가 없다 하더라도 원래의 처분을 존속시킬 필요가 없게 된 사정변경이 생겼거나 또는 중대한 공익상의 필요가 발생한 경우에는 그 효력을 상실케 하는 별개의 행정행위로 이를 철회할 수 있다(대판 2004.11.26, 2003두10251).

문 15. 답 ④

① [O] 허위 기타 부정한 방법으로 허가 받은 경우 처음부터 위법한 허가이므로 행정기본법 제18조에 따라 허가를 취소할 수 있다.

> **행정기본법 제18조【위법 또는 부당한 처분의 취소】①** 행정청은 위법 또는 부당한 처분의 전부나 일부를 소급하여 취소할 수 있다. 다만, 당사자의 신뢰를 보호할 가치가 있는 등

정당한 사유가 있는 경우에는 장래를 향하여 취소할 수 있다.

② [O] 방송법에 따른 시정명령을 이행하지 아니한 경우는 행정기본법 제19조 제1항 제1호(법률에서 정한 철회 사유에 해당하게 된 경우) 철회사유이다.

> **행정기본법 제19조【적법한 처분의 철회】①** 행정청은 적법한 처분이 다음 각 호의 어느 하나에 해당하는 경우에는 그 처분의 전부 또는 일부를 장래를 향하여 철회할 수 있다.
> 1. 법률에서 정한 철회 사유에 해당하게 된 경우
> 2. 법령등의 변경이나 사정변경으로 처분을 더 이상 존속시킬 필요가 없게 된 경우
> 3. 중대한 공익을 위하여 필요한 경우

③ [O] 제9호는 처분 이후 발생한 법위반 행위에 대한 제재이므로 철회사유이고 철회의 경우 행정기본법 제19조 제2항에 따라 이익을 형량해야 한다.

> **행정기본법 제19조【적법한 처분의 철회】②** 행정청은 제1항에 따라 처분을 철회하려는 경우에는 철회로 인하여 당사자가 입게 될 불이익을 철회로 달성되는 공익과 비교·형량하여야 한다.

④ [×] 허위 기타 부정한 방법으로 허가·변경허가·재허가를 받거나 승인·변경승인·재승인을 얻거나 등록·변경등록을 한 때는 행정기본법 제18조 제2항 제1호(거짓이나 그 밖의 부정한 방법으로 처분을 받은 경우)에 해당하므로 당사자가 입게 될 이익을 고려하지 않아도 된다.

> **행정기본법 제18조【위법 또는 부당한 처분의 취소】②** 행정청은 제1항에 따라 당사자에게 권리나 이익을 부여하는 처분을 취소하려는 경우에는 취소로 인하여 당사자가 입게 될 불이익을 취소로 달성되는 공익과 비교·형량(衡量)하여야 한다. 다만, 다음 각 호의 어느 하나에 해당하는 경우에는 그러하지 아니하다.
> 1. 거짓이나 그 밖의 부정한 방법으로 처분을 받은 경우
> 2. 당사자가 처분의 위법성을 알고 있었거나 중대한 과실로 알지 못한 경우

① [×]

> **행정기본법 제19조【적법한 처분의 철회】①**
> 행정청은 적법한 처분이 다음 각 호의 어느 하나에 해당하는 경우에는 그 처분의 전부 또는 일부를 장래를 향하여 철회할 수 있다.

② [×] 직권취소는 일단 유효하게 성립한 행정행위를 그 행위에 위법 또는 부당한 하자가 있음을 이유로 소급하여 그 효력을 소멸시키는 별도의 행정처분이므로(대판 2014.10.27, 2012두11959), 행정절차법상 처분절차가 적용된다. 한편 행정절차법 제23조의 이유제시는 침익적·수익적 행정처분에 모두 적용되는 절차이고, 제21조의 사전통지와 제22조의 의견청취(의견제출·청문·공청회)는 침익적 행정처분에만 적용되는 절차이다. 그런데 수익적 행정행위의 직권취소는 침익적 처분이므로 사전통지 및 의견청취 등의 절차를 거쳐야 한다.

③ [×] 판례는 철회신청권을 인정하지 않았고 행정기본법도 사인의 철회신청권을 인정하고 있지 않다.

> **관련 판례**
> 철회·변경의 권한을 처분청에게 부여하는 데 그치는 것일 뿐 상대방 등에게 그 철회·변경을 요구할 신청권까지를 부여하는 것은 아니라 할 것이다(대판 1997.9.12, 96누6219).

즉 사인은 적법한 침익적 행위에 대한 철회신청권을 가지지 않는다.

④ [○] 행정기본법 제19조 제1항은 장래를 향하여 철회할 수 있다고 규정하고 있고 판례는 철회의 소급효를 인정하려면 별도의 법적 근거가 필요하다고 한다.

> **관련 판례**
> 행정청이 평가인증이 이루어진 이후에 새로이 발생한 사유를 들어 영유아보육법 제30조 제5항에 따라 평가인증을 철회하는 처분을 하면서도, 평가인증의 효력을 과거로 소급하여 상실시키기 위해서는, 특별한 사정이 없는 한 영유아보육법 제30조 제5항과는 별도의 법적 근거가 필요하다(대판 2018.6.28, 2015두58195).

① [×] 허가는 적법하였고 그 후 학교환경위생정화구역으로 설정되어 허가를 취소하는 경우이므로 적법하게 성립한 행정행위를 후발적인 사유의 발생을 이유로 그 효력을 소멸시키는 것으로 행정기본법 제19조에 따른 철회이다. 따라서 허가철회이므로 장래효를 가진다.

> **행정기본법 제19조【적법한 처분의 철회】①**
> 행정청은 적법한 처분이 다음 각 호의 어느 하나에 해당하는 경우에는 그 처분의 전부 또는 일부를 장래를 향하여 철회할 수 있다.
> 1. 법률에서 정한 철회 사유에 해당하게 된 경우
> 2. 법령등의 변경이나 사정변경으로 처분을 더 이상 존속시킬 필요가 없게 된 경우
> 3. 중대한 공익을 위하여 필요한 경우

② [○] 행정기본법 제19조상 철회권은 처분청인 행정청이 가진다. A 구청장은 처분청이므로 철회권을 가지고 있다.

③ [○] 허가 이후 학교환경위생정화구역으로 설정된 것은 행정기본법 제19조 제2항의 사정변경으로 처분을 더 이상 존속시킬 필요가 없게 된 경우에 해당한다고 할 수 있다.

> **행정기본법 제19조【적법한 처분의 철회】①**
> 행정청은 적법한 처분이 다음 각 호의 어느 하나에 해당하는 경우에는 그 처분의 전부 또는 일부를 장래를 향하여 철회할 수 있다.
> 1. 법률에서 정한 철회 사유에 해당하게 된 경우
> 2. 법령등의 변경이나 사정변경으로 처분을 더 이상 존속시킬 필요가 없게 된 경우
> 3. 중대한 공익을 위하여 필요한 경우

④ [○] 행정절차법상 처분시에 그 이유를 제시하여야 한다.

① [O] 행정기본법 제27조가 공법상 계약에 관한 통칙적 규정이다.

> **행정기본법 제27조【공법상 계약의 체결】①**
> 행정청은 법령등을 위반하지 아니하는 범위에서 행정목적을 달성하기 위하여 필요한 경우에는 공법상 법률관계에 관한 계약(이하 "공법상 계약"이라 한다)을 체결할 수 있다. 이 경우 계약의 목적 및 내용을 명확하게 적은 계약서를 작성하여야 한다.
> ② 행정청은 공법상 계약의 상대방을 선정하고 계약 내용을 정할 때 공법상 계약의 공공성과 제3자의 이해관계를 고려하여야 한다.

② [O] 행정절차법에는 공법상 계약절차에 관한 규정이 없다.

③ [×] 법령등을 위반하지 않는 범위에서 계약을 체결하여야 하므로 공법상 계약에도 법령우위원칙이 적용된다.

> **행정기본법 제27조【공법상 계약의 체결】①**
> 행정청은 법령등을 위반하지 아니하는 범위에서 행정목적을 달성하기 위하여 필요한 경우에는 공법상 법률관계에 관한 계약(이하 "공법상 계약"이라 한다)을 체결할 수 있다.

④ [O] 행정절차법에는 공법상 계약절차에 관한 규정이 없으나 행정기본법 제27조는 공법상 계약에 관한 통칙적 규정이므로 행정기본법이 적용된다.

① [×] 행정기본법은 계약해지에 대한 규정을 두고 있지 않다.

> **행정기본법 제27조【공법상 계약의 체결】①**
> 행정청은 법령등을 위반하지 아니하는 범위에서 행정목적을 달성하기 위하여 필요한 경우에는 공법상 법률관계에 관한 계약(이하 "공법상 계약"이라 한다)을 체결할 수 있다. 이 경우 계약의 목적 및 내용을 명확하게 적은 계약서를 작성하여야 한다.
> ② 행정청은 공법상 계약의 상대방을 선정하고 계약 내용을 정할 때 공법상 계약의 공공성과 제3자의 이해관계를 고려하여야 한다.

② [O] 공법상 계약은 행정행위가 아니므로 공정력이 인정되지 않는다. 따라서 공법상 계약이 위법한

경우에도 법적 근거가 없는 한 취소는 있을 수 없고 무효만이 있을 수 있다.

③ [×] 행정기본법은 계약서를 작성하도록 하여 문서주의를 채택하고 있다.

> **행정기본법 제27조【공법상 계약의 체결】①**
> 행정청은 법령등을 위반하지 아니하는 범위에서 행정목적을 달성하기 위하여 필요한 경우에는 공법상 법률관계에 관한 계약(이하 "공법상 계약"이라 한다)을 체결할 수 있다. 이 경우 계약의 목적 및 내용을 명확하게 적은 계약서를 작성하여야 한다.

④ [×] 행정기본법은 공법상 계약 불이행에 대한 강제집행 규정을 두고 있지 않다. 또한 공법상 계약에 의한 의무의 불이행에 대해서는 법원의 판결을 통하여 집행되므로 대집행의 대상이 되지 않는다.

① [O]

> **행정기본법 제21조【재량행사의 기준】** 행정청은 재량이 있는 처분을 할 때에는 관련 이익을 정당하게 형량하여야 하며, 그 재량권의 범위를 넘어서는 아니 된다.

② [×]

> **행정절차법 제3조【적용 범위】①** 처분, 신고, 행정상 입법예고, 행정예고 및 행정지도의 절차(이하 "행정절차"라 한다)에 관하여 다른 법률에 특별한 규정이 있는 경우를 제외하고는 이 법에서 정하는 바에 따른다.

③ [×]

> **행정절차법 제6조【관할】①** 행정청이 그 관할에 속하지 아니하는 사안을 접수하였거나 이송받은 경우에는 지체 없이 이를 관할 행정청에 이송하여야 하고 그 사실을 신청인에게 통지하여야 한다. 행정청이 접수하거나 이송받은 후 관할이 변경된 경우에도 또한 같다.

④ [×]

> **행정절차법 제10조【지위의 승계】①** 당사자등이 사망하였을 때의 상속인과 다른 법령등에 따라 당사자등의 권리 또는 이익을 승계한 자는 당사자등의 지위를 승계한다.

문 1. ②	문 6. ①	문 11. ①	문 16. ④
문 2. ③	문 7. ①	문 12. ③	문 17. ④
문 3. ①	문 8. ①	문 13. ②	문 18. ③
문 4. ②	문 9. ③	문 14. ②	문 19. ③
문 5. ④	문 10. ①	문 15. ③	문 20. ④

문 1. 답 ②

① [×]

> 행정절차법 제11조【대표자】① 다수의 당사자 등이 공동으로 행정절차에 관한 행위를 할 때에는 대표자를 선정할 수 있다.

② [○]

> 행정기본법 제3조【국가와 지방자치단체의 책무】① 국가와 지방자치단체는 국민의 삶의 질을 향상시키기 위하여 적법절차에 따라 공정하고 합리적인 행정을 수행할 책무를 진다.

③ [×]

> 행정절차법 제14조【송달】① 송달은 우편, 교부 또는 정보통신망 이용 등의 방법으로 하되, 송달받을 자(대표자 또는 대리인을 포함한다. 이하 같다)의 주소·거소(居所)·영업소·사무소 또는 전자우편주소(이하 "주소 등"이라 한다)로 한다. 다만, 송달받을 자가 동의하는 경우에는 그를 만나는 장소에서 송달할 수 있다.

④ [×]

> 행정절차법 제15조【송달의 효력 발생】① 송달은 다른 법령등에 특별한 규정이 있는 경우를 제외하고는 해당 문서가 송달받을 자에게 도달됨으로써 그 효력이 발생한다.

문 2. 답 ③

① [×]

> 행정절차법 제20조【처분기준의 설정·공표】① 행정청은 필요한 처분기준을 해당 처분의 성질에 비추어 되도록 구체적으로 정하여 공표하여야 한다. 처분기준을 변경하는 경우에도 또한 같다.

② [×]

> 행정절차법 제17조【처분의 신청】① 행정청에 처분을 구하는 신청은 문서로 하여야 한다. 다만, 다른 법령등에 특별한 규정이 있는 경우와 행정청이 미리 다른 방법을 정하여 공시한 경우에는 그러하지 아니하다.

③ [○]

> 행정기본법 제4조【행정의 적극적 추진】① 행정은 공공의 이익을 위하여 적극적으로 추진되어야 한다.
> ② 국가와 지방자치단체는 소속 공무원이 공공의 이익을 위하여 적극적으로 직무를 수행할 수 있도록 제반 여건을 조성하고, 이와 관련된 시책 및 조치를 추진하여야 한다.

④ [×]

> 행정절차법 제19조【처리기간의 설정·공표】① 행정청은 신청인의 편의를 위하여 처분의 처리기간을 종류별로 미리 정하여 공표하여야 한다.

문 3. 답 ①

① [×]

> 행정절차법 제21조【처분의 사전 통지】① 행정청은 당사자에게 의무를 부과하거나 권익을 제한하는 처분을 하는 경우에는 미리 다음 각 호의 사항을 당사자등에게 통지하여야 한다.
> 1. 처분의 제목
> 2. 당사자의 성명 또는 명칭과 주소
> 3. 처분하려는 원인이 되는 사실과 처분의 내용 및 법적 근거

② [○]

> **행정기본법 제6조【행정에 관한 기간의 계산】**
> ② 법령등 또는 처분에서 국민의 권익을 제한하거나 의무를 부과하는 경우 권익이 제한되거나 의무가 지속되는 기간의 계산은 다음 각 호의 기준에 따른다. 다만, 다음 각 호의 기준에 따르는 것이 국민에게 불리한 경우에는 그러하지 아니하다.
> 1. 기간을 일, 주, 월 또는 연으로 정한 경우에는 기간의 첫날을 산입한다.

③ [○]

> **행정기본법 제14조【법 적용의 기준】** ① 새로운 법령등은 법령등에 특별한 규정이 있는 경우를 제외하고는 그 법령등의 효력 발생 전에 완성되거나 종결된 사실관계 또는 법률관계에 대해서는 적용되지 아니한다.

④ [○]

> **행정기본법 제15조【처분의 효력】** 처분은 권한이 있는 기관이 취소 또는 철회하거나 기간의 경과 등으로 소멸되기 전까지는 유효한 것으로 통용된다. 다만, 무효인 처분은 처음부터 그 효력이 발생하지 아니한다.

문 4.	답 ②

① [○]

> **행정기본법 제16조【결격사유】** ① 자격이나 신분 등을 취득 또는 부여할 수 없거나 인가, 허가, 지정, 승인, 영업등록, 신고 수리 등(이하 "인허가"라 한다)을 필요로 하는 영업 또는 사업 등을 할 수 없는 사유(이하 이 조에서 "결격사유"라 한다)는 법률로 정한다.

② [×]

> **행정절차법 제22조【의견청취】** ① 행정청이 처분을 할 때 다음 각 호의 어느 하나에 해당하는 경우에는 청문을 한다.
> 1. 다른 법령등에서 청문을 하도록 규정하고 있는 경우
> 2. 행정청이 필요하다고 인정하는 경우
> [시행일: 2021.9.24.]

③ [○]

> **행정기본법 제17조【부관】** ① 행정청은 처분에 재량이 있는 경우에는 부관(조건, 기한, 부담, 철회권의 유보 등을 말한다. 이하 이 조에서 같다)을 붙일 수 있다.

④ [○]

> **행정기본법 제18조【위법 또는 부당한 처분의 취소】** ① 행정청은 위법 또는 부당한 처분의 전부나 일부를 소급하여 취소할 수 있다. 다만, 당사자의 신뢰를 보호할 가치가 있는 등 정당한 사유가 있는 경우에는 장래를 향하여 취소할 수 있다.

문 5.	답 ④

① [○]

> **행정기본법 제19조【적법한 처분의 철회】** ① 행정청은 적법한 처분이 다음 각 호의 어느 하나에 해당하는 경우에는 그 처분의 전부 또는 일부를 장래를 향하여 철회할 수 있다. 〈생략〉

② [○]

> **행정기본법 제20조【자동적 처분】** 행정청은 법률로 정하는 바에 따라 완전히 자동화된 시스템(인공지능 기술을 적용한 시스템을 포함한다)으로 처분을 할 수 있다. 다만, 처분에 재량이 있는 경우는 그러하지 아니하다.

③ [○]

> **행정기본법 제22조【제재처분의 기준】** ① 제재처분의 근거가 되는 법률에는 제재처분의 주체, 사유, 유형 및 상한을 명확하게 규정하여야 한다. [시행일: 2021.9.24.]

④ [×]

> **행정절차법 제23조【처분의 이유 제시】** ① 행정청은 처분을 할 때에는 다음 각 호의 어느 하나에 해당하는 경우를 제외하고는 당사자에게 그 근거와 이유를 제시하여야 한다. 〈생략〉 [시행일: 2023.3.24.]

㉠ [×], ㉢ [×], ㉥ [×], ㉦ [×] 행정기본법에는 행정상 확약절차, 행정계획절차, 행정조사절차 등에 관한 규정이 없다.

㉡ [×], ㉣ [×]: 처분, 신고, 행정상 입법예고, 행정예고 및 행정지도의 절차에 관하여 다른 법률에 특별한 규정이 있는 경우를 제외하고는 이 법에서 정하는 바에 따른다(행정절차법 제3조 제1항).

㉤ [○] 공법상 계약은 행정기본법에 규정되어 있다.

㉧ [×] 의견제출 및 청문절차는 행정절차법 제22조에 규정되어 있다.

① [○] 행정절차법은 행정계획의 확정절차에 관한 일반적 규정을 두고 있지 않다. 행정기본법에서도 행정계획에 관한 규정을 두고 있지 않다.

② [×] 행정절차법은 대부분 절차에 관한 규정으로 이루어져 있으나, 부분적으로 신의성실 및 신뢰보호의 원칙(제4조) 등 실체적 원칙에 관한 규정도 몇 개 존재한다. 따라서 실체적 규정을 대폭 포함하고 있는 독일의 행정절차법과는 다르다.

③ [×] 법령 등에서 행정청에 일정한 사항을 통지함으로써 의무가 끝나는 신고를 규정하고 있는 경우 그 신고가 (1) 신고서의 기재사항에 흠이 없을 것, (2) 필요한 구비서류가 첨부되어 있을 것, (3) 그 밖에 법령 등에 규정된 형식상의 요건에 적합할 것이라는 요건을 갖춘 경우에는 신고서가 접수기관에 도달된 때에 신고의무가 이행된 것으로 본다(행정절차법 제40조 제2항).

④ [×]

> **행정기본법 제34조【수리 여부에 따른 신고의 효력】** 법령등으로 정하는 바에 따라 행정청에 일정한 사항을 통지하여야 하는 신고로서 법률에 신고의 수리가 필요하다고 명시되어 있는 경우(행정기관의 내부 업무 처리 절차로서 수리를 규정한 경우는 제외한다)에는 행정청이 수리하여야 효력이 발생한다.
> [시행일: 2023.3.24.]

① [○]

> **행정기본법 제18조【위법 또는 부당한 처분의 취소】** ② 행정청은 제1항에 따라 당사자에게 권리나 이익을 부여하는 처분을 취소하려는 경우에는 취소로 인하여 당사자가 입게 될 불이익을 취소로 달성되는 공익과 비교·형량(衡量)하여야 한다. 다만, 다음 각 호의 어느 하나에 해당하는 경우에는 그러하지 아니하다.
> 1. 거짓이나 그 밖의 부정한 방법으로 처분을 받은 경우
> 2. 당사자가 처분의 위법성을 알고 있었거나 중대한 과실로 알지 못한 경우

② [×] 거짓이나 그 밖의 부정한 방법으로 처분을 받은 경우는 행정청이 당사자에게 권리나 이익을 부여하는 처분을 취소하려는 경우는 행정절차법 제21조 제4항의 사전통지 생략사유는 아니다. 다만, 행정기본법 제18조 제1항의 이익형량을 하지 않아도 되는 사유이다.

> **행정기본법 제21조【처분의 사전 통지】** ④ 다음 각 호의 어느 하나에 해당하는 경우에는 제1항에 따른 통지를 하지 아니할 수 있다.
> 1. 공공의 안전 또는 복리를 위하여 긴급히 처분을 할 필요가 있는 경우
> 2. 법령등에서 요구된 자격이 없거나 없어지게 되면 반드시 일정한 처분을 하여야 하는 경우에 그 자격이 없거나 없어지게 된 사실이 법원의 재판 등에 의하여 객관적으로 증명된 경우
> 3. 해당 처분의 성질상 의견청취가 현저히 곤란하거나 명백히 불필요하다고 인정될 만한 상당한 이유가 있는 경우

③ [×] 공공의 안전 또는 복리를 위하여 긴급히 처분을 할 필요가 있는 경우는 행정절차법 제21조 제4항에 따라 사전통지하지 아니할 수 있는 사유이다. 그러나 행정기본법 제18조 제2항 상의 이익형량 생략사유는 아니다.

> **행정기본법 제18조【위법 또는 부당한 처분의 취소】** ② 행정청은 제1항에 따라 당사자에게 권리나 이익을 부여하는 처분을 취소하려는 경우에는 취소로 인하여 당사자가 입게 될

불이익을 취소로 달성되는 공익과 비교·형량(衡量)하여야 한다. 다만, 다음 각 호의 어느 하나에 해당하는 경우에는 그러하지 아니하다.
1. 거짓이나 그 밖의 부정한 방법으로 처분을 받은 경우
2. 당사자가 처분의 위법성을 알고 있었거나 중대한 과실로 알지 못한 경우

④ [×] '당사자가 처분의 위법성을 알고 있었거나 중대한 과실로 알지 못한 경우'는 행정청이 당사자에게 권리나 이익을 부여하는 처분을 취소하려는 경우에 행정절차법 제21조 제4항의 사전통지를 생략할 수 있는 사유는 아니다.

> **행정기본법 제21조【처분의 사전 통지】** ④ 다음 각 호의 어느 하나에 해당하는 경우에는 제1항에 따른 통지를 하지 아니할 수 있다.
> 1. 공공의 안전 또는 복리를 위하여 긴급히 처분을 할 필요가 있는 경우
> 2. 법령등에서 요구된 자격이 없거나 없어지게 되면 반드시 일정한 처분을 하여야 하는 경우에 그 자격이 없거나 없어지게 된 사실이 법원의 재판 등에 의하여 객관적으로 증명된 경우
> 3. 해당 처분의 성질상 의견청취가 현저히 곤란하거나 명백히 불필요하다고 인정될 만한 상당한 이유가 있는 경우

문 9. 답 ③

① [×]

> **행정기본법 제18조【위법 또는 부당한 처분의 취소】** ② 행정청은 제1항에 따라 당사자에게 권리나 이익을 부여하는 처분을 취소하려는 경우에는 취소로 인하여 당사자가 입게 될 불이익을 취소로 달성되는 공익과 비교·형량(衡量)하여야 한다. 다만, 다음 각 호의 어느 하나에 해당하는 경우에는 그러하지 아니하다.

② [×] '국회 또는 지방의회의 의결을 거치거나 동의 또는 승인을 받아 행하는 사항'에 대하여는 행정절차법을 적용하지 아니한다(행정절차법 제3조 제2항 제1호).

---

③ [○] 국가공무원법상 직위해제처분은 구 행정절차법 제3조 제2항 제9호, 구 행정절차법 시행령 제2조 제3호에 의하여 당해 행정작용의 성질상 행정절차를 거치기 곤란하거나 불필요하다고 인정되는 사항 또는 행정절차에 준하는 절차를 거친 사항에 해당하므로, 처분의 사전통지 및 의견청취 등에 관한 행정절차법의 규정이 별도로 적용되지 않는다(대판 2014.5.16, 2012두26180).

④ [×] 유흥주점허가취소는 당사자에게 권리나 이익을 부여하는 처분을 취소하는 것이므로 직권취소 조항이 적용된다.

> **행정기본법 제18조【위법 또는 부당한 처분의 취소】** ② 행정청은 제1항에 따라 당사자에게 권리나 이익을 부여하는 처분을 취소하려는 경우에는 취소로 인하여 당사자가 입게 될 불이익을 취소로 달성되는 공익과 비교·형량(衡量)하여야 한다. 다만, 다음 각 호의 어느 하나에 해당하는 경우에는 그러하지 아니하다.
> 1. 거짓이나 그 밖의 부정한 방법으로 처분을 받은 경우
> 2. 당사자가 처분의 위법성을 알고 있었거나 중대한 과실로 알지 못한 경우

문 10. 답 ①

① [×] 거짓이나 그 밖의 부정한 방법으로 처분을 받은 경우와 당사자가 처분의 위법성을 알고 있었거나 중대한 과실로 알지 못한 경우를 제외하고는 영업허가에 대한 신뢰보호가 성립하므로 행정기본법 제18조 제1항 단서(당사자의 신뢰를 보호할 가치가 있는 등 정당한 사유가 있는 경우에는 장래를 향하여 취소할 수 있다)에 따라 장래효를 가진다.

② [○] 운전면허처분 취소처분을 취소한 것은 행정기본법 제18조 본문이 적용되어 소급효가 인정된다. 그래야만 운전면허취소 이후 운전했을 때 무면허운전에 해당하지 않게 된다.

> **행정기본법 제18조【위법 또는 부당한 처분의 취소】** ① 행정청은 위법 또는 부당한 처분의 전부나 일부를 소급하여 취소할 수 있다. 다만, 당사자의 신뢰를 보호할 가치가 있는 등 정당한 사유가 있는 경우에는 장래를 향하여 취소할 수 있다.

③ [○] 당사자에게 권리나 이익을 부여하는 효과를 수반하는 이른바 수익적 행위를 구하는 당사자의 신청에 대한 거부처분은 행정절차법 제21조에서 말하는 당사자의 권익을 제한하는 처분에 해당한다고 볼 수 없다. 따라서 위 거부처분에는 행정절차법 제21조에 따른 사전통지나 의견제출 절차를 거치지 않아도 위법하지 않다(대판 2017.11.23, 2014두1628).

④ [○] 불이익처분의 직접 상대방인 당사자 또는 행정청이 참여하게 한 이해관계인이 아닌 제3자에 대하여는 사전통지 및 의견제출에 관한 행정절차법 제21조, 제22조가 적용되지 않는다(대판 2009.4.23, 2008두686).

문 11.   답 ①

① [○]

> **행정기본법 제14조 【법 적용의 기준】** ③ 법령 등을 위반한 행위의 성립과 이에 대한 제재처분은 법령등에 특별한 규정이 있는 경우를 제외하고는 법령등을 위반한 행위 당시의 법령등에 따른다. 다만, 법령등을 위반한 행위 후 법령등의 변경에 의하여 그 행위가 법령 등을 위반한 행위에 해당하지 아니하거나 제재처분 기준이 가벼워진 경우로서 해당 법령등에 특별한 규정이 없는 경우에는 변경된 법령등을 적용한다.

② [×] 판례의 입장으로 옳은 내용이나 행정기본법에는 반영되지 않았다.

> **관련 판례**
>
> 어떠한 영업에 대하여 그 영업을 정지할 위법사유가 있다면, 관할 행정청은 그 영업이 양도·양수되었다 하더라도 그 업소의 양수인에 대하여 영업정지처분을 할 수 있다(대판 2001.6.29, 2001두1611).

③ [×] 식품위생법 등에 있으나 행정기본법에는 반영되지 않았다.

> **식품위생법 제78조 【행정 제재처분 효과의 승계】** 영업자가 영업을 양도하거나 법인이 합병되는 경우에는 제75조 제1항 각 호, 같은 조 제2항 또는 제76조 제1항 각 호를 위반한 사유로 종전의 영업자에게 행한 행정 제재처분의 효과는 그 처분기간이 끝난 날부터 1년간

양수인이나 합병 후 존속하는 법인에 승계되며, 행정 제재처분 절차가 진행 중인 경우에는 양수인이나 합병 후 존속하는 법인에대하여 행정 제재처분 절차를 계속할 수 있다. 다만, 양수인이나 합병 후 존속하는 법인이 양수하거나 합병할 때에 그 처분 또는 위반사실을 알지 못하였음을 증명하는 때에는 그러하지 아니하다.

> **먹는물관리법 제49조 【행정처분 효과의 승계】** 먹는물 관련 영업자가 그 영업을 양도하거나 법인을 합병할 경우에는 제48조 제1항 각 호 및 제2항을 위반한 사유로 종전의 먹는물 관련 영업자에게 행한 행정처분의 효과는 그 처분 기간이 끝난 날부터 1년간 양수인이나 합병 후 존속하는 법인에 승계되며, 행정처분의 절차가 진행 중일 때에는 양수인이나 합병 후 존속하는 법인에 대하여 그 절차를 계속할 수 있다. 다만, 양수인이나 합병 후 존속하는 법인이 양수 또는 합병할 때 그 처분이나 위반사실을 알지 못했음을 증명하면 그러하지 아니하다.

④ [×] 부동산 실권리자명의 등기에 관한 법률 시행령 제3조의2 단서는 "조세를 포탈하거나 법령에 의한 제한을 회피할 목적이 아닌 경우에 과징금의 100분의 50을 감경할 수 있다."고 규정하고 있고, 이는 임의적 감경규정이므로, 감경사유가 존재하더라도 과징금 부과관청이 감경사유까지 고려하고도 과징금을 감경하지 않은 채 과징금 전액을 부과하는 처분을 한 경우에 이를 위법하다고 단정할 수는 없으나, 행정행위를 함에 있어 이익형량을 전혀 하지 아니하거나 이익형량의 고려대상에 마땅히 포함시켜야 할 사항을 누락한 경우 또는 이익형량을 하였으나 정당성·객관성이 결여된 경우에는 그 행정행위는 재량권을 일탈·남용한 위법한 처분이라고 할 수밖에 없다(대판 2012.7.5, 2012두1358 ; 대판 2005.9.15, 2005두3257 등).

① [O]

> **행정기본법 제22조 【제재처분의 기준】** ① 제재처분의 근거가 되는 법률에는 제재처분의 주체, 사유, 유형 및 상한을 명확하게 규정하여야 한다. 이 경우 제재처분의 유형 및 상한을 정할 때에는 해당 위반행위의 특수성 및 유사한 위반행위와의 형평성 등을 종합적으로 고려하여야 한다. [시행일: 2021.9.24.]

② [O] 자동차운수사업면허조건 등을 위반한 사업자에 대하여 행정청이 행정제재수단으로 사업정지를 명할 것인지, 과징금을 부과할 것인지, 과징금을 부과키로 한다면 그 금액은 얼마로 할 것인지에 관하여 재량권이 부여되었다 할 것이므로, 과징금 부과처분이 법이 정한 한도액을 초과하여 위법할 경우 법원으로서는 그 전부를 취소할 수밖에 없고, 그 한도액을 초과한 부분이나 법원이 적정하다고 인정되는 부분을 초과한 부분만을 취소할 수 없다(대판 1998.4.10, 98두2270).

③ [×] 제재적 행정처분의 기준이 대통령령(시행령)의 형식으로 정해진 경우에 그 기준은 법규명령이다(대판 1997.12.26, 97누15418 등). 그러나 부령(시행규칙)의 형식으로 정해진 경우에는 그 기준을 원칙적으로 행정규칙으로 보면서(대판 2007.9.20, 2007두6946 등), 예외적으로 법규명령으로 보고 있다(대판 2006.6.27, 2003두4355).

④ [O] 제재적 행정처분이 그 처분에서 정한 제재기간의 경과로 인하여 그 효과가 소멸되었으나, 부령인 시행규칙 또는 지방자치단체의 규칙(이하 이들을 '규칙'이라고 한다)의 형식으로 정한 처분기준에서 제재적 행정처분(이하 '선행처분'이라고 한다)을 받은 것을 가중사유나 전제요건으로 삼아 장래의 제재적 행정처분(이하 '후행처분'이라고 한다)을 하도록 정하고 있는 경우, 규칙이 정한 바에 따라 선행처분을 가중사유 또는 전제요건으로 하는 후행처분을 받을 우려가 현실적으로 존재하는 경우에는, 선행처분을 받은 상대방은 비록 그 처분에서 정한 제재기간이 경과하였다 하더라도 그 처분의 취소소송을 통하여 그러한 불이익을 제거할 권리보호의 필요성이 충분히 인정된다고 할 것이므로, 선행처분의 취소를 구할 법률상 이익이 있다고 보아야 한다(대판 2006.6.22, 2003두1684 전합).

① [O]

> **건축법 제80조 【이행강제금】** ⑤ 허가권자는 최초의 시정명령이 있었던 날을 기준으로 하여 1년에 2회 이내의 범위에서 해당 지방자치단체의 조례로 정하는 횟수만큼 그 시정명령이 이행될 때까지 반복하여 이행강제금을 부과·징수할 수 있다.
>
> **행정기본법 제31조 【이행강제금의 부과】** ⑤ 행정청은 의무자가 행정상 의무를 이행할 때까지 이행강제금을 반복하여 부과할 수 있다. 다만, 의무자가 의무를 이행하면 새로운 이행강제금의 부과를 즉시 중지하되, 이미 부과한 이행강제금은 징수하여야 한다. [시행일: 2023.3.24.]

② [×] 농지법은 비송사건절차법에 따른 재판에 의한다고 규정하고 있으나 행정기본법은 이에 대한 규정이 없어 행정소송법의 항고소송으로 다투어야 한다.

③ [O]

> 🔖 **관련 판례**
>
> 이행강제금은 위법건축물에 대하여 시정명령 이행시까지 지속적으로 부과함으로써 건축물의 안전과 기능, 미관을 향상시켜 공공복리의 증진을 도모하는 시정명령 이행확보 수단으로서, 국민의 자유와 권리를 제한한다는 의미에서 행정상 간접강제의 일종인 이른바 침익적 행정행위에 속하므로 그 부과요건, 부과대상, 부과금액, 부과회수 등이 법률로써 엄격하게 정하여져야 하고, 위 이행강제금 부과의 전제가 되는 시정명령도 그 요건이 법률로써 엄격하게 정해져야 한다(헌재 2000.3.30, 98헌가8).

> **행정기본법 제31조 【이행강제금의 부과】** ① 이행강제금 부과의 근거가 되는 법률에는 이행강제금에 관한 다음 각 호의 사항을 명확하게 규정하여야 한다.
> 〈생략〉 [시행일: 2023.3.24.]

④ [○]

> **건축법 제80조【이행강제금】**⑥ 허가권자는 제79조 제1항에 따라 시정명령을 받은 자가 이를 이행하면 새로운 이행강제금의 부과를 즉시 중지하되, 이미 부과된 이행강제금은 징수하여야 한다.
>
> **행정기본법 제31조【이행강제금의 부과】**⑤ 행정청은 의무자가 행정상 의무를 이행할 때까지 이행강제금을 반복하여 부과할 수 있다. 다만, 의무자가 의무를 이행하면 새로운 이행강제금의 부과를 즉시 중지하되, 이미 부과한 이행강제금은 징수하여야 한다.
>
> [시행일: 2023.3.24.]

문 14.　　　　　　　　　　　　　　　　　　답 ②

① [×] 행정기본법도 의무를 이행한 경우 부과를 중지하도록 규정하고 있다.

> ⚖ **관련 판례**
>
> 행정벌이 과거의 의무 불이행에 대한 제재수단인 것과는 달리, 이행강제금은 장래에 향하여 의무이행을 확보하기 위한 수단이다. 그리고 시정명령을 받은 의무자가 그 명령을 이행한 경우에는 시정명령에서 정한 기간을 지나서 이행한 경우라도 이행강제금을 부과할 수 없다(대판 2014.12.11, 2013두15750).

> **행정기본법 제31조【이행강제금의 부과】**⑤ 행정청은 의무자가 행정상 의무를 이행할 때까지 이행강제금을 반복하여 부과할 수 있다. 다만, 의무자가 의무를 이행하면 새로운 이행강제금의 부과를 즉시 중지하되, 이미 부과한 이행강제금은 징수하여야 한다.
>
> [시행일: 2023.3.24.]

② [○]

> **행정기본법 제31조【이행강제금의 부과】**③ 행정청은 이행강제금을 부과하기 전에 미리 의무자에게 적절한 이행기간을 정하여 그 기한까지 행정상 의무를 이행하지 아니하면 이행강제금을 부과한다는 뜻을 문서로 계고(戒告)하여야 한다. [시행일: 2023.3.24.]

③ [×] 행정기본법은 이행강제금을 부과하기 전에 당사자의 의견진술의 기회를 부여하도록 규정하고 있지 않다. 다만 행정절차법이 적용되어 의견진술의 기회를 부여하여야 한다.

④ [×] 이행강제금은 비대체적 작위의무와 대체적 작위의무 모두에 대하여 적용된다. 대체적 작위의무를 전제로 하는 행정상 강제는 행정대집행이다.

> **행정기본법 제30조【행정상 강제】**① 행정청은 행정목적을 달성하기 위하여 필요한 경우에는 법률로 정하는 바에 따라 필요한 최소한의 범위에서 다음 각 호의 어느 하나에 해당하는 조치를 할 수 있다.
>
> 1. 행정대집행: 의무자가 행정상 의무(법령 등에서 직접 부과하거나 행정청이 법령등에 따라 부과한 의무를 말한다. 이하 이 절에서 같다)로서 타인이 대신하여 행할 수 있는 의무를 이행하지 아니하는 경우 법률로 정하는 다른 수단으로는 그 이행을 확보하기 곤란하고 그 불이행을 방치하면 공익을 크게 해칠 것으로 인정될 때에 행정청이 의무자가 하여야 할 행위를 스스로 하거나 제3자에게 하게 하고 그 비용을 의무자로부터 징수하는 것
> 2. 이행강제금의 부과: 의무자가 행정상 의무를 이행하지 아니하는 경우 행정청이 적절한 이행기간을 부여하고, 그 기한까지 행정상 의무를 이행하지 아니하면 금전급부의무를 부과하는 것
>
> [시행일: 2023.3.24.]

문 15.　　　　　　　　　　　　　　　　　　답 ③

① [×] 이행강제금은 행정법상의 부작위의무 또는 비대체적 작위의무를 이행하지 않은 경우에 '일정한 기한까지 의무를 이행하지 않을 때에는 일정한 금전적 부담을 과할 뜻'을 미리 '계고'함으로써 의무자에게 심리적 압박을 주어 장래를 향하여 의무의 이행을 확보하려는 간접적인 행정상 강제집행 수단이다(대판 2015.6.24, 2011두2170). 즉, 이행강제금은 장래의 의무이행을 확보하기 위한 수단이라는 점에서 과거의 의무 위반에 대한 제재인 행정벌과 다르다. 그러나 이행강제금과 행정벌은 모두 간접적인 행정작용의 실효성 확보수단이라는 점에서는 동일하다.

② [×] 행정기본법은 과태료에 대한 규정을 두고 있지 않다. 질서위반행위규제법 제7조에 의하면 고의 또는 과실이 없는 질서위반행위에 대해서도 과태료를 부과할 수 없다.

③ [○]

> **🔨 관련 판례**
>
> 행정강제는 행정상 강제집행을 원칙으로 하며, 법치국가적 요청인 예측가능성과 법적 안정성에 반하고, 기본권 침해의 소지가 큰 권력작용인 행정상 즉시강제는 어디까지나 예외적인 강제수단이라고 할 것이다(헌재 2002.10.31, 2000헌가12).

> **행정기본법 제33조【즉시강제】** ① 즉시강제는 다른 수단으로는 행정목적을 달성할 수 없는 경우에만 허용되며, 이 경우에도 최소한으로만 실시하여야 한다. [시행일: 2023.3.24.]

④ [×] 행정상 즉시강제는 엄격한 실정법상의 근거를 필요로 할 뿐만 아니라, 그 발동에 있어서는 법규의 범위 안에서도 다시 행정상의 장해가 목전에 급박하고, 다른 수단으로는 행정목적을 달성할 수 없는 경우이어야 하며, 이러한 경우에도 그 행사는 필요 최소한도에 그쳐야 함을 내용으로 하는 조리상의 한계에 기속된다(헌재 2002.10.31, 2000헌가12).

> **행정기본법 제33조【즉시강제】** ① 즉시강제는 다른 수단으로는 행정목적을 달성할 수 없는 경우에만 허용되며, 이 경우에도 최소한으로만 실시하여야 한다. [시행일: 2023.3.24.]

문 16.　　　　　　　　　　　　　　　　　답 ④

① [○] 오늘날의 법치국가에서는 국민의 기본권보장에 침해를 야기하게 되는 즉시강제의 발동근거가 이론만으로는 정당화될 수 없는 것이고 실정법적 근거가 있어야 함은 당연하다.

② [○] 즉시강제는 의무이행을 명할 시간적 여유가 없거나 의무이행명령으로 목적 달성이 곤란한 경우에 행하므로 의무불이행을 전제로 하지 않는다.

> **행정기본법 제30조【행정상 강제】** 5. 즉시강제: 현재의 급박한 행정상의 장해를 제거하기 위한 경우로서 다음 각 목의 어느 하나에 해당하는 경우에 행정청이 곧바로 국민의 신체 또는 재산에 실력을 행사하여 행정목적을 달성하는 것
> 가. 행정청이 미리 행정상 의무 이행을 명할 시간적 여유가 없는 경우
> 나. 그 성질상 행정상 의무의 이행을 명하는 것만으로는 행정목적 달성이 곤란한 경우
> 　　　　　　　　　　　　　　[시행일: 2023.3.24.]

③ [○] 관계행정청이 등급분류를 받지 아니하거나 등급분류를 받은 게임물과 다른 내용의 게임물을 발견한 경우 관계공무원으로 하여금 이를 수거·폐기하게 할 수 있도록 한 구 음반·비디오물 및 게임물에 관한 법률 제24조 제3항 제4호 중 게임물에 관한 규정 부분(이하 '이 사건 법률조항'이라 한다)은 수거에 앞서 청문이나 의견제출 등 절차보장에 관한 규정을 두고 있지 않으나, 행정상 즉시강제는 목전에 급박한 장해에 대하여 바로 실력을 가하는 작용이라는 특성에 비추어 사전적 절차와 친하기 어렵다는 점을 고려하면, 이를 이유로 적법절차의 원칙에 위반되는 것으로는 볼 수 없다(헌재 2002.10.31, 2000헌가12).

④ [×] 행정기본법은 손실보상에 대한 규정이 없다. 다만 경찰관 직무집행법에는 이에 대한 규정이 있다.

> **경찰관 직무집행법 제11조의2【손실보상】** ① 국가는 경찰관의 적법한 직무집행으로 인하여 다음 각 호의 어느 하나에 해당하는 손실을 입은 자에 대하여 정당한 보상을 하여야 한다.
> 1. 손실발생의 원인에 대하여 책임이 없는 자가 재산상의 손실을 입은 경우(손실발생의 원인에 대하여 책임이 없는 자가 경찰관의 직무집행에 자발적으로 협조하거나 물건을 제공하여 재산상의 손실을 입은 경우를 포함한다)
> 2. 손실발생의 원인에 대하여 책임이 있는 자가 자신의 책임에 상응하는 정도를 초과하는 재산상의 손실을 입은 경우

① [×] 행정기본법은 행정형벌과 행정질서벌에 대한 규정을 두고 있지 않다.

② [×] 행정기본법은 행정형벌의 과벌절차에 대한 규정을 두고 있지 않다.

③ [×] 행정기본법은 행정형벌과 행정질서벌에 대한 규정을 두고 있지 않다. 과태료는 질서위반행위규제법이 규정하고 있다.

④ [○]

> 행정기본법 제28조 【과징금의 기준】① 행정청은 법령등에 따른 의무를 위반한 자에 대하여 법률로 정하는 바에 따라 그 위반행위에 대한 제재로서 과징금을 부과할 수 있다.

① [×] 과태료와 다르게 과징금은 고의 과실을 요하지 않는다.

> 행정기본법 제28조 【과징금의 기준】① 행정청은 법령등에 따른 의무를 위반한 자에 대하여 법률로 정하는 바에 따라 그 위반행위에 대한 제재로서 과징금을 부과할 수 있다.
> 질서위반행위규제법 제7조 【고의 또는 과실】 고의 또는 과실이 없는 질서위반행위는 과태료를 부과하지 아니한다.

② [×] 행정기본법은 정당한 사유가 있는 경우 과징금 부과를 할 수 없다는 판례를 수용하는 규정을 두고 있지 않다.

🔥 관련 판례

> 과징금 부과처분은 … 위반자의 의무 해태를 탓할 수 없는 정당한 사유가 있는 등의 특별한 사정이 있는 경우에는 이를 부과할 수 없다(대판 2014.10.15, 2013두5005).

③ [○]

🔥 관련 판례

> 구 청소년보호법 제49조 제1항·제2항에 따른 같은 법 시행령 제40조 [별표 6]의 '위반행위의 종별에 따른 과징금 처분기준'은 법규명령이기는 하나 모법의 위임규정의 내용과 취지 및 헌법상의 과잉금지의 원칙과 평등의 원칙 등에 비추어 같은 유형의 위반행위라 하더

라도 사안에 따라 적정한 과징금의 액수를 정하여야 할 것이므로 그 수액은 정액이 아니라 최고한도액이다(대판 2001.3.9, 99두5207).

> 행정기본법 제28조 【과징금의 기준】② 과징금의 근거가 되는 법률에는 과징금에 관한 다음 각 호의 사항을 명확하게 규정하여야 한다.
> 1. 부과·징수 주체
> 2. 부과 사유
> 3. 상한액
> 4. 가산금을 징수하려는 경우 그 사항
> 5. 과징금 또는 가산금 체납 시 강제징수를 하려는 경우 그 사항

④ [×]

> 행정기본법 제29조 【과징금의 납부기한 연기 및 분할 납부】 과징금은 한꺼번에 납부하는 것을 원칙으로 한다. 다만, 행정청은 과징금을 부과받은 자가 다음 각 호의 어느 하나에 해당하는 사유로 과징금 전액을 한꺼번에 내기 어렵다고 인정될 때에는 그 납부기한을 연기하거나 분할 납부하게 할 수 있으며, 이 경우 필요하다고 인정하면 담보를 제공하게 할 수 있다.
> 1. 재해 등으로 재산에 현저한 손실을 입은 경우
> 2. 사업 여건의 악화로 사업이 중대한 위기에 처한 경우
> 3. 과징금을 한꺼번에 내면 자금 사정에 현저한 어려움이 예상되는 경우
> 4. 그 밖에 제1호부터 제3호까지에 준하는 경우로서 대통령령으로 정하는 사유가 있는 경우   [시행일: 2021.9.24.]

① [×]

> 행정기본법 제15조 【처분의 효력】 처분은 권한이 있는 기관이 취소 또는 철회하거나 기간의 경과 등으로 소멸되기 전까지는 유효한 것으로 통용된다. 다만, 무효인 처분은 처음부터 그 효력이 발생하지 아니한다.

② [×]

> **행정기본법 제17조【부관】**① 행정청은 처분에 재량이 있는 경우에는 부관(조건, 기한, 부담, 철회권의 유보 등을 말한다. 이하 이 조에서 같다)을 붙일 수 있다.
> ② 행정청은 처분에 재량이 없는 경우에는 법률에 근거가 있는 경우에 부관을 붙일 수 있다.

③ [O]

> **행정기본법 제20조【자동적 처분】**행정청은 법률로 정하는 바에 따라 완전히 자동화된 시스템(인공지능 기술을 적용한 시스템을 포함한다)으로 처분을 할 수 있다. 다만, 처분에 재량이 있는 경우는 그러하지 아니하다.

④ [×]

> **행정기본법 제27조【공법상 계약의 체결】**② 행정청은 공법상 계약의 상대방을 선정하고 계약 내용을 정할 때 공법상 계약의 공공성과 제3자의 이해관계를 고려하여야 한다.

문 20.   답 ④

① [×] 행정기본법은 명단공개에 대한 일반 규정을 두고 있지 않다.
② [×] 행정기본법은 배상제도에 대한 일반 규정을 두고 있지 않다.
③ [×] 행정기본법은 재산상 손실보상에 대한 일반 조항을 두고 있지 않다.
④ [O]

> **행정기본법 제36조【처분에 대한 이의신청】**① 행정청의 처분(행정심판법 제3조에 따라 같은 법에 따른 행정심판의 대상이 되는 처분을 말한다. 이하 이 조에서 같다)에 이의가 있는 당사자는 처분을 받은 날부터 30일 이내에 해당 행정청에 이의신청을 할 수 있다.
> [시행일: 2023.3.24.]

합격을 위한 **확실한 해답!**

해커스공무원 교재

보카

공무원 보카

기초

공무원
기초 영문법/독해

입문서

공무원 처음 헌법
해설집/판례집

기본서

공무원 영어/국어/한국사
기본서

공무원 행정학/행정법총론
기본서

공무원 세법/회계학
기본서

공무원 교정학
기본서

공무원 교육학
기본서

공무원 사회복지학개론
기본서

공무원 헌법
기본서

공무원 경제학
기본서

공무원 국제법/국제정치학
기본서

공무원 무역학/관세법
기본서

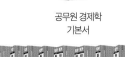

법원직 헌법/민법/민사소송법/
형법/형사소송법/상법/부동산등기법
기본서

연표·필기·빈칸노트

공무원 한국사
연표노트

공무원 영문법/국어/한국사
합격생 필기노트

공무원 한국사/관세법
빈칸노트

한자성어 어휘

공무원 국어
한자성어

핵심·요점정리

공무원 국어/한국사
핵심정리

공무원 국제법/국제정치학
요점정리

공무원 행정법총론/헌법
핵심요약집

넘겨서 해커스공무원 교재 더 보기 ▶

법령집

공무원 행정기본법
조문해설집

판례집

공무원 행정법총론
판례집

워크북

공무원 한국사
워크북

기출문제집

공무원 영어/국어/한국사
기출문제집

공무원 행정학/행정법총론
기출문제집

공무원 세법/회계학
기출문제집

공무원 교정학
기출문제집

공무원 교육학
기출문제집

공무원 관세법
기출문제집

공무원 헌법
기출문제집

공무원 경제학
기출문제집

공무원 국제법
기출문제집

예상문제집

공무원 국어
영역별 문제집

공무원 국어
매일학습 문제집

공무원 영어/국어/한국사
적중문제집

공무원 국제법/국제정치학
적중문제집

모의고사

공무원 영어
하프모의고사

공무원 경제학
하프모의고사

공무원 영어/국어/한국사
실전동형모의고사

공무원 행정학/행정법총론
실전동형모의고사

공무원 헌법
실전동형모의고사

공무원 경제학
실전동형모의고사

공무원 국제법/국제정치학
실전동형모의고사

공무원 영어/국어/한국사
봉투모의고사

공무원 필수과목 통합
봉투모의고사

PSAT

PSAT
입문서

7급 PSAT
언어논리/자료해석/상황판단
기본서

7급 PSAT
언어논리/자료해석/상황판단
유형별 문제집

7급 PSAT
실전동형모의고사

면접

공무원
면접마스터

◀ 넘겨서 해커스공무원 교재 더 보기